国家社科基金
GUOJIA SHEKE JIJIN HOUQI ZIZHU XIANGMU
后期资助项目

张道一学术思想研究

Research on Zhang Daoyi's Academic Thought

韩超 著

文化艺术出版社
Culture and Art Publishing House

图书在版编目（CIP）数据

张道一学术思想研究 / 韩超著. —北京：文化艺术出版社，2020.5
ISBN 978-7-5039-6874-7

Ⅰ. ①张… Ⅱ. ①韩… Ⅲ. ①艺术理论—理论研究
Ⅳ. ① J0

中国版本图书馆CIP数据核字（2020）第041129号

张道一学术思想研究

著　　者　韩　超
责任编辑　赵　月
封面设计　姚雪媛
出版发行　文化艺术出版社
地　　址　北京市东城区东四八条52号（100700）
网　　址　www.caaph.com
电子邮箱　s@caaph.com
电　　话　（010）84057666（总编室）　84057667（办公室）
　　　　　（010）84057696—84057699（发行部）
传　　真　（010）84057660（总编室）　84057670（办公室）
　　　　　（010）84057690（发行部）
经　　销　新华书店
印　　刷　国英印务有限公司
版　　次　2020年5月第1版
印　　次　2020年5月第1次印刷
开　　本　710毫米 × 1000 毫米　1/16
印　　张　17.5
字　　数　328千字
书　　号　ISBN 978-7-5039-6874-7
定　　价　78.00元

国家社科基金后期资助项目
出版说明

后期资助项目是国家社科基金设立的一类重要项目，旨在鼓励广大社科研究者潜心治学，支持基础研究多出优秀成果。它是经过严格评审，从接近完成的科研成果中遴选立项的。为扩大后期资助项目的影响，更好地推动学术发展，促进成果转化，全国哲学社会科学规划办公室按照“统一设计、统一标识、统一版式、形成系列”的总体要求，组织出版国家社科基金后期资助项目成果。

全国哲学社会科学规划办公室

《张道一学术思想研究》序

李立新

一代学者张道一，是一个难度较大的研究课题。韩超君10年前在苏州大学读博士课程的时候，就选择了这一课题，历时多年，韩超君完成并不断完善了这部《张道一学术思想研究》(以下简称《研究》)，他寄我阅读，提出要我撰序。

我认真地读完了这部排印稿，感到非常高兴，认为这是一部力作，在张道一的研究上，可说是一个里程碑。

为什么说张道一研究是一个难题，尤其是写“学术思想”更是难上加难。因为做一项研究可以选某个主题，攻其一点，不及其余，但做“学术思想”类似个人“评传”，就一定要全面深入到张道一的一切学术问题，包括生平经历，不能有所回避。我看这部《研究》，就是对张道一学术的一个全面深入的研究，一个巨大的综合研究的成果。这部《研究》准确地抓住了张先生所面临的学术问题，让人物完全在他的时代环境里探索，从而使人观察到一个真实的杰出的学者张道一。

我们这个时代，是难以描绘的，矛盾太多，错综复杂，很难下笔。虽然作者避开了张先生所处的历史环境，未做过多的深入描画，但还是让人感到了时代影响下的人物活动轨迹。从周村店、扭秧歌、反右运动、“文化大革命”到改革开放，从山东大学、华东艺术专科学校、南京师范学院、中央工艺美术学院、南京艺术学院到东南大学，局势的变迁，环境的不测，张先生就生活在这样的急剧变化的时代之中。所以要写张道一，不能脱离了具体的时代，脱离了具体的时代，张道一就是一个不可理解的张道一了。

韩超君没有完全放弃历史背景，他的文字是有功力的，笔下张道一的学术思想一直是在他特定的历史氛围里反映出来，这是《研究》的特点之一。

《研究》的特点之二，是对张道一学术思想做了精确又全面的归纳，与之前多数人的评介不同，给人耳目一新之感。其中有四点判断：第一，由点带面的联系与综合。认为张先生一切学术思想的出发点是工艺美术的研究，之后，铸造出整体与综合的“大艺术”观。第二，客观而冷静的反思。清醒的头脑，理性、独立的思考，诚恳合理的批驳，凸显出张道一的学术个性。第三，宏观又不失细致的研究。韩超君用“放大镜”和“望远镜”来做比喻，十分恰当、有趣。第四，珍视民族传统文化的情怀。怀揣着艺术复兴的理想，匡正以往偏颇的思想，正是张先生学术的精髓所在。

《研究》的特点之三，是在评述张道一学术的时候，实事求是，有据有理，鞭辟入里的分析。一是有史实、有依据，没有虚夸之词，没有无源之谈，读完全稿，感到作者全凭事实说话，真实可信；二是按材料本身做评介，做到句句有出处，无随意释解之处，无华而不实之处；三是恰如其分的研究，既不过头，也无缺失，且有深度，难能可贵，如对“本元文化”内涵的解释，对“造物艺术”内容的评介，是我所见较系统，也准确、恰当的评论。

20 世纪的中国，不论哪个领域，都是人才辈出，各有各的坎坷经历，但各以其才智与勤奋取得了他们的学术成就。作为中国艺术学界的一座“高峰”，张道一的学术之道是极好的典范，当能沾溉年青一代学人。学者一生的标志是他的著述，而学者生活中面对种种事件所表现出来的就是他的思想，学术研究是一个链接的过程，研究张道一不仅可以向世人展示中国当代学人独特的艺术思想，在某种意义上，还可昭示中国未来艺术学研究的路向。

前面我强调一个人的历史环境的重要，是因为觉得根据张先生的性格特征、环境遭遇，似乎他早年到处碰壁，走投无路，面前只有一条路，这就像当年同住“牛棚”的罗尗子一样不屈而死，但历史还是放过了他。

毕竟，张道一还是张道一，他在学术研究和学科开拓上，自然地与许多同辈学者拉开了距离，同样，也与他的两位老师陈之佛、庞薰琹区分开来了。《研究》对张道一所走的道路及其学术建构的过程写得自然而真实，让人感到：这就是张道一先生的学术思想。

2020 年 3 月 22 日于南京四平苑

目录

第一章　绪　论

20 世纪后二十年里，中国设计观念发生了巨大变革，进入 21 世纪，设计学越来越受到青睐。2011 年它被升格为一级学科，可授工学学位，并逐渐走上了国家精神文明和物质文明建设的舞台中央。然而，设计学要进入人文学科的境界，没有理论提升是行不通的。探讨规律、说明特点、解释现象固然重要，但是，梳理和总结艺术前辈所取得的成果和经验，也应在理论研究中成为一个提炼和概括的切入点而得到重视。尤其是对原先专注于工艺美术理论工作的前辈而言，其学术思想对当下设计史和设计理论有着特殊而重要的意义，毕竟中国的设计学脱胎于工艺美术学。[①]

工艺美术出身、跟随陈之佛和庞薰琹两位大师学习多年、能将传统文化作为坚强理论基石、具有广博学识和开放胸怀的张道一先生在漫长而坎坷的人生与治学经历中总有着独特的视角，“他在许多看似平常的花叶米粒之中，发现了人所未及的大千世界，从许多司空见惯的平常道理中，化腐朽为神奇地悟出了又一个乾坤来”[②]。正是归因于那独特的视角以及缘于艺术先辈的研究基础，张先生在工艺美术、图案学、民艺学、美术学、美学和艺术学等领域都做出了努力和贡献，形成了系统而宏观的学术思想，也为艺术后学者在上述领域中的探讨提供了有益的借鉴与参考。

“艺术的反拨精神是长存的”[③]，这是张道一先生在 1988 年《论艺术的反拨精神》一文中的灼见。徜徉在艺术浩海的半个世纪里，对本质的不懈索解、对现象的理性透析、对前人理论的扬弃、对自身观念的内省，构成张先生反拨精神的内核。不仅如此，他那图新弃旧、驱前向上的反拨又会

① 诸葛铠先生在《设计艺术学十讲》中明确指出：“1998 年，我国新颁布的大学本科目录中采用了新的二级学科名称：设计艺术学，与之并列的还有另一个二级学科：艺术设计。它们取代原有的‘工艺美术学’，显然有与时俱进的意义，标志着设计学科的建设和发展开始了一个新的时期”；“设计艺术学是在工艺美术学的基础上发展起来的，两者并没有绝对的分界”。（诸葛铠：《设计艺术学十讲》，山东画报出版社 2006 年版，第 1 页、第 15 页）

② 孙建君、潘鲁生主编：《张道一研究》，山东美术出版社 2000 年版，第 21 页。

③ 《张道一文集》，安徽教育出版社 1999 年版，第 44 页。

图 1-1 张道一大学时期（1952）

是积极而自觉的创造[①]，对于艺术的理论与实践而言无疑是一种升华。

第一节 研究的目的及意义

诸葛铠先生在其著作《设计艺术学十讲》中说道："早在二十世纪的七十年代末、八十年代初，中国的工艺美术教育领域就处在一个新老交替、人心思变的氛围中。在大约十年的时间里，从前辈遗产的深入发掘到重新认识；从境外新论的不断引进到分辨良莠，经过一场大讨论，使我们肤浅的认识渐渐深化、离散的理论逐步形成系统，建立与 Design 相关的学科体系的需求，也就自然发生。从那时起又一个十年过去了。在这新的十年里，整个中国的艺术设计实践和设计艺术教育都发生了质的飞跃，这种飞跃又牵引着艺术设计理论和历史研究的巨大进步。上述实践和理论的结合，逐渐聚合为新型的设计学科的内核，从而建立起一个设计学的新平台。"[②] 因此，设计学理论研究在这个新平台的构建中扮演着重要的角色。而对已有研究成果的探析则可被视为提升设计学理论研究总体水平的重要步骤之一。只有深知过去才能面向未来，新的理论和观念才有根基，因为我们最终目的是把设计学从一个重实践的学科建设成一个人文学科。

如上所述，中国现代设计学是在工艺美术学基础上发展而来的。对现代工艺美术学先辈，诸如陈之佛、庞薰琹、雷圭元等先生的研究势必推动现代设计学理论的发展。近些年，有关三位先生学术生涯和学术思想的研究工作已有相当的成果显现。譬如，李有光和陈修范著、江苏美术出版社出版的《陈之佛研究》，以及林银雅的博士学位论文《陈之佛美术教育思想研究》、邓白的《"三高"品格　一代宗师——纪念陈之佛先生诞辰 100 周年》等著述从多方面肯定和研究了陈先生的成就；袁韵宜著、北京工艺美术出版社出版的《庞薰琹传》，以及胡守海的《庞薰琹中西融合的艺术

① 张道一先生在 1988 年 12 月 25 日的《论艺术的反拨精神》一文中强调，"反拨精神"即类及性的发义，或带有物极必反、不满现状、图新弃旧、趋前向上的意思，它不同于逆反心理，是积极的、自觉的。

② 诸葛铠：《设计艺术学十讲》，山东画报出版社 2006 年版，第 15 页。

道路》、李立新的《庞薰琹与中西艺术》等著述也在不同程度上回顾了庞先生毕生的学术遗产；王翔宇的硕士学位论文《雷圭元图案学理论与中国图案学体系的建立》以及诸葛铠的《雷圭元教学思想初探》等论文亦从多角度对雷先生的成果进行了分析与阐发。

而身为陈之佛和庞薰琹二位大师的弟子，张道一先生的学术思想不仅与两位恩师一脉相承，且以此为源，通过多年的实践和理性思考，形成了自己的理论体系。他对陈、庞二师理论精髓的吸纳与发扬是其自身理论飞跃的途径之一，同时也为后学者提供了研究依据。张先生可谓是一位博采众长、熔各家观点为一炉、承前启后的学者，在对以往工艺美术学、图案学、美术学等方面进行理论总结的同时，还为以后的艺术学、民艺学、设计学等方面的研究指明了方向。他知识渊博，基础深厚，思辨能力强，在从事理论研究的过程中，澄清了某些错误的观念，反拨了一些偏颇的认知，并建构了独具特色的工艺文化观、造物观、民艺观、教育观等前瞻性的理论体系，这是一种艺术精神的升华。用张先生自己的话说，研究他的目的就是通过了解和分析在艺术发展道路上的一位组织者所做过的事来谈艺术和艺术发展的规律。[①] 不妨说对张道一先生本人理论成果的研究与探讨也将有助于设计学学科的建设与发展。张先生 1932 年 11 月 26 日生于山东齐东县（现属邹平）九户镇。1952 年 8 月于山东大学艺术系毕业。1953 年赴南京师范学院跟随陈之佛先生学习图案、工艺美术史和工艺美术理论，成为陈先生的入室弟子。1956 年赴中央工艺美术学院研究工艺美术理论和工艺美术史，师从庞薰琹先生。在随后五十年左右的艺术生涯里，张道一先生逐渐成为我国著名的工艺美术史论家、民艺学家、图案学家，东南大学艺术学系创始人、博士生导师。他担任过东南大学汉声中国民间艺术研究所所长、《美学与艺术学研究》主编、国务院学位委员会艺术学科评议组召集人、联合国教科文组织与中国民间文艺家协会“中国民间文艺家”评委会委员、全国民间工艺美术委员会副主席、中华美学学会副会长等职务。他在研究中涉猎范围很广，长期潜心钻研工艺美术、民艺、艺术学的历史及理论，建树颇丰，可谓著作等身。其各类文集、专著、编著就有近六十部，主编的书籍、丛书、杂志和丛刊也有十多种，论文有百篇之多，如《古代首饰》（图 1-2）、《工艺美术论集》、《中国民间剪纸——介绍与欣赏》、《工艺美术研究》、《造物的艺术论》、《美术长短录》、《麒麟送子考索》、《中国图案大系》、《美哉汉字》、《美术鉴赏》、《张道一文集》

① 依据：笔者 2007 年 4 月 4 日采访张道一先生于苏州东吴饭店时的录音资料。

图 1-2 《古代首饰》封面

图 1-3 《张道一文集》封面

（图 1-3）、《考工记注译》、《外国图案大系》等专著或编著，以及《历史沿革不容杜撰——关于某些民间手工艺的起源等问题》《关于当前手工艺的三个问题》《鲁迅与书籍装帧》《民间美术研究札记》《美的物化和物的美化——工艺美术的性质、特点等问题》《陈之佛先生的图案遗产》《图案与图案教学》《设计观念——工艺美术教学的一个关键问题》《愿来者多思——写在庞薰琹先生逝世周年之际》《论艺术的反拨精神》《跛者不踊——谈美术史论研究中的倾向》《设计解诂》《中国美学的问路石——纪念宗白华先生一百周年诞辰》《关于中国艺术学的建立问题》《认识设计艺术的本质》《中国民艺学发想》《建立〈民艺学〉的必要性》《应该建立"艺术学"》等论文都影响深远。张道一先生的艺术研究成果历历可观，仅从其学术成果这一点上就可管窥出他对艺术理论工作的热忱，年逾古稀仍笔耕不辍，并将多年积累的丰富经验和理论总结随着对学术研究的激情一并引入教学之中，桃李满天下，很多弟子业已成为全国知名的艺术专家和学者。因此，对张先生学术思想的系统研究具有可行性和必要性。

20 世纪后二十年间，中国的艺术观念发生了巨大变化，以往重"纯艺术"、轻"工艺美术"的现象逐渐为当今社会对设计格外关注的事实所取代，对设计人才的大量需求无疑是设计学科长足发展的一项动力。然而矛盾的是，一方面设计实践稳步前进，另一方面指导实践前进方向的理论研究却常陷入低水平重复的困顿之中。如何完善先进和科学的设计艺术理论成为亟待解决的大问题。作为后学者，我们有责任和义务对前辈的学术财富进行继承、整理、阐发。回顾曾经凝聚前辈大量心血的理论成果，提炼精华，揭示规律应该成为我们当前学术理论研究的必要任务之一。更进一步说，研究张道一先生并非仅研究其个人成就，而是以他的学术思想为切入点，考察一定社会背景下中国艺术的进程。尤其是对其学术思想的探赜，还能在很大程度上为当今中国设计学科发展提供启迪和借鉴，拓宽理论研究工作的层面，具体而言，有以下几点现实意义。

1. 有益于廓清学科间的联系、区别和特征体系

有学者曾概括中国设计的性质是“工艺美术下了一个设计的蛋”，这在一定程度上道出设计与工艺美术之间“剪不断，理还乱”的关系。长期以来，中国设计学的学科意识往往混杂于“美术”与“工艺美术”之中，加之设计学又处在多学科交叉地带，所以很难形成独立与规范化的知识体系，从而导致设计学自身概念、研究范畴、基本原理、规律和实践的含混与模糊，不利于学科的系统建构。通过对张道一先生有关工艺美术和设计艺术认识的梳理，有助于认清二者的渊源、联系与发展，从而有利于理解新时期设计学学科综合与交叉的性质。

2. 有益于以历史的视野回归中国设计及学科沿革的“现场”

张道一先生在某种程度上见证、参与甚至推动了艺术学及设计学的建设与发展。其学术思想涵盖艺术学门类的众多领域，并建构了独具特色的工艺文化观、造物观、民艺观、教育观等前瞻性的理论成果。通过对其学术思想的梳理也在一定程度上有助于对学科发展史的梳理，可以在相关的社会阶段和制度背景下考察设计与学科演化的历史真相，对设计学的“元”研究（即“设计是什么”“设计学要研究什么”等问题）做出相应的历史性解答。

3. 有益于探索建立符合新时期国情的学科体系

近代历史上设计每次面貌的嬗变、学科意识的转型等往往都在一定程度上伴随着国外相关思潮或研究的影响。虽然寻求借鉴无可厚非，但国情决定设计学学科必须走具有中国特色之路。张道一先生的诸多思想精要往往都是建立在“中国气派”的现实基础之上，其很多思考也时常围绕中国的国计民生来展开，因而所建构的学科体系也较能与国情相符。尤其是近年来，设计学升为一级学科，其兼具艺术与工程的学科性质使它由边缘学科走向国民经济建设舞台的中央，引起国家领导决策层的高度重视。所以，通过知往鉴今式的梳理和对学科系统的研究，可以深入剖析当下设计及学科发展与国家发展战略的关系，从而有针对性地规划学科建制。

4. 有益于探究设计专业和设计教育的发展路向

张道一先生本身就是一位设计教育家，其学术研究中一个重要维度就是对教育的关注。中国在清末建立了具有近代意义的大学，也逐渐建立起“艺术设计教育”的前身或雏形，一直以来中国设计学学科的发展始终伴随着专业和教育的演进。但因社会环境和时代特征迥异，各时期的培养目标、培养方式及课程体系等截然不同，其中不乏一些矛盾和误区，通过对张先生设计教育思想的分析与探究，为今后设计学科及设计教育的良性发展寻求较为理性和科学的方向。

5. 有益于以较新的视角补充和完善设计学的研究

中国现有的设计学学术研究视域常有两种聚焦：其一是“史”，即对设计产生与发展的总结和归纳；其二是“论”，即对设计原理、规律的分类阐析。但在“论”中，有关设计理论家的学术思想梳理还略显薄弱，尤其容易忽视知名学者在学科建设层面的研究。因此，本研究以对学科发展有一定建树的个案研究为视角，以点带面式地分析设计原理及规律的发展演进，这将在一定程度上为设计学的研究提供较新思路。

第二节　研究的现状

就现阶段来看，系统阐述和分析张先生学术思想的专著尚未问世，但关注他理论成果的评论性文集却已出版数集。其中以 2000 年由孙建君、潘鲁生主编，山东美术出版社出版的评论集《张道一研究》，以及 2002 年由李砚祖主编，湖南美术出版社出版发行的《中国艺术学研究——张道一教授七十华诞暨从教五十年文集》最具代表性。值得一提的是，早在 1991 年学术界就已关注了张先生的工艺思想，并由丁涛和郭廉夫共同汇编了《论工艺美——张道一言论辑录》一书，从工艺美术的性质和功能、设计和产销、历史和发展、研究和教育，以及工艺美术和民间工艺六方面摘录了张先生工艺美术及民间工艺方面的见地。相对而言，着眼于张先生理论成果的学术论文则较多。例如，《美术观察》1997 年第 4 期许平的《高屋建瓴　躬耕不辍——我国艺术学学科奠基人张道一教授》，《苏州丝绸工学院学报》2001 年第 2 期李立新的《通往艺术学的桥梁——读〈张道一文集〉》，《美术观察》2001 年第 1 期和第 2 期唐家路的《从民间美术研究到构建民艺学科——张道一先生的民艺观》（上下篇），《湖北美术学院学报》2001 年第 1 期陈池瑜的《张道一先生艺术学思想研究》，《美术之友》2005

年第4期刘岩的《听大师讲析 评张道一先生〈考工记注译〉》,《设计艺术》2005年第2期喻仲文的《张道一艺术教育思想研究》,《装饰》2005年第6期周志的《张道一教授访谈录》,《设计艺术》2005年第4期王玲娟、龙红的《〈考工记〉:一部很难读便决心把它读通的书——关于张道一教授新著〈考工记注译〉》等。

概括起来，有关张道一先生学术性的研究主要集中在以下几个方面。

第一，对张先生工艺美术理论成果和思想的研究。

李砚祖曾在《工艺美术理论的新界域——道一先生的工艺文化思想》一文中将工艺美术的理论研究大致分为三个阶段，并认为在20世纪80年代以来的第三个阶段中，工艺文化理论的出现开拓了工艺美术理论研究的新界域，而张先生则是这一开拓的设计师和带头人。文中还分析了张先生有关工艺美术性质和特点上的见解，肯定了工艺美术文化学阐释上的成就。吕品田、徐雯也在《辩证的梳理——张道一工艺文化发展观略论》中总结出张先生工艺美术理论的两大逻辑前提，即“发展”和“工艺文化”，并强调他“辩证的梳理”是对工艺美术各领域研究的方法论。同样，胡平在《张道一工艺史观初探》中也多次提及张先生“工艺文化本元论”的重要意义，并从民间美术基础观的角度考察了他的工艺史观。此外，像诸葛铠的《“造物艺术论”的学术价值》、姜凡的《传统·民间·现代——张道一工艺文化思想管窥》、余强的《张道一先生的工艺文化论浅窥》、张昕的《张道一工艺造物思想研究》、张洪庆的《民间工艺美术事业的开拓者》、邓福星的《造物的哲理——读〈造物的艺术论〉》、夏燕靖的《“本元文化”工艺美术的本质特征——读张道一关于工艺美术“本元文化”理论的笔记》等研究性文章也各自从多层面多角度或阐发或考析或提炼了张先生在工艺美术领域的学术贡献。

第二，针对张先生民艺思想的研究。

许平的《作为宗教思想的民艺与作为文化理想的民艺——柳宗悦、张道一民艺思想论述的试比较》中对日本民艺学家柳宗悦和张先生在民艺领域思想的特征、研究方法进行分述和综合比较，精炼出前者之民艺思想是以宗教理想为依托，后者之民艺思想则着眼于文化理想的复兴这一观点。而徐艺乙的《张道一与民间美术研究》以及李一的《古不乖时 今不同弊——论张道一的民间美术研究》二文则从民间美术的角度对张先生所提出关于民间美术的性质、民间美术研究易被忽略的现象、民间美术作者及作品层次论、民间美术研究的重要价值等思想予以总结和分析。唐家路还在《从民间美术研究到构建民艺学科——张道一先生的民艺观》中认为在张先生《中国民艺学发想》这篇具有开拓性的民艺理论文章之前，他的思考重点是在民间美术上。换句话说，张先生从民间美术出发逐渐形成对整个民间艺术更为宏观的观照。因此也系统而全面地提出了民艺学科建设的相关思想，“并从民艺学的研究对象、研究宗旨，以及民艺的分类、成就、比较研究和研究方法等方面明确了民艺的学科构成”[①]。

第三，就张先生艺术学领域成就与思想的研究。

张道一先生对自己在艺术领域的评价是只做了“三件事”——工艺美术、民间艺术和艺术学[②]，因此他在艺术学领域的建树也是学术界研究的主要方面。他于1994年6月在东南大学创办了我国第一个艺术学系，有关艺术学研究和艺术学学科建构的著述更是高瞻远瞩。朱铭在《艺术学的思考》中开宗明义地说：“1995年，听到道一师在东南大学创办艺术学系的消息，心情非常振奋，第一个感想就是：此其时也。”[③]陈池瑜也肯定了张先生的汗马之劳，并在《张道一艺术学思想研究》中进一步认为：“1998年他在东南大学建立了我国第一个艺术学博士点，这标志着我国艺术学研究进入到一个新的阶段。”[④]李立新则在《通往艺术学的桥梁——读〈张道一文集〉》一文中将张先生对艺术学的思考归纳了三个层次：其一是自下而上——艺术学的一个基本观念，他认为张先生正确的艺术学观体现在自下而上，从艺术学具体的对象出发，着眼人类文化全局，去考察艺术现象并提升规律的方式；其二是九连环——艺术学的基本框架，强调张先生把艺术学划分为九个方面的独到见解，认为他是将交叉、边缘甚至新兴的学科包容进来，以综合的方式纳入艺术大框架，并列举了张先生认为与艺术交叉的十一个方面；其三是抓两头——艺术学的基本思路，诠释了张先生提出“抓两头”的概念，并将其理解为“从个性中求共性，从艺术学的特殊部门，艺术中最基础的文化现象去观察艺术世界的系统整体，去探讨艺术本质、功能、规律等艺术学的一般理论”[⑤]。另外，许平的《高屋建瓴躬耕不辍——我国艺术学学科奠基人张道一教授》、徐飚的《学术为公

① 孙建君、潘鲁生主编：《张道一研究》，山东美术出版社2000年版，第192页。

② 参见张道一《七十述怀》，载李砚祖主编《中国艺术学研究——张道一教授七十华诞暨从教五十年文集》，湖南美术出版社2002年版，第2页。

③ 同注①，第1页。

④ 陈池瑜：《张道一艺术学思想研究》，载李砚祖主编《中国艺术学研究——张道一教授七十华诞暨从教五十年文集》，湖南美术出版社2002年版，第431页。

⑤ 李立新：《通往艺术学的桥梁——读〈张道一文集〉》，载李砚祖主编《中国艺术学研究——张道一教授七十华诞暨从教五十年文集》，湖南美术出版社2002年版，第495页。

学理图明——张道一艺术学科建设思想大略》、梁玖的《张道一的艺术教育观》、甘锋的《“道，一以贯之”——张道一先生艺术学思想述评》、李砚祖的《从民艺学到艺术学——张道一先生学术思想散论》等论文中也研究和涉及了张先生艺术学的学术思想，具有一定参考价值。

第四，关于张先生治学与教育方面的评述性研究。

《思即道》一文的作者陈绶祥不仅透视出张道一先生治学中所具有的“法眼”和“慧心”，还参酌出张先生治学的几种方法，例如，立足中华文化形成独特的思维形式，综合各现代学科的研究成果，细致解析相关研究对象，总结原理，抽绎出宏观及一般性的文化认识成果。再如，针对具体问题时，绝不停留在已有的认识和一般的思考上，而是以一种积极“反拨”的精神考察对象在发展过程中的演变，从而得出新的理论思考。张晓凌在《张道一的学术敏感》中也说，张先生所具有的学术敏感使其从不人云亦云，并且论著中睿智的观点、见解和方法总是如珠玑散落，俯拾皆是。总的来说，张先生做学问即是“虽然伏案数十年，却无丝毫迂腐气。他数年如一日地坚持田野考察，忽而西北高原，忽而西南边陲，自有一种做人的豪气，是为至性至情之人”①。此外，类似的评析文章还有徐思民的《下一番功夫——张道一先生的治学观》、李轶南的《随风潜入夜，润物细无声——张道一先生的为人为文》、赵建源的《认真的学者认真的书——读张道一先生的〈美术长短录〉》等。而邓白先生对张先生治学上的评价则被张先生自己视为迄今最客观和公正的②，邓白在《一专、二博、三正》中提出：一专指的是张先生以工艺美术作为终身专业而矢志不渝；二博则是说张先生博学，基础深厚；三正是形容张先生身为艺术家的品操，他是一个光明正大的人，所以其笔也很正。至于张先生在艺术教育方面的评述性研究则多来自他的学生和朋友，诸如朱铭的《我与道一师的缘分》、何琦的《从师三年回顾》、高丰的《张道一先生对我的教诲》等。其中，梁玖的《张道一的艺术教育观》一文认为张先生在艺术教育方面的实践和理论功不可没，张先生尤其强调“关键在教育”的思想，因而他拥有一套系统的艺术教育理论，其特点为：整体性、体系性、科学性和全面性。梁玖还对张先生的元艺术教育观、艺术教育教师观、艺术教学观和艺术教育人才观分别做了概述，如《张道一先生的艺术学教学思想刍议》，并认为研究他艺术教育思想具有一定学术价值，不仅是民族文化吐故纳新的必要，而且是中国艺术教育学科发展的必要。

---

① 孙建君、潘鲁生主编：《张道一研究》，山东美术出版社 2000 年版，第 26 页。

② 依据：笔者 2006 年 12 月 13 日采访张道一先生于南京时的录音资料。

除上述主要的四个方面以外，对张先生学术思想的探讨和分析还涉及综述性的研究，如杭间的《“辫子股”的启示》，潘鲁生、张新的《关于张道一先生》等论文；同时也有对他图案学方面的考察和概述，如诸葛铠的《现代中国图案学的奠基人》、倪建林的《张道一与〈中国图案大系〉》等；甚至还有些文章研究其对鲁迅与艺术之间关系的探讨，如王拓的《张道一“鲁迅与美术”研究钩沉》；而孙建君的《在迂回的历史中前进——张道一的美术史观与美学思想》、常宁生的《从世界文化的高度考察中国美术——张道一教授谈比较美术研究》和朱孝岳的《本元文化论与美的发现——张道一美学思想初析》等文章则对张先生美术学和美学方面的成绩予以阐扬。

第三节　研究的创新点和方法

从以上的陈述不难看出，学界近年对张道一先生在艺术领域学术思想的关注甚切，并已取得一些成果，但仍存在某些问题。首先，尽管张先生的学术思想已然形成系统，但至今未见全面、综合而整体研究的有力专著问世。对其思想的解读多为论文形式，且仅从某一两个方面入手，缺乏宏观和系统的梳理。其次，研究性论文多以张先生在工艺美术学、民艺学和艺术学三大块为侧重点，虽然其本人也曾表示确于此三方面贡献突出，然而他在艺术其他领域的思想成果也不容忽略。特别是有关他在图案学、设计学、美术学、美学以及教育观、设计伦理观等方面的研究还只是触及，并未深入展开。最后，张先生学术思想是伴随时代前进而不断更新、变化、发展的，近两年学界对其新的学术成果和观念的总结还较少谈及。例如有关张先生对《考工记》注释精辟见解的分析，从已有的资料来看有王玲娟和龙红的论文《〈考工记〉：一部很难读便决心把它读通的书——关于张道一教授新著〈考工记注译〉》、刘岩的《听大师讲析　评张道一先生〈考工记注译〉》；集中体现张先生艺术学研究方法的《汉画故事》《画像石鉴赏》的相关研究也只有陈池瑜的《张道一先生艺术学研究方法论之特征——以〈汉画故事〉〈画像石鉴赏〉为例》。鉴于这些问题的存在，才有了更进一步研究的必要性。因而可立足新的视角，运用新的方法来阐释一位艺术理论家的思想根源及理论核心，沿着他思想发展变化的轨迹系统而全面地挖掘、整理、分析、归纳、总结和阐发其学术思想的精髓、内涵与规律。本研究将尊重客观事实，忠实于研究对象，严肃认真地对待研究中涉及的人与事，深入探究张道一先生艺术精神并客观地提出自己的观点和认识。

与此同时，正确的研究方法也应成为学术研究顺利开展的“利器”，法国著名的生理学家贝尔纳（Claude Bernard，1813—1878）曾说过：“良好的方法能使我们更好地发挥运用天赋的才能，而拙劣的方法则可能阻难才能的发挥。”[①]因是个案研究，所以是通过人物访谈方式搜集第一手资料，借助与张先生直接对话的形式获取必要信息（自2005年至今先后正式采访张先生并录音15次，非正式采访若干次），同时对张先生的亲属、朋友以及学生进行采访（自2005年至今对其夫人非正式采访若干次，对其朋友诸葛铠正式采访5次并录音；2007年6月正式采访其学生李砚祖、许平、唐家路、董占军等各一次），从侧面掌握和捋顺与本研究相关的背景知识及张先生学术思想脉络。并且以查阅文献的方式，依据历史的和理论联系实际的方法考察张先生本人的论著以及前人的研究成果，对张先生的著述进行全面的思考与分析。本研究共分为八章，除去绪论和结论，主要内容涉及六个部分：第一部分主要是对张先生的学术历程进行历史性的综述，从先生艺术之路的缘起，师从名家以及自己勤勉刻苦、广思善学等方面进行叙述。第二部分从辩证和发展的角度具体思考其有关工艺美术理论的思想。第三部分主要以张先生重释图案学为原点，梳理其有关图案学的思想要义。第四部分侧重于阐释张先生有关民间文化在文化分类中的重要性，民间艺术、民间美术与民间工艺的关系，中国民艺学学科的建立等方面的观念。第五部分主要解读张先生在美术学建构中的理论精要并阐发其在美学领域的理性思考。第六部分主要以张先生对艺术学的探索为视角，阐发其关于艺术本身、宏观研究艺术学学科、系统艺术教育观及伦理视角下的艺术批评等方面的精要。

① ［英］W. I. B. 贝弗里奇：《科学研究的艺术》，陈捷译，科学出版社1979年版，第10页。

第二章 “取益在广求”——学术历程的综述

崎岖人生路，跋涉步履难。二万多个月追日，虚耗几多时间。
少年头已白，踌躇志已残。莫说人情薄，勿怪价值变。
劳劳亭前非送客，莫愁湖上空荡船。有心种桃李，无闲品酸甜。
去日苦多，来日可安？甘苦自知，躬耕不变。是红烛就得烧尽，既吐丝何虑作茧。
世态有炎凉，灯光忽明暗。两腿撑地上，不能倾且弯。

——张道一《述怀》[①]

这首诗，张道一先生1992年书于南京，其时他已年入花甲，在艺术之路上也走了四十余年。然而，与众多书斋型学者并不一样，张先生的学术生涯多有起落与波澜，“尝尽了其中的甘苦，那滋味是一言难尽的”[②]。学术研究之途，有曲有直，难以常保一帆风顺。诚如张先生自己所言：“一个从事艺术工作的人，仅仅在艺术的大海中喝几口苦涩的水，恐怕是不可避免的，但若想涉入深处，潜于海底，探个究竟，可就带着更多的危险……”[③]尽管如是，他对艺术念兹在兹，不求闻达，甘于淡泊，为之苦苦钻研了半个世纪，至今仍然兴趣盎然。无论是勤勉治学，还是教书育人，他始终笃信闻一多先生《红烛》的诗句：“红烛啊！莫问收获，但问耕耘。”[④]

张先生自幼就与艺术结缘，对工艺美术的兴趣完全可以追溯于孩提时代的情怀。他生长在战争时期，家乡虽没有得天独厚的优美环境，却也能在此中自得其乐。童年时就善于思考和勤于动手，自然而然地接触了很多与艺术有关的事物。13岁外出求学，由于很多人生机缘因而与艺术越走越近，以至于20世纪40年代末正式投身其中。大学毕业后又分别拜入陈之佛与庞薰琹二位大师门下，苦读五年多，这段时期可以说是张先生一生之中的关键和转折。不幸的是学术的“黄金季节”好景不长，在随后的

① 孙建君、潘鲁生主编：《张道一研究》，山东美术出版社2000年版，封一。
② 《张道一文集》，安徽教育出版社1999年版，第1页。
③ 同上。
④ 闻一多：《最后一次演讲》，中国工人出版社2016年版，第209页。

一些政治运动中，张先生陷入困境整整20年。好在他的坚韧与毅力，以及对艺术的不二信念让自己的理性思考没有中断。“文革”之后，张先生对艺术更加执着，由于政治环境的宽松，他可以抛开额外的包袱，摈除杂念，专心于学术研究之上。张先生的老同学赵玉琢这样评价：“在经历了这番重大挫折之后，反而在思想上更加成熟了，这时的他多了几分旷远和沉稳，少了几分浮躁，学问也做得更踏实、更精进了。”①正因如此，张先生学术研究的系统架构逐渐完善，对艺术领域的见地越来越独到，形成了自己的学术思想。本章就其学术历程进行综述，意在对他艺术思想内容的深入研究做一铺垫。

图 2-1　张道一与恩师陈之佛先生合影（1955）

第一节　艺术之路的缘起

山东省齐东县，地处鲁中泰沂山区与鲁北黄泛平原的叠交地带，汉为邹平朝阳二县地，唐宋属邹平县地，元朝改为县，明清时期属山东济南府。而邹平为人文渊薮，北宋范仲淹曾在此度过了青少年时期，梁漱溟先生20世纪30年代也在此创办了山东乡村建设研究院。1932年11月26日，张道一先生便诞生于今属山东省邹平市的齐东县九户镇。《齐东县志》曾记载：“清光绪十九年冬，齐东知县康鸿达奉准迁城于九户镇。‘本县民业耕织，士尚廉耻，勤俭朴素，饶有古风，以之提倡新生活最为相宜。’”“中华母亲河”——黄河自其北部东流入海，距当时张先生的家大约80华里。张先生少年时代崇敬的两位名人——汉儒伏生、现代作家李广田，都是他的同乡。前者，秦时即为博士，是当时的大儒。秦亡，以教授生徒为业。汉文帝时，伏生受诏传《尚书》，饮誉朝野，此后形成尚书学之大观。后者，号洗岑，与卞之琳、何其芳合称“汉园三诗人”，散文名誉天下。张先生年少时觉得伏生远不可及，也不能理解儒家经典之精

① 孙建君、潘鲁生主编：《张道一研究》，山东美术出版社2000年版，第220页。

要，但李广田的散文却能读得懂，因此便与他有过一次书信之通，并受到李先生的鼓励。

据张先生回忆，战时的县城是沦陷区，有日本兵驻扎，县城外就是国统区，而距自己家30里地之外便是解放区。祖父在当地是个文人，曾教过私塾，当过新学堂教员，是位地方上较有影响的人物，无论是商人抑或是国民党军政人员都尊称其为老师。祖父在张先生幼年时期，对他关爱有加，因此，他4岁起便开始接受家教，多是学一些启蒙读物，如《三字经》《百家姓》《唐诗三百首》等。那时家里收藏书画甚多，耳濡目染中就受到了一些文化和艺术的熏陶。稍长一些，便入县城里的日伪小学念书，由于正值战时，学习总是断断续续。因对剪纸感兴趣，空闲的时候，便常将画中人物、花鸟剪下并贴于墙或门窗之上。张先生回忆说："我出生在北方农村，童年时代所睡土炕的墙边，便贴满了红红绿绿的剪纸，还有《老鼠嫁女》一类的木版画。那时候，虽然还不懂得什么叫艺术，可是，每天都在同这些艺术打着交道，它是我精神生活很重要的一个方面。当时，我最敬佩的是一个会剪纸花的远方亲戚，叫她'石头大娘'(她丈夫的小名叫'石头')。有时，我宁愿步行十几里，也喜欢到她家做客，因为可以得到几张新剪纸。"①（图2–2）那时县城的小学教学质量很差，汉奸味颇浓，学生还必须学日语。家人觉得长此以往不是办法，便于他11岁初小结业后将其送到距县城12华里的"南北张家"读高小。此高小是国民党办的，很多老师虽来自沦陷县城的一个中学，却非常重视文史学习。而当时国文课大多处于中学水平，并且每天晚上还要写"大仿"(临摹书法)。因此，张先生认为他后来对古文的通读和注释、文学作品的理解与欣赏都或多或少源于那时的国文底子。虽然此时学习环境极其简陋，倒也愉快。课后能看到国民党的油印小报，晚自习时还能唱抗日歌曲，美中不足的是课外读物不多，但也还能于集市"书拐"(书

图2–2　公鸡（石头大娘的剪纸）

① 张道一：《张道一美术序跋集》，未出版文集，东南大学艺术学系，2001年，第62页。

贩）在学校摆摊之际，淘到几本书，便如获至宝，久不释手。

与自己一起读高小的同学年纪都偏大，甚至有结婚的，思想很活跃和积极，毕业后很多都被送到大后方，有的参加了国民党的青年军。而张先生那时年仅 12 岁，高小一毕业就考入了“韩杠子村”的简易师范。这是国民党地方政府办的学校，除文史课外又加了农业、植物学和教育学的科目。课外尤其热衷于描绘植物图，方法是用一种本地出产的土棉纸将图描出，填上颜色。这时抗日气氛浓厚，学生年纪更大，全班像他这般岁数的不超过五个。但是，却很少能有绘图水平超过自己的，张先生的艺术天分乃班中之佼佼者。

1945 年，简易师范读了不到半年，日本投降，学校也停了课，张先生便在家“务闲”，同时学起了画画，并与邻街的同好一起画画和刻图章。此时有几件事格外地令他对工艺美术着迷，甚至可以说，他日后走上工艺美术之路与这几件事有着一定的关系。

张先生家原是大户，有些房产，也曾租给别人暂时居住。有一户租住过并以修自行车为生的人家迁居后，留下了很多废旧工具和部件，这些却吸引了热爱手工制作的张先生。于是便自己动手，用锉刀为祖母配了一把钥匙，受到了祖母的鼓励和嘉许，因而兴趣更浓。那时他已懂活塞工作的原理，就又用钢锯将自行车的旧钢管截成多段，因不能焊接，便自行铆接起来，拿布裹住接合部，装上活塞，制成一架抽水机，从井中抽出水来。这在当时引起了小小的轰动，人们纷纷表示这个手工装置确实有意思并且实用，觉得张先生的动手能力很强。后来，张先生的四奶奶（四爷爷的夫人。曾祖有一位胞兄弟，他二人各得两子。自己的祖父在四个兄弟中排行老二，与张先生的四爷爷为一母所生）去世出殡，按当地的习俗，需打花幡，即挑在竹竿上用白纸制成很长的幡，须上纸扎店购买。而当时由于种种原因，没能从纸扎店中买得。于是张先生便自己用白纸做了一个不错的花幡，颇为家人所赞许，皆认为他有制作手工工艺的才能。这几件事对张先生有很大影响，至少已埋下手工工艺的“情结”。

这样的日子过了大约半年，张先生又被家人送到了周村的一个教会学校上学。周村素有“天下第一村”之称，位于山东省中部，今系淄博市辖区之一。周村春秋战国时期属齐国於陵邑，自古商业发达，明朝嘉靖年间已有“周村店”的称谓，至明末清初时逐渐繁华。清蒲松龄的《聊斋志异》曾描述道：“康熙乙亥间，西塞用兵，市民间骡马运粮。……周村为商贾云集，趁墟者车马辐辏。”[①] 据传，清乾隆四十年（1775），皇帝南下至周村，御赐“天下第一村”的名号。光绪三十年（1904），省府济南、潍县（即今潍坊）和周村一道被当时政府批准为自开的商埠，从此周村格外繁华。而在当时 14 岁的张先生眼中，无疑到了一个“大城市”。但那时的周村还是“国统区”，时局相当紧张。因此一年后，他又沿着小清河西上，去了济南求学，入私立立达中学插班，便又遇见很多小学的同学，他们中有些人在私立中国艺专学美术。张先生常常跟随他们去那里看一些老师画画、刻木刻，特别感兴趣，便热衷于木刻，后来还养成了读文学书和写文章的习惯。一篇怀念家乡的小文甚至被刊登在名为《齐东青年》的杂志上。

1947 年，张先生家乡实施土改，家中的成分被划为地主，于是在异地念书的他便断了一切经济来源，两年中几乎没有生活费。然而那时私立学校却规定每学期要交学杂费十袋面粉，每月还要交膳费。好在老师和同学都很喜欢他，因为他文艺方面很活跃，还会写美术字，同时又能刻钢板、画图案。所以每每月底就有同学们帮忙，将他下一个月的饭费垫上。校长尤其优待，给他安排了一个勤工俭学的机会来免除学杂费，这便是要求他每晚刻钢板，刻两张蜡纸的讲义，或者为学校抄写资料，画油漆招牌，等等。后来，学生会开展文艺活动，他被选为学生会文艺部长，经常画墙报，排演大合唱，街头话剧，甚至到广播电台播出过。因而也就被作为文艺骨干由学校推荐到华东大学文艺系，共推荐了十一人，经考试录取两名，他便是其中之一。

在大学期间，张先生与艺术结下不解之缘。那时的学制方式与现在有所不同，学生入校之初共同学基础，然后再编班分方向。很多同学选择了油画方向，而张先生由于从小接触的都是工艺美术，所以就选了这个方向，当时叫作“图案”，但素描还是要学的。张先生的素描比较独特，他在造型能力上很强，但对轮廓线的把握却有自己主观的见解。有老师曾与之讨论，认为其素描轮廓过实，从纯绘画的角度说，描绘对象体积的转折和过渡表现不足。而张先生则认为，他的素描完全是针对自己图案所需，图案当中讲求的就是轮廓线的实在，这种训练有助于自己以后图案创作上的发挥。由此可见，张先生当时就已对一些艺术中约定俗成的观念开始了自己的理解和理性思考。

1949 年的华东大学文艺系，对内是称“文艺系”，对外则是“华大文

---

① （清）蒲松龄：《鸮鸟》，《聊斋志异》卷十二，浙江文艺出版社 2004 年版，第 517 页。

工团”，因此张先生在此接触了很多其他艺术领域的知识和实践活动。譬如，团里排演歌剧《白毛女》，他不但负责绘制布景和制作道具，还参加了歌剧的演出。有关“黄世仁”出场时家门口的场景和“喜儿”在山洞中布景的描绘，他至今还记忆犹新。暑期则参与了华东大学艺术工作团的演出，到青岛表演《王秀鸾》等歌剧。他主要从事美术方面的宣传及舞美等工作，当时的演出轰动青岛。此外他还参加从青岛至济南的“文化列车”，沿路停靠，以慰问铁路职工，并为齐鲁大学学生会演出《钢铁是怎样炼成的》设计和印刷海报，在这些艺术实践当中受益匪浅。在《忆山大生活》一文中张道一先生如是说：“华东大学是一所‘抗大’式的学校，以‘改造’知识青年为主要任务，进入学校也就是参加‘革命’。穿军装，享受‘供给制’待遇，即‘军事共产主义’。大量的学生都集中在社会科学院的各部，进行马列主义学习和改造思想，以应新中国对干部的急需。我因在中学时打下一点美术的基础，便直接考入了文艺系。文艺系对外亦称‘文工团’。华大文工团在当地是颇有名气的。我一入学便参加了《白毛女》的演出，以后又参加了《思想问题》《王秀鸾》等，排练时画布景、做道具，演出时画海报、当群众，抽空画点速写，读点书。为了配合形势需要，不断地画领袖像、宣传画，刷大标语；也参加扭秧歌、打腰鼓，随合唱团到电台去播音。生活很紧张，但意气风发，好像每天都有使不完的劲。”① 正是因为张先生在华东大学文艺系这段时间所接触的艺术领域，从而在一定程度上令他在以后的艺术理论构建中，能站在整体和综合的角度，高屋建瓴地提出艺术学方面具有宏观性的主张。

张道一先生 19 岁的时候，已然是大学创作课的课代表。为配合政治运动，他带领同学集体创作大量的宣传画。1951 年 3 月，华东大学与山东大学合并，改称山东大学。4 月，他便到纺织厂体验生活，和同学集体创作连环画《郝建秀》，并由山东人民出版社出版。之后，张先生创作兴趣格外浓厚，创作和发表了很多海报招贴宣传画。例如，在学生组织的“美术供应社”对外有偿服务，并将报酬支持抗美援朝“捐献飞机大炮”的活动中，发表了《捐献飞机大炮》宣传画；发表的门画《工农联盟，加强生产》由山东人民出版社出版；还发表了《坚决贯彻执行婚姻法》宣传画（图 2-3）、《慰问伤病员》的年画等。

经过三年艺术专业的刻苦学习，张先生 1952 年 8 月于山东大学艺术系毕业。适逢全国院系调整，于是便随系迁往无锡，成立华东艺专，并留

① 流泉、张抒：《张道一艺术年表》，载李砚祖主编《中国艺术学研究——张道一教授七十华诞暨从教五十年文集》，湖南美术出版社 2002 年版，第 503 页。

图 2-3　张道一作宣传画（1951）

校任教。华东艺专便是今天南京艺术学院的前身之一，当时的院长是刘海粟先生，主持工作的常务副院长是臧云远先生。臧先生是位诗人，1932 年参加中国作家左翼联盟，他与张先生过从甚密，对其帮助和鼓励也很多。张道一先生最初主攻平面图案（包括印刷和染织），而臧先生则主张他在书籍装帧上多下功夫。因此张先生一度对书籍装帧的研究煞费苦心，在华东人民美术出版社第三编辑室的日子里，为连环画设计诸多封面，并为宣传画写标题字，还一共参加了六期《工农兵画报》的编辑。因而也就有机会到印刷厂做印刷实习，从而了解印刷的全过程，这些实践都为张先生以后在工艺美术理论上的提升和总结有着一定的帮助。

当毕业从教后，张道一先生更加对工艺美术情有独钟，特别是在“零距离”接触了几次民间的工艺美术后便逐渐培养了其研究民间艺术的情愫。1952 年 12 月，华东艺专与无锡文联共同筹备“惠山泥人展览会”，张先生任秘书。当时初到江南，便参加了惠山泥人的调查研究工作，并动员艺人们恢复了富有特色的“手捏戏文”。近代著名老艺人蒋子贤，深谙此艺，曾经为了捏制《贵妃醉酒》，专门赶去上海观摩梅兰芳大师的演出，此作品成了他的代表作之一。而张先生这次去无锡研究惠山泥人，蒋老先生竟在古稀之年，特意来到其住处，“工作了半个多月，制作了几十套戏文，并成为展览会引人注目的中心”①。张先生还为这次展览会写了说明，文中查考了“捏段镶手”技法的创始人，并对惠山泥人从起源到发展做了五个时期的划分，此篇可以算作张先生开始着眼于民间美术最初的研究性文章之一。此外，1953 年 8 月，他还到苏州考察了民间工艺美术，主要是面向苏绣、缂丝、织锦、桃花坞木版画、泥玩具等。这些对民间工艺的调研活动不仅大大地增强了张先生对工艺美术和民艺的兴致，而且为其在以后的工艺美术及民间艺术研究思想中奠定了坚实的实践基础和寻找出理性的研究方法，是弥足珍贵的艺术实践经历。

综上所述，张道一先生跨入艺术之门缘于自小对工艺美术的喜好和

---

① 张道一：《造物的艺术论》，福建美术出版社 1989 年版，第 416 页。

执着，对艺术多重领域的触类旁通，其中也包括各方面的熏陶和人们的帮助。总之，是一种自然而然的过程，是由艺术实践逐步走向理论研究的过程。诚如他自己所总结：“我与艺术结缘并非是偶然的，其中有家庭的熏陶、同学的影响和人生的机缘，可能更重要的是自己的性质与兴趣使然。从40年代末投身于艺术，便一直在这领域中闯荡，磨练，求索。起初范围很广，对音乐、戏剧、美术、文学都曾产生过浓厚的兴趣。在华东大学时，文艺系实际带有文工团的性质；参加合唱团，排演戏剧，打腰鼓和扭秧歌，干得都很起劲，并且还给报刊画插图，写散文和诗；最后还是认定了美术。大学时期认识了艺术界老一辈的许多名家，并得到他们的教诲。大学之后，有机会先后投身在陈之佛先生和庞薰琹先生的门下，苦读了五年多。那时候没有实行学位制，数年的磨练几乎跨过了硕士和博士，因而打下了做学问的基础。这可说是我一生之中的关键和转折。”①

第二节 师从名家

陈之佛（1896—1962）和庞薰琹（1906—1985）两位大师在中国现代美术史上具有一定地位，对中国艺术之贡献不可磨灭。而张道一先生投入这二位门下，历经了更高层次的学习和理论训练，对他今后艺术理论体系的构建显然有着非常重要的意义。

陈之佛先生（图2–4），浙江省余姚县浒山镇（今浙江省慈溪市）人，出生在19世纪末的“多事之秋”，原名陈绍本，学名陈之伟，陈之佛为后来自取之名，号雪翁。6岁入私塾，16岁考入浙江省工业学校，此乃辛亥革命时期仿西式教育体系的实业学校。在某种程度上也为其以后选择“实业救国”由织造工艺转向图案（工艺美术）奠定了一定的思想基础。1916年毕业留校任教时，学校已更名为浙江省甲种工业学校，1917年便编写出我国第一本《图

图2–4 陈之佛像（陈传席、顾平：《陈之佛》，河北教育出版社2002年版）

① 《张道一文集》，安徽教育出版社1999年版，第2页。

案讲义》。翌年，由校长推荐东渡日本，成为留日官费生，开始学习绘画。1919年考入日本最高艺术学府东京美术学校（今东京艺术大学）工艺图案科，成为此科第一位外国留学生，也是我国赴日专门研习图案学第一人。留学回国后，在上海东方艺专和上海艺大担任图案科主任，工作之余，创办我国第一所专业图案设计事务所——“尚美图案馆”，为厂家和出版单位做产品、书籍等设计。“在当时的中国，办‘图案馆’不仅是一件旷古未有的新事物，体现着一种全新的设计思想，并且标志着现代工业生产中设计与制造的分工。其观念之新，意义之大，是不可低估的。”[①]1925—1935年十载是陈先生“从事书籍装帧设计的黄金时期，曾为《东方杂志》《小说月报》《文学》月刊以及开明、天马书店出版的文艺书籍绘制作品，如鲁迅、茅盾、郁达夫、郭沫若等作家的自选集中那些极富民族特色和现代装饰意趣的装帧均出自他的笔下”[②]。此时的他一直未放弃传道授业之责任，1931年任教于南京中央大学的教育学院艺术科，从事西洋美术史、中国美术史、色彩学、透视学、艺用人体解剖、图案等教学任务。与此同时，陈先生还出版了很多有关“图案”和美术方面的著作，像《西洋美术概论》《艺用人体解剖学》《图案构成法》《表号图案》《图案法ABC》《图案教材》等都影响较广，之后，他开始了工笔花鸟的创作与研究。抗日战争爆发以后陈先生曾一度离开南京迁往重庆，1946年又举家迁回南京，此时他提倡美育的重要作用，希望以美育陶冶情操，拯救社会。中华人民共和国成立后，尤其是20世纪50年代，陈先生对江苏省的民间工艺关注甚多，1958年成立南京云锦研究所，苏州刺绣研究所也在其支持下创设。总之，作为艺术家和教育家的陈之佛先生，一生有着显著的功绩，概括起来主要表现在：“首先，他开启了中国工笔花鸟画现代生机，破醒了迷乱的花鸟画坛；其次，在中国工艺美术界，陈之佛具有着现代工艺图案的宗师地位与作用，影响了一个时代；第三，是他在美术教育领域有着卓越贡献，陈之佛不仅创立了中国第一个图案讲习所——‘尚美图案馆’，培养了大批工艺美术人才，而且他长期任教于高校，可谓桃李满天下，其学生中杰出者比比皆是。”[③]而张道一先生正是陈之佛大师的高足之一。

1953年11月，张道一先生到南京师范学院进修，随后陈之佛先生指导他从事图案、工艺美术史和工艺美术理论方面的研究。20世纪50年代

① 张道一：《设计在谋》，重庆大学出版社2007年版，第92页。

② 李有光等著，陈修范绘：《陈之佛工笔花鸟画技法解析》，江苏美术出版社2001年版，第2页。

③ 陈传席等：《陈之佛》，河北教育出版社2002年版，第2页。

初，无锡华东艺专非常重视青年教师业务水平的提高，经常派送一些教师留学国外。然而，一次留学苏联的机会却与张先生失之交臂，原因是其家庭出身不好。尽管心中对此事看得很淡，但难免为由于所谓出身不好致使丧失提高业务水平的机会而感到遗憾。好在臧云远先生多加安慰，并给予他一次去陈之佛先生处进修的机遇，他甚至诙谐地称这次拜入陈门为“国内留学”。

与大师相见，张先生并未刻意地奉迎和谄媚，但由于自己专业水平的相对出色以及对艺术的向往与执着，陈之佛先生对他颇为喜欢。因此，张道一先生入室之初，恩师欲传授自己工笔花鸟之精髓，时常要求他练习工笔绘画，有时甚至亲自为其准备好颜料和笔墨。即便这样，张先生对工笔绘画的兴趣依然没有对工艺美术的兴趣来得大，最终他向老师吐露了希望专心于工艺美术的心声。陈先生至此才认为，既然学生心意已决，那么就从研究史论开始，啃一块“硬骨头”，但仍不可脱离实践。张先生自己曾如此评价这次关键性的选择：“这是在 50 年代初的一个夜晚的长谈，由此决定了我一生。”① 此后，张先生确实在工艺美术领域有所建树，并从工艺美术进入大艺术领域，这都与当时陈之佛先生的引导有重要的关系。

初涉史论，张先生觉得似乎力不从心，面对佶屈聱牙的古文常感一知半解，不甚了然。陈先生经常带领他去图书馆借阅，然而获取资料的途径不如时下便捷，有些书只能阅读不可借出。譬如，1941 年，由哈佛燕京学社出版的容庚所著《商周彝器通考》便只有在南京博物院才能阅读到。由于没有先进的拷贝方法，张先生便手工抄录这整部鸿篇巨制，遇到生僻难识的字就查阅字典。这种经常抄书的学习方式反而使他的文史水平提高，理解能力增强，为以后更深入的理论研究奠定了基础。因过度用功，张先生曾在图书馆内晕厥，即使这样也没能消减他对工艺美术史论钻研的劲头。那时陈之佛先生就已提及先秦古籍《考工记》对于理论研究的重要性和意义，虽然张先生并未能立即彻悟于此，但却萌发了念头，欲去探究 2500 年前先民那种科学与人文精神交相辉映的造物活动，因此成为其研究《考工记》的最初阶段，亦可算作《考工记注译》一书的成因之一。

毋庸置疑，陈之佛先生的工艺美术思想对张道一先生而言影响深远。陈先生第一次给他上课时，就强调本民族艺术遗产的重要性。陈之佛先生说：“注意研究和理解它的精神实质，它的风格和创作方法，加以变化应用。”② 与此同时，他还以自己亲身经历来举例说明：早在 1918 年东渡日本

① 《张道一文集》，安徽教育出版社 1999 年版，第 4 页。

② 张道一：《工艺美术论集》，陕西人民美术出版社 1986 年版，第 234 页。

之时，陈先生便怀揣“实业救国”之心，意欲吸收和引进国外的图案设计之术以图振兴中国的实用艺术。时任日本东京美术学校工艺图案科主任的岛田佳矣教授对他格外关照。这不仅因为陈先生是当时该科仅有的一位中国学生，而且岛田教授对中国的传统艺术也深感兴趣。于是岛田教授试图与其讨论中国古代图案的伟大成就，认为日本图案深受中国传统之影响，然而陈先生却不知其然，甚感惭愧。此事对他触动极大，自此便潜心研究中国古代和民间图案，颇具心得。

如是教导对张先生来说也宛若醍醐灌顶，从其以后对工艺美术和民艺的研究中不难发现，他始终秉承从优秀遗产中寻求规律、认识图案本质的理念。譬如他后来所编写的《彩陶图案研究》、《古代首饰》、《中国古代图案选》、《中国民间剪纸艺术》、《民间木版画》、《中华龙文化》、《考工记注译》、《汉画故事》(图 2-5)、《张道一论民艺》(图 2-6）等著作中都蕴含着陈之佛先生当初对他的谆谆教导。正如他 20 世纪 80 年代所言:“差不多三十年，我遵照了他的指导，在学习图案和从事图案教学与研究中，努力去做，逐渐对此有所领悟。”[①] 同时，张先生还不仅仅囿于简单的传承和推广，或狭隘的“古为今用”的功利思想，而是由传统面向现实，努力寻求从传统工艺美术中发展当代工艺美术的途径。例如，在《研究民间美术发展当代工艺美术事业》一文中就全面剖析了民间美术的社会价值，着眼于民间美术面临存在和发展的问题，提出

图 2-5 《汉画故事》封面

图 2-6 《张道一论民艺》封面

① 张道一:《工艺美术论集》，陕西人民美术出版社 1986 年版，第 235 页。

“在民间美术的土壤上发展当代的工艺美术”[①]的观点。再如，对《考工记》进行注释和研究，不是单纯地介绍和被动接受其造物形式，而是理解其原理，了解其科学精神，认识其本质，旨在于现代社会中以新的材料和手段依据原理为人服务。他认为：“一个民族的文化最重要的在于积累和传承。所谓批判继承，无疑是积极的进取；对于后人来说，不但要用于创新和突破，也要善于借鉴和吸收。如果对前人的成果摸不着、吃不透，也就缺少前进的基石。”[②]

陈之佛先生作为图案学和工艺美术界的宗师，其理论体系往往高屋建瓴，尤其对工艺美术本质的把握更是精辟和准确。他非常强调“审美”和“实用”的统一性，认为：“图案的成立，包含着‘实用’和‘美’两个要素，这两者的融和统一——实用性和艺术性的协调，便是图案的特点。故图案在艺术部门中，决不是一种无谓的游戏，也不是一种表面装饰，而是生产样式不可分离的生活艺术。”[③]这种观念在现代设计中是为实践所证实的，甚至可以说是设计活动的圭臬。而在后来张先生有关“图案”概念的厘清过程中，可以清楚地看出这一脉相承的观点及其对先辈思想的阐扬，他认为：“图案是工艺美术的灵魂和主脑。它赋予工业产品以美的、合理的外形，是生产的第一道工序——设计。这设计既是审美与致用的统一，又是艺术与科技的结合。”[④]另外，张道一先生最具代表性的“本元文化”论也可以算作基于恩师这一学术思想的创造性理论建构。在《造物的艺术论》一书中他就明确指出：“工艺美术的双重性，即实用与审美的双重社会功能，决定着既表现为物质文明，又同时反映出精神文明。”[⑤]而“本元文化”则具有兼物质和精神不可分离性的特点，这就是工艺美术。换句话说，正因为存在实用与审美的内在统一，才决定工艺美术是一种本元文化。

如上所述，出于对民族传统的热爱及保护，中华人民共和国成立后陈之佛先生对江苏省的民间工艺关注甚切，进行了一系列的征集、整理和研究，并提出了全面改进、提高和发展的意见。他还经常偕张先生一起参加一些民间工艺美术会议和展览，从中不断开拓其眼界，使之建立和完善研究方法，以及提升理性思考的缜密程度。1953 年 12 月，即刚入陈先生

---

① 张道一等：《美在民间》，北京工艺美术出版社 1987 年版，第 68 页。

② 张道一注译：《考工记注译》，陕西人民美术出版社 2004 年版，第 19 页。

③ 张道一：《工艺美术论集》，陕西人民美术出版社 1986 年版，第 237 页。

④ 《张道一文集》，安徽教育出版社 1999 年版，第 290 页。

⑤ 张道一：《造物的艺术论》，福建美术出版社 1989 年版，第 39 页。

门下的第二个月，张先生便随导师去北京参观“全国民间美术工艺品展览会”，列席由文化部召开的著名艺人座谈会。会议期间，陈之佛及庞薰琹先生都对民间工艺美术提出了诸多的思考和见解，张先生深感此次与会收获良多。这种学习方式是对书本知识的补充和辅助，能较直观地形成一定的感性和理性认识，更有助于理论和实践的结合。多年以后，张先生还将此作为培养自己学生的方法之一，他曾说：“对导师要善于提问，多提问，提出问题是解决问题的开始。也不要忽略课外的谈话和平时的谈话，要善于捕捉智慧的‘火花’。”[①] 到了1954年，他还在陈先生的指导下开始南京剪纸的调研活动。“南京民间剪纸多称‘喜花’，系由鞋花样子转化而来，以艺人张吉根为代表，创造了‘花中套花’的形式，图案的特点很强。除此之外，南京的‘红钱’（门笺）和‘斗香花’也很有特色。”[②] 可以说，对剪纸的亲身调查和研究不仅暗自投了张先生幼时所好，也为其以后在民艺学上的理论贡献夯实了实践的基础。1954年，张先生对南京云锦的整理工作也是缘于恩师对此领域的关切。南京云锦有六百多年的历史，而在当时却濒临失传，陈之佛先生曾就此问题在省人大会议上奔走呼吁，希望对民族宝贵遗产采取保护的措施。他亲自领导并参与各项活动，并在1958年成立了南京云锦研究所。而张先生正是在这种背景下努力考析历史，记录艺人口诀，研究艺人的图稿，制作云锦复原图。并于南京云锦研究所成立的第二年，以研究所名义编成《云锦图案》一书，其中收录了他亲自动手复原绘制的两幅云锦图案。此外，应扬州文联之邀，张先生还跟随陈之佛先生去扬州考察传统的漆器、玉器等工艺，并在江苏美术馆一楼筹办江苏民间美术工艺陈列室，对江苏的传统手工艺和民间工艺做了全面了解。可见，尽管张先生在青少年时期就对民艺产生了兴趣，但从真正意义上说，对其了解、掌握和研究却始于跟随陈先生进修的三年时间。

师从陈之佛大师的经历，对张先生而言，可谓是一个刻苦钻研、锐意进取、不断提升的过程，同时也是备受恩师在为人、治学、育才等多方面深刻影响的过程。陈先生的人生素养和人格魅力时刻感染着年轻的张先生，他甚至认为我们通常所说的“道德文章”和“画如其人”是完美统一于恩师身上的。陈先生正直的为人和为艺术奉献的精神成为张先生孜孜以求的目标；治学严谨的态度和博古通今的学识也为他今后的艺海之路树立了航标，指明了方向。陈先生1955年欲请张先生托人刻一方闲章，题曰：

---

① 张道一：《心灵之扉——张道一论艺术》，山东美术出版社2001年版，第24页。

② 流泉、张抒：《张道一艺术年表》，载李砚祖主编《中国艺术学研究——张道一教授七十华诞暨从教五十年文集》，湖南美术出版社2002年版，第505页。

“取益在广求”。尽管最终此章未得，但“取益在广求”五个字却深深植入张先生的脑海之中，几乎成了理论探索和不断积累过程中的座右铭。值得一提的是，作为教育家，陈之佛先生的美术教育思想为张先生的从教生涯奠定了理论基石，以美育陶冶情操，拯救社会的理想是张先生为人师表过程中的目标之一，同时也是其后来站在宏观的角度提出要建立“艺术学”和创办中国第一个艺术学系的思想根源之一。张先生曾明确提出：“关键在于教育”①，清楚地认识到当下艺术教育结构上的缺点，并不断思考如何让艺术学进入人文科学领域的路径，从而使它能与其他学科形成交叉和综合的研究视野。总之，张道一先生对大师的评价是：“做人要有高尚的情操，做学问要有创见，做画要有意境，做设计要有新意匠，并且要讲职业道德，要有顽强的毅力，要警惕铜锈的感染。所有这些，都能在老一辈的身上看得见、摸得着，成为我们的楷模。这是中华民族的巨大财富，是我们民族赖以发展的基础。”②

陈之佛先生的师恩，张道一先生没齿难忘，其后跟随庞薰琹先生的学习和研究也使他刻骨铭心。陈之佛先生因他在理论研究上的长足进步便推荐于庞薰琹先生门下继续深造，以期获得多方面的提高。此时适逢1956年北京中央工艺美术学院筹建，张先生便来到中央工艺美术科学研究所理论研究室，由庞先生指导进行工艺美术理论和工艺美术史的精研。

庞薰琹先生（图2–7）在中国现代美术史上亦曾书下重重的一笔，对中国现代艺术的开拓以及中国现代设计艺术教育的建构都有着决定性的影响，并且是中国工艺美术事业的奠基人之一。其贡献不仅仅为新中国筹建了一所工艺美术学院，培养了大量的艺术设计人才，关键在于他的努力振兴了我国工艺美术事业，为工艺美术教育树立了楷模。庞薰琹先生原名薰琴，字虞铉，笔名鼓轩，1906年6月20日生于江苏常熟虞山脚下的望仙桥。16岁负笈沪上，考进震旦大学预科，18岁入震旦医学院学习。然学画心切，加之比利时神父特·拉·泰叶怒叱庞薰琹先生，认为中国人成

图2–7 庞薰琹像

① 《张道一文集》，安徽教育出版社1999年版，第7页。

② 张道一：《设计在谋》，重庆大学出版社2007年版，第97页。

不了艺术家，于是他毅然离校，弃医从艺。1925年随俄人亚历山大·古敏斯基学油画，亲历五卅惨案，决心树立报国济民之抱负，便渴望出国寻求真理。来到巴黎，参观了万国博览会，这对他一生而言至关重要，因为第一次了解到真正意义的色彩和装饰艺术，并意识到美术不仅为了装饰，也能提高人的素质，体现国家和民族的文明。起初，庞先生意欲报考巴黎高等装饰美术学院，却遭到拒绝，这时他便有了建立一所属于中国自己的装饰美术学校之愿。在法国艺苑辗转五年，思想意识和艺术观念变化很大，入过叙利恩绘画研究所、格朗·特歇米欧尔研究所；结识了很多艺术家，建立过个人工作室；尝试中西画法与装饰性；实地考察包豪斯影响下的德国建筑，萌发了早期工艺美术思想。1930年庞先生回国，10月应邀赴沪参加“苔蒙”[①]画会，月底画会被封，其间创作不少佳作，最为突出也最有意义的是《西班牙舞》。第二年庞先生先后在上海昌明美术学校和上海美专任教，开始设计包装、广告和书籍装帧，并于27岁之际与12位同人成立“决澜社”，意在推动新美术运动，此举预示中国现代艺术新时期的到来。1936年，庞先生于北平艺专任教，教图案系三年级，因国内商业美术课初兴，无例可循，只能自己编写教材，好在庞先生有过使美术和社会相联系的经历，因此在教授过程中取得很大成绩。后因时势所迫庞先生又从北平到江西、湖南再辗转来到昆明，在众多学者诸如陈梦家、闻一多、杨振声等的帮助鼓励下开始收集和描绘纹样，不断学习传统文化，并绘制《中国图案集》，当时有人声称：“中国有人画这样东西，一个毕加索算得了什么！”[②]1941年暑期，庞先生又夜以继日画成《工艺美术集》，获得当时教育部二等奖，这是用古代纹样加以变化设计日用品的一种尝试，也可谓中国现代设计从传统文化中寻找突破和创新的滥觞。庞先生极其重视工艺美术的重要意义，曾于1943年撰《工艺美术运动的一声号角》一文呼吁应关注工艺美术的社会价值和作用，认为这是我们国家艺术的瑰宝。抗日战争胜利不久，他就急切盼望能办一所工艺美术学校，并与大教育家陶行知先生商议此事。只因陶先生不久病故，此设想只有搁浅。到新中国成立时，43岁的庞先生已然是一位学贯中西、艺通古今的艺术家。他曾参加全国第一次文代会，并于会议结束后赴杭州接收杭州艺术专科学校，更名为“中央美术学院华东分院”，即现在的中国美术学院，担任教授、教务长兼绘画系主任。1952年完成《图案问题的研究》并设计上海人民英

---

① “苔蒙”：法文，两个世界的译音。（袁韵宜：《庞薰琹传》，北京工艺美术出版社1995年版，第63页）

② 袁韵宜：《庞薰琹传》，北京工艺美术出版社1995年版，第99页。

雄纪念碑，这时，周恩来总理亲自关注我国民间传统工艺，提议应该建立中央工艺美术学院。于是在翌年年初庞先生便被任命为中央工艺美术学院筹备会主任。此时由郑振铎和庞薰琹分任正副主任的“全国民间美术工艺品展览会”在劳动人民文化宫开幕，也就是在这个会上，张先生初识后来的导师庞薰琹先生。中央工艺美术学院于 1956 年正式成立，庞先生被国务院任命为第一副院长，终于偿了他青年时代要建立中国自己的装饰艺术学校之夙愿。总之，庞薰琹先生的艺术之旅正如张道一先生在《愿来者多思——写在庞薰琹先生逝世周年之际》中所言：“在老一辈的艺术家中，20 年代和 30 年代是大有搞工艺美术之人的，然而他们在困难面前，不少转向了绘画，能够几十年如一日坚持下来的，为数不多。唯独庞先生，青年时代在绘画上已经颇负盛名，本可以大展其才的，可是他最后却选定了工艺美术的道路。这是为什么呢？因为他把艺术同人们的实际生活联系起来，把人民的幸福同自己的责任联系起来。”①

尽管是中国现代艺术界的大师、工艺美术界的领军人物，但庞薰琹先生对后学者却倍加关爱，即使在蒙冤受难的日子里，仍不忘夜间打着手电筒去观看挂在学院大楼走廊里的学生成绩。因而，当张先生初随庞先生之时，庞先生对其也是甚为关切和倚重，甚至认为他是理所当然从事理论研究的“料子”。此时张先生十分得益于庞先生的教导与帮助，常与其探讨工艺美术领域的各类现象、规律及教学问题，深受启发。据张先生回忆，当时庞薰琹先生的住所在北京西郊中央手工业管理局训练班的某一大楼三层，二楼便是张先生办公室，寝室则位于大楼后部的平房处。张先生往往在办公室工作得很晚，于是便多有与导师共同探究工艺美术的机缘，这对其今后工艺美术理论和教学方面的发展可谓受益匪浅。尤其是 1956 年一个深秋夜晚的长谈，更是为他规划了一张创业“蓝图”。是夜，张先生依旧工作到夜阑，庞先生却悄然而至，因为他知道自己的学生勤奋刻苦，尚未离开办公室，加之辗转反侧难以入眠，便欲与其探讨一些有关工艺美术的设想。庞先生认为，中央工艺美术学院应该办得能代表中国的特点和水平，并且必须以工艺美术为中心，同时要形成研究和探索的学风，往上解决理论问题，往下解决实践问题；老师和学生要将设计与制作、生产甚至群众心理结合起来研究，所以要设立工厂式的作坊，并使设计的产品在人民生活中形成一定影响；不仅如此，还要设立销售点，建立国际网，定期开办展览，展出各类工艺美术；此外，工艺美术研究所还要办得具有权威

① 《张道一文集》，安徽教育出版社 1999 年版，第 208 页。

性，不仅研究综合理论，还可解决传统工艺，了解新技术、新工艺等。[①]在后来张先生自己从事艺术理论研究和艺术教育的过程中，每每回想起这次长谈，便倍感意义深刻，庞先生的这些观点为他指明了前进的方向。

如前所述，庞先生强调办工艺美术教育要将理论和实践相结合，并且要培养具备向上研究理论和向下解决实践的能力。工艺美术学逐渐发展为设计学后，张先生就此观念为基点，主张分三个层次培养设计学人才。从《我的设计理念》一文中可以看出，他认为最基本的是本专科教育，要求掌握艺术设计的基本理论、基本方法和基本技能，强调实践能力；向上一个层次是硕士教育，在本科生基础上，提高实践水平，并积累更深层次的史论知识，还要有一定的研究能力；再高一个层次则是博士教育，它须以硕士教育为基础，专项精研历史或原理的某项课题，并最终获得一定的结论与成果。[②]并且，针对四年制的教学方式，张先生还提出了"一二一"教学法，1984年10月也曾与庞先生探讨过，这也是基于庞先生关于将设计与制作、生产、群众心理结合的工艺美术系统教育观念。所谓"一二一"教学法，即"以四年制为前提，一年打基础，二年攻专门，最后一年加强修养"[③]。学生应在打基础阶段培养描绘能力和设计的匠意训练，然后第二、第三年在专业设计教师和教学辅助人员（工艺技工）的指导下将设计与实际制作结合，并且必须符合大生产（机器生产）的条件，最后一年的修养提高则主要依赖学习一般史论和专论；研究工业艺术有关的各科学；实地考察生产、市场、管理和设计；撰写理论与实效结合的应用型论文。在立足实践教学方面，张先生则始终秉持庞先生这样的理念，即绘画基础—图案基础—设计与制作，也就是由写实技巧逐步上升到便化方法，然后达到设计与制作结合的目的。这种观念曾记录于1953年"全国民间美术工艺品展览会"期间，张先生旁听庞薰琹先生与陈之佛先生对话的笔记中。而张先生又将此予以发展，认为在设计教育中应该不断训练手头上的功夫，但是强化手头能力不只是单纯的绘画技巧，更应加强创造性思维的训练，锻炼"能感受形式美的眼睛"，说到底，不是通过高科技手段达到，而是通过循着艺术设计唯一的途径来达到，这就是"图案"。再精确一步来说，便是图案的"几何形构成法则"与"写生便化"。（表2–1）[④]

---

① 参见《张道一文集》，安徽教育出版社1999年版，第185页。

② 参见张道一《论设计》，未出版文集，东南大学艺术学系，2003年，第5页。

③ 张道一：《美术长短录》，山东美术出版社1992年版，第219页。

④ 参见张道一《设计在谋》，重庆大学出版社2007年版，第79—80页。

表 2-1 图案的“写生便化”和“几何形构成法则”

·写生	→	·便化	→	·构成	→	·适应	→	·法则（形式美）
轮廓特征		夸张变形		单独相衡		量题定格		统一与变化，调和与对比
横断竖剖		简化省略		反复连续		依材取势		均齐与平衡，对称与照应
纹理结构		添加附饰		适合填充		疏密有节		节奏与反复，渐变与突变
繁简处理		复合组合		折枝照应		大小得体		动感与静感，统觉与错觉

（注：参见张道一《设计在谋》，重庆大学出版社 2007 年版，第 80 页）

与庞薰琹先生朝夕相处近两年时间，张先生的研究水平和理性思考能力又有了新的高度。在老师的悉心教导下，与王家树、田自秉、何燕明等同事共同编辑《工艺美术通讯》（共八期）和《工艺美术参考资料》（共十种），对工艺美术的本质和特点有了更深入的认知和思索。张先生曾尝试着思考工艺美术的社会价值，而偶然一次造访庞先生却使自己格外地明晰了它的最终性质和作用。那次会面，庞先生设问张先生，工艺美术与人民生活有怎样的关系，其社会作用为何？张先生主张，它不仅美化生活，而且丰富生活、充实生活。但庞先生却有自己的见地，认为最重要的是创造生活。在后来张先生有关工艺美术本质和社会价值的探讨中可以看出，他对此观点又进行了一定程度的阐扬。在《工艺美术与两个文明的建设》一文中，他明确表示，工艺美术是物质文明和精神文明共同的产物，是两个文明的结晶，因此它不是纯粹为了审美需求，而是紧扣生活的脉搏，渗透到衣、食、住、行、用等各领域，满足人们的各方面需要，同时又能创造新的需要；并且，它是与科技相结合，通过工业生产充实人们的生活，改变人们的生活。正因如此，它必然是物质与精神的统一，实用与审美的结合。① 同样的观念也可以从《工艺美术发展的重要基础——民间美术研究等问题》一文中看出，他始终强调工艺美术是直接属于生活的艺术。而物质生活与精神生活的满足是它最主要的任务，其实就是按照美的规律来造物，也就是依据人们生活的理想创造理想的物品，理想推动了创造。②

对于一位大师而言，庞薰琹先生身上的光芒永远不会消失，他为人光明磊落、率真坦荡，以及在绘画和工艺美术领域的建树和功绩，将一直照耀后辈进取之路。与陈之佛先生有相似之处，庞先生也是透过繁芜的现象去参悟一切与工艺美术有关的真谛，将艺术作为一个整体看待，从没有在艺术门类之间划分高下和尊卑。所不同的是，陈先生自始便以工艺美术

① 参见张道一《工艺美术论集》，陕西人民美术出版社 1986 年版，第 6—8 页。

② 参见张道一等《美在民间》，北京工艺美术出版社 1987 年版，第 29 页。

作为毕生追求，只是在艺术之旅中又有了从事绘画的兴趣；而庞先生则是先入绘画之门，然后转向工艺美术，并为此献身。然殊途同归，两位大师之于工艺美术都有着赤忱报国心，其贡献是具有里程碑意义的。在他们的得意门生张道一先生眼中，两位恩师对工艺美术的追求与奉献、正直的精神、高尚的理想、高屋建瓴的见地，使其永生难忘，而对自己的谆谆教诲和循循善诱，则令他拳拳服膺。早先的学者和艺术家中，有不少是张先生的师长，给予他知识和艺术的熏陶，而陈、庞二师则对其影响最大，也是他最崇敬的老师。按张先生自己的话说："我在跟随陈先生和庞先生学习过程中有两种苦：一是经济上的，或者说生活上的苦，但这对我来说无关紧要；二是学习上的苦，比如对于图案的研究，下足了功夫，我画的图案成千上万，因此也落下了很多诸如胃病、头疼等疾病。但这种学习阶段的积累是非常有益的，是我自身成长最重要的阶段。如果说，在华东大学和山东大学的学习是艺术入门的话，那么跟随陈先生和庞先生的进修则是一种历练，是真正的提高。"①

第三节　广思善学

一个有智慧和善于学习的人决计不会仅囿于已有的观念而不谋发展，更不会只尾随先辈而不求创新。他应该在积累中探索，在传承中嬗变，正所谓行成于思而毁于随。张道一先生便是如此。他以业精于勤的学习态度和广思善学的研究方式贯于整个学术生涯之中，尽管艺路逶迤，颇多周折，但对艺术的矢志不渝给予他在困顿中求索、逆境中昂扬的信念和动力。师从陈、庞两位大师研究学术的"黄金季节"结束后，迎来的却是整整二十年的"严冬磨难"。1957 年夏，反右运动进入高潮，诸多原因致使张先生又一次被命运簸弄。庞薰琹先生被错误地划为右派，而所谓的"以庞薰琹为首的右派集团"共十多人，张先生也在其中。他说："青年时代的二十年呵，整整的七千三百天！只能思考，不能写作，更谈不上发表。生活上的困难能够克服，但是政治上的歧视却无法忍受。……是苟延，还是进取？必须有所抉择。我终于没有向命运低头。只要是对党、对人民、对祖国不亏心，也绝不违心。特别是对我所从事的事业——工艺美术研究，更加热爱、更加专心。惟其如此，才能使我有所作为，才能得到心灵

① 依据：笔者 2007 年 4 月 4 日采访张道一先生于苏州东吴饭店时的录音资料。

上的慰藉。抱着一颗赤子之心，为了祖国的美好，干着光明的事业，任它什么压力，何须谨小慎微。”①于是，张先生踏上了自我奋斗之途，筚路蓝缕，在沉郁的环境下思考，向坎坷的生活学习。

1958年初，华东艺专迁往南京，更名为南京艺专，次年6月再改名为南京艺术学院。张道一先生由中央工艺美术学院回到南京，起先还是以艺术实践为主，开始研究石印。创作石版作品数十幅后，思考了近代石印取代木版印刷的过程，认为石印不仅是版画家艺术表现的重要形式和手段之一，而且它的兴起和广泛运用也是致使木版印刷衰落，民间年画一蹶不振的主要原因，同时还是现代胶印发展的基础。此外，1958年至1966年的八年时间，他还在平面和服装等设计领域不倦追求，曾为出版社、展览会、剧团等机构设计各类海报招贴（图2-8）、书籍装帧、说明书、节目单、演出服装等。并在任教期间开出六门课，结合教学，在资源很难获取的情况下，积累上百万字研究材料，颇费周章地钻研各类实践和理论资料，编撰了诸多教材，像《展览艺术设计》《书籍装帧文集》《装饰论》《装潢概论》《图案讲稿》《装潢论》等都保存至今。值得一提的是一部手稿《中国寓意图案》，三十万字，耗时近十载终成，然而却在政治运动中付诸东流，片纸未归，每当提及不免引以为憾。

图2-8　音乐会招贴（1959）（李砚祖主编：《中国艺术学研究——张道一教授七十华诞暨从教五十年文集》，湖南美术出版社2002年版，第507页）

其后便是十年的“文化大革命”。运动开始不久，张先生被关进了

① 张道一：《工艺美术论集·序》，陕西人民美术出版社1986年版，第3页。

“牛棚”。此时“牛棚”设在一个小礼堂，被“专政”的对象都难以回家，不准随便外出。这时候他的生活基本围绕三件事——劳动、挨斗和思考。好在还可以思考，而“所思考者，除了那些无法摆脱的苦恼事外，便是工艺美术。在这方面，几乎没有中断”[①]。张先生不愧为勤勉多思的学者，即便在劳动之余也不忘忖量有关工艺美术的论题。他曾为“牛棚”中的“板车骨干”，常常拉得筋疲力竭时，看着板车便思忆起《考工记》中的“轮人为轮”来。“毂的‘利转’，辐的‘直指’，鍒的‘固抱’，所谓‘三材既具，巧者和之’，才能做成一个好车轮。在制作中，还要做到‘朴属而微至’。现在的板车虽系人力，可是已换成橡胶充气轮胎，而且毂的部分也装上了滚珠轴承。科学技术的发展改进了车的部件，使它更轻便了，然而从那最早的实践中所总结出来的经验，体现的原理，并没有过时，不仅符合力学的要求，也是工艺学的宝贵知识。”[②]这种思想已不单纯是工艺美术，而是对蕴含了一种人类造物哲理的思索。后来张先生又被分配到木工房做木工，被戏称为“图案木匠”，虽还在“牛棚”，但却是“好差事”，因为有机会体验《考工记》中的“大匠”之攻。这些都为《考工记注译》一书的成形做了感性和理性的铺垫。“文化大革命”之后，张先生对《考工记》倾注了大量心力，字字推敲，段段查考，终感悟一种精神，看到人类造物的本质和规律。因此“牛棚”里的思考期，可谓他对《考工记》的研究从第二个阶段向第三个阶段过渡的时期。

张先生时常思考图案中形式美的规律，甚至在山芋地锄草小憩之时，还不忘通过观察大自然来参悟图案结构。譬如他看到野花，一点儿黄，一点儿白，或是一点儿淡青莲色，便在思考它虽没大花娇艳，分出的片片花瓣却和谐均齐，体现了一定的形式美法则。于是又联想到图案是否能从认知和揭秘大自然中找到结构上的规律等问题。但是，类似这种思考其实并非易事。因为一方面“理论的思考是件很伤脑筋的事，既须了解过去，研究现在，还要判断未来，不抓住规律是无法使自己所思考的问题上升为理论的”[③]；而另一方面，在那个年代，这种理性思考容易被误解为迷恋“资产阶级的花花草草”。张道一先生就曾因观察、思考图案的规律和原理而被一位女性“牛”友给“出卖了”，从而招致一场批斗。然而即便这样，也丝毫不能改变其不懈思考和不断反拨的精神。他认为，自然美作为一种美的规律，并非资产阶级独有，在社会主义国度中，人们依然可以享有欣

① 张道一：《工艺美术论集·序》，陕西人民美术出版社 1986 年版，第 4 页。
② 同上。
③ 同上书，第 6 页。

赏自然美的权利。

事实上，挫折和困苦丝毫没有消解他勤学善思的本性。相反，既身在“牛棚”，就应有股“牛劲”，张先生像牛一样躬耕，不失时机地学习和写作，并暗自写了两本书——《彩陶图案研究》和《鲁迅与书籍装帧》。1968 年 2 月，他因劳动打扫旧物时，偶然拾得一本《考古通讯》，那时资料难觅，因此手不释卷，直到把书读精、读通、读“烂”为止[①]，又偷偷地写成《纺轮的启示》。此时期，类似这样悄悄进行研究而取得的理论成果还有《庙底沟遗址及其彩陶》等。随后到了“批林批孔”阶段，却又给张先生带来“意外的收获”。“批林批孔”后来演化为“评法批儒”运动，此时有一位军代表人品极佳，与张先生私交不错，他主张张先生要写一些有关“评法批儒”的文章，以示进步。张先生则欲借此机会阅读经典，便应承此请，从图书馆中借出五十多本书，并被获准一个月的假期来完成“任务”。尽管后来没有写出“评法批儒”的文章，却在这个时期饱览了很多法家和儒家的经典著作，做了诸多笔记，获益甚多。较集中的笔记有《从〈红楼梦〉的描写看清代中期的工艺美术》《汉画所见历史故事》等。尤其是《汉画所见历史故事》，为他后来的专著《汉画故事》打下了坚实的基础。[②]

图 2-9　兔毫釉剪纸贴花小碗（1976）（李砚祖主编：《中国艺术学研究——张道一教授七十华诞暨从教五十年文集》，湖南美术出版社 2002 年版，第 513 页）

在政治气氛与环境略微轻松一些以后，张道一先生格外重视对工艺美术和民间艺术的钻研。此时他曾到宜兴，专门举办了陶瓷图案的培训班，教授一些相关技法，并带学生去宜兴考察陶瓷制作工艺，并设计相关作品，还曾亲自试验兔毫釉的剪纸贴花（图 2-9）。同时，他还参与了传统手工艺漆器研究小组的考察，曾去过重庆、西安、长沙、北京、天津等地区调研。特别是“文化大革命”结束后一次历时四个月的敦煌考察，为其艺术生命又重新注入了新鲜血液，无疑收获丰硕。诚然，物质条件可想而知，住在土房之中“三月不知肉味”。但在艺术中却享受了“饕餮”之餐，上午观摩洞窟，做笔记或

① 依据：笔者 2006 年 6 月 7 日采访张道一先生于南京时的录音资料。

② 依据：笔者 2006 年 12 月 13 日采访张道一先生于南京时的录音资料。

临摹；下午整理笔记或看资料；晚上研读佛经或有关著作。为了探寻佛教艺术的源头，看了很多印度图册，其中最为重要者莫过于三大本《阿旃陀石窟》图籍。这时心中感受良多，理性地思考了很多问题。譬如，通过资料比较，他开始怀疑“敦煌是中西文化交流中心”的观点，认为此中心应在新疆，敦煌只是其交流的延伸地。此外，波斯风格的“忍冬纹”和“连珠纹”等也是间接的产物，而非直接交流的结果，有些问题还曾与常书鸿、史苇湘、欧阳琳诸先生讨论过。从敦煌回来便发表了专题论文《敦煌莫高窟的装饰艺术》，载于1979年的《南艺学报》。

张道一先生先于1978年开始指导工艺美术史论硕士研究生，后在1986年经国务院学位委员会批准，被评为博士生导师。此可谓对其在艺术研究领域的肯定，是使其发挥自己理性思考之长的高层平台，亦是一种契机，能将其逐渐形成的系统学术体系传递下去，从而成为一位承前启后的学者。自“四人帮”粉碎至今，由于学术气氛更加自由，张先生在研究上格外孜孜以求，在教育上仍旧诲人不倦。张先生用他以往的学术积累、研究方法和师从陈、庞两位大师的宽厚基础，又在艺术领域以及与艺术相关的领域不断开拓和创新。在工艺美术方面形成了自己独到的见地；怀揣文化复兴的理想，为将民艺的研究推向新的高度做出很大努力；对美学和美术学也有所观照；并身体力行，站在整体和综合的角度力倡艺术学的建立。总之，诚如邓白先生为张先生所做的一份博士生导师推荐书上评价：“一、专：从他踏入艺术学校的时候起，即选定工艺美术为终生的专业，以后又得到陈之佛、庞薰琹等名师指导，对工艺美术史论打下了深厚基础，加上治学谨严，锲而不舍，刻苦钻研，先后写出近百万字的论文、著作，包括工艺美术的社会功能、设计观念、工艺美学、民族民间传统和图案教学等问题，均有精辟的论述和学术价值。二、博：他有扎实的文化基础，知识面广，在专业研究以外，广泛吸收各方面的学识，如哲学、美学、文学、历史学、考古学、教育学、心理学以及古今中外的艺术理论，都融会贯通。并能运用唯物辩证法和历史辩证法的原则，到他的著作中去，故材料丰富，论证有力，提出的问题具有深度和广度，与他的博学是分不开的。三、正：艺术家最重品操，首先要做一个光明正大的人，然后才是学问文章，心正才能笔正。张道一同志在20年蒙冤受屈当中从未丧失对党的信心，含辛茹苦，发愤自励，读了大量马列主义理论，时刻不忘为社会主义建设贡献自己一份力量。故文章观点正确，旗帜鲜明，敢于与文艺上的不正之风，反传统、反民族的思潮，作针锋相对的斗争，文风亦如其人。正因为他那刚正不阿的作风，可能得罪了一些人，而这却是他的品格的主要特点。”[①]

综上所述，研究张道一先生的学术思想，就应先从他的学术经历着眼来述及其思想产生的背景。先生之所以能构架起自身学术思想系统是有着客观历史根底和主观思想基础的：从小对艺术的喜好和执着，打造了他青年时期钻研工艺美术那份坚定不移的信念，跟随大师们研习理论充盈了自己的大脑，实践与理论的有机结合拓宽了综合性的大视野，自我奋斗和学习以及勤勉思索的精神成就了广博的学识和宽厚的基础。特别是张先生思辨的方法和触类旁通的能力，尤使得他能站在艺术的理性高度俯瞰各类现象，寻求个中规律。不迷信前人和对偏颇观念的反思，无疑是艺术精神的反拨与升华。

① 孙建君、潘鲁生主编：《张道一研究》，山东美术出版社2000年版，第212—213页。

第三章　辩证与发展——站在“本元文化”角度的理性眺望

尽管“在中国，‘工艺美术’作为专用概念的成立和使用开始于20世纪初期”①，但这种造物活动却古已有之。有关它的鸿篇巨制——《考工记》早在公元前5世纪就已经诞生。在绵亘悠悠二十余世纪的中国封建社会之中，从事工艺美术的手工匠人不断发挥他们的聪明才智，利用灵巧的双手创造出如恒河沙数般璀璨的工艺美术遗存。但是，中国学术思想有着几千年重“道”轻“器”的传统，这些遗产时常被视为“淫技奇巧”，加之诸多偏颇的社会观念，工艺美术行业和对其进行的研究往往不被重视。而源自挚爱和责任，张道一先生与自己的两位恩师如出一辙，也是对工艺美术有着无尽的执着和追求，在接触之初便与它结下不解之缘。他能不顾世俗偏见，一如既往地对它探索和钻研。因而，透过纷繁复杂、似白云苍狗的表象来探究规律，寻绎本质便成为牵引张先生从事理论研究的动力和兴致之一。如前所述，张先生一直在思考工艺美术的本质特征，庞薰琹先生在此论题上对其帮助良多，而后他又以此为基，发展了自己的认识和思索。对先民造物活动的思考及对先辈理论著述的梳理，支撑着他工艺美术理论的构架。至于通过不断积累和研究而形成的工艺文化观，则成为其理论构架的核心。尤其是“本元文化”论的提出，发掘出工艺美术的文化属性，从辩证的角度考察了其物质与精神的统一性，对工艺美术领域贡献巨大。并且，在对这种人类最初的文化形态研精阐微的同时，张先生还由造物活动的成因引

图3-1　张道一与恩师庞薰琹先生合影（1984）

① 李砚祖：《工艺美术概论》，山东教育出版社2002年版，第1页。

发了独具特色的造物艺术论，明晰了自己有关“道”“器”之辩的指归，因此对工艺美术甚至由此而演进的设计艺术理论发展而言都意义深远。

第一节　解析与重构——对工艺美术本质特征的再思考

张道一先生有关“工艺美术”的研究，无疑在一定程度上为今后中国设计学的理论发展奠定了基础。因为，诚如前文所述，毕竟中国设计学脱胎于工艺美术学，前者的很多领域无论是在实践技能还是在理论研究方面都与后者有着千丝万缕的联系。

实际上，“‘工艺美术’这一概念产生于近代的欧洲”[①]。欧洲封建社会中，封建领主的手工制品有两个来源：其一是依靠工匠供给，其二是通过贸易换取。而贸易的发展又促成很多自由手工艺人建立起“手工艺行会”，经营诸如织造（图 3-2）、钟表、刀剑、裁缝等手工制品。“行东”身兼数职，既是店主，又是作坊主，甚至还是手艺精湛的工匠（图 3-3）。这样的局面一直到 19 世纪后半叶才受到工业革命成果的冲击。中国传统社会

图 3-2　中世纪欧洲佩鲁贾裁缝行会纹章旗（[美]罗伯特·E. 勒纳、斯坦迪什·米查姆、爱德华·麦克纳尔·伯恩斯：《西方文明史》，中国青年出版社 2003 年版，第 334 页）

图 3-3　欧洲中世纪的工匠和作坊（诸葛铠：《设计艺术学十讲》，山东画报出版社 2006 年版，第 11 页）

① 诸葛铠：《设计艺术学十讲》，山东画报出版社 2006 年版，第 11 页。

的手工艺经历了与欧洲相似的过程，虽然当时没有明确称为“工艺美术”，但这种活动却源远流长。而“工艺美术”一词被引入中国的历史并不久远，非但如此，引入之初人们对其认识还存在一定的误区。“工艺美术”的英文原文应是“Arts and Crafts”，也可被译为“艺术与手工艺”，这在威廉·莫里斯所倡导的“工艺美术运动”（Arts and Crafts Movement）中可见一斑。然而，中国1935年出版的《辞海》中“工艺美术”所对应的英文是“Industrial Art”，其解释是：“‘应实际生活之需要，于各种器物上施于美术之技巧或装饰者，称工艺美术’。外延则是‘如细木、髹漆、陶瓷、染织、刺绣、铸造、饰物等’。”[①] 显然，中国对“工艺美术”的英文理解是工业艺术（或工业美术），这与中文的理解形成冲突。换言之，彼时中国工艺美术的本质应以装饰和美化生活为目的，根本谈不上“工业艺术”（或工业美术），更何况当时中国的工业化程度还不高，因此也不会有自主的“工业艺术”产生。中国直到真正意义上“现代设计”产生之前的相关活动，基本就是以工艺美术的发展为主线。

对于“工艺美术”，著名的日本美学家竹内敏雄（Takeuti Toshio，1905—1982）曾有过这样的描述：“工艺美术常指人们日常生活中主要在身边使用的道具及其他物品，它们通过其材料、意匠、技巧或制作过程的关联而表现美的效果。工艺美术在其成立于直接实用性这一点上，可以由绘画雕塑区别开来，而与建筑同属于所谓应用艺术的范畴。相对建筑以构筑体和内外空间的形成为主因子，工艺美术则以物品广义上的装饰机能为主因子。……工艺美术从使用的材料上可分为陶瓷工艺、漆工、金工、象牙细工、木材工艺、玻璃工艺、染织工艺等门类。”[②] 可以说，“工艺美术”应是工艺与美术的交叉，既有别于一般的工艺，亦不同于一般的美术，它通常以产品、商品、日用品、消费品的面貌出现，并扩展到商品装潢、室内装饰、环境美化等设计之中，结合着生活必需而带有实用性和审美性。[③] 它具有广义性和狭义性两个方面。新中国成立以后一直到“设计艺术学”被教育部正式确立为学科名称之前，广义的工艺美术既包括手工工艺又包含一部分现代工业艺术设计，其涵盖面十分广，它的复杂性还涉及生产、消费和市场等种种关系，是一种经济和文化的混合产物[④]；而狭义的则主指

① 诸葛铠：《设计艺术学十讲》，山东画报出版社2006年版，第12页。

② ［日］竹内敏雄主编：《美学百科辞典》，刘晓路等译，湖南人民出版社1988年版，第298页。

③ 参见张道一《造物的艺术论》，福建美术出版社1989年版，第63页。

④ 参见《张道一文集》，安徽教育出版社1999年版，第189页。

作为手工艺的工艺美术。毋庸讳言，传统手工工艺在大工业生产下的境遇确有困顿之处，但并非完全与工业技术相互矛盾。“从根本上说，机器大工业的产生是建立在手工业的基础上，同样工业艺术设计的产生也是建立在手工艺术设计基础上的。因此从广义的角度而言，认为工艺设计是工艺美术在当代的新形式是不错的。”[①] 无论广狭与否，工艺美术的本质仍旧是审美与实用、精神和物质的辩证统一，是“人们在制造物品的时候，将美观的要求和实用的要求融合为一体，以实现美与用的双重功能”[②]。因此它一方面立足于工艺及技术，另一方面则兼顾与工艺相应的审美价值观。

但值得注意的是，对这种理念的认知，在现代工艺美术发展过程中并非一帆风顺，而是通过几代工艺美术者的不断摸索和认识深化方才获得。以往的现代工艺美术理论建设薄弱，一些初涉工艺美术行业或对工业美术一知半解的人，时常套用“纯艺术”的方法来束缚工艺美术。在教学中，将纯绘画专业训练方法带入工艺美术之中的现象比比皆是；在图案学方面则以讹传讹，使之概念萎缩，完整的形象思维逐渐沦为简单的自然形纹样；更有甚者，在引进诸如“三大构成”“功能主义”“无装饰设计”的同时，企图割裂与工艺美术的关系，乃至与工艺美术的本质特征背道而驰。面对这些偏隘的认识，老一辈工艺美术研究者曾有过一定的思考。而张道一先生在此基础上，又以自己的理性思辨之长，指驳偏颇，诠释了工艺美术的本质、基本特点、功能。

一、对“美化生活”的反诘

对于工艺美术作用问题的回答，存在着各类迥异的理解方式和分析视角，20 世纪 50 年代起就渐有关于这方面的讨论。曾有观点认为，工艺美术就是“为生产服务”抑或是“美化生活”。事实上，“为生产服务”的提法是 20 世纪 60 年代为批判工艺美术脱离生产所转引出的观念，从根本上说并没有体现其本质特征。因为，有关工艺美术的设计，本身即包含在整个生产过程之内。而“美化生活”的观念虽曾经轰动一时，但也因没有把握工艺美术的特点而显得不全面。

1984 年春，张道一先生赴京拜访恩师庞薰琹先生，适值庞先生完成《论工艺美术》一文的撰写，因此对工艺美术的性质和功能有着诸多思考。庞先生设问张先生，工艺美术与人民生活有什么关系，其社会作用为何？

---

① 李砚祖：《工艺美术概论》，山东教育出版社 2002 年版，第 7 页。

② 张道一：《工艺美术论集》，陕西人民美术出版社 1986 年版，第 40 页。

在当时，普遍的认识是工艺美术主要用来“美化生活”，而张先生认为不仅如此，它还能丰富生活、充实生活。但是，庞薰琹先生却主张，这些并没有触及本质，工艺美术最重要的作用是“创造生活”，并有感于多年以来，大家经常以绘画的思维和观念来套用工艺美术，对后者不加以重视，故前述一些问题得不到根本的解决。由此，张先生便更加重视对本质特征的研究，从而形成自己有关工艺美术功能方面的见地。

张先生认为，理论建设的滞后，阻碍了对工艺美术客观规律的把握，在思考上容易出现类似将工艺美术局限地理解为“美化生活”这样的倾向，因而有必要正确认识和对待它的功能，方可透过现象探寻其本质特征。总的来说，艺术的社会功能大体包括以下几个方面：首先，认识的作用。生活的真实和艺术的真实有区别，但艺术具有深刻揭示和帮助认识生活与社会的作用。其次，教育作用。正因为艺术能解释生活的本质，所以积极的艺术作品带有引导人们向上的功效。再次，是艺术的审美作用，这点则无须赘言。最后，娱乐作用。艺术是多样化的，娱乐作用亦不容忽视，但并非所有作品都为“寓教于乐”，有些甚至纯粹以娱乐作为初衷。而工艺美术就其艺术性特点来看，同样承担这几种社会功能，只是侧重点有所不同，有自身的表现形式。[①] 而这些特点可以在《造物的艺术论》一文中明确看出，张先生强调，工艺美术不仅可“资生”，且能“安适”，亦有“美目”之功效，兼能“怡神”。“资生”者，谓有助于国计民生。人们生活所需，须臾不可离开工艺美术和工艺美术品，随着社会的进步，人们的需求不断拓宽，与之关联的工艺美术则会相应创新和发展，此种创造活动永葆常青。所谓“安适”，简单来说便是安稳、舒适、方便。这就是要求工艺美术功能机制的发挥，使物品更适用。而“美目”说，顾名思义，便是“美其目而悦其心，看了心里舒服，得到一种美的享受”[②]。这即是说，工艺美术不仅要致用，还要悦目舒心。至于“怡神”，则是指工艺美术通过特有的形与色，潜移默化地陶冶情操，引导积极向上的精神。这合乎了工艺美术乃至当今艺术设计中有关精神和心理的慰藉功能，是一种更高层次的功能体现。总之，工艺美术的作用，无外乎集中于两个统一的本质特征构成元素之上，其一是实用，其二为审美。

由此可见，工艺美术的确不单单是“美化生活”，它是一种文化。早在人猿相揖别之时，第一件用双手打制出的石器，就已带上文化的属性，它本身就是人类造物的“最初形态”。而在这种“最初形态”上发展起来

---

① 参见张道一等《美在民间》，北京工艺美术出版社 1987 年版，第 48 页。

② 《张道一文集》，安徽教育出版社 1999 年版，第 151 页。

并衍生至今的各类工艺造物，不仅仅是物品本身的意义重大，更多的是因为它们都饱含了人类文化特质。李砚祖教授的《工艺美术概论》曾明言：“工艺美术的历史结构中必然存在两种文化因，一是具体的工艺美术品，一是工艺美术的存在方式和文化意义。前者通过后者而明晰和深刻，后者以前者的存在为前提和根本。”[①]他认为，工艺美术的存在方式是与人的生活方式紧密相连的，它既为生活方式的一部分，又是改变生活方式的物质力量和精神力量。此正所谓庞薰琹先生提出的“创造生活”。而张道一先生进一步阐扬了庞薰琹先生的观念，从较为全面的视角提出工艺美术的社会功能不可只囿于“美化生活”，而应该是“美化生活、丰富生活、充实生活和创造生活”的观点。此四者是辩证发展的，有统一也有区别，有一般也有个别，尤其是在考察人类文明进程时，这个基本功能体现得尤为明显。李泽厚先生从美学角度分析工艺美术时也说：“这门艺术广阔多样，与人们的生活关系密切……这样，工艺的美就不在于要求实用品的外部造型、色彩、纹样去模拟事物，再现现实；而在于使其外部形式传达和表现出一定的情绪、气氛、格调、风尚、趣味，‘使物质经由象征变成相似于精神生活的有关环境’。”[②]从此角度看，它就是在创造，是“表现型”的创造，“从生活的需要出发，经过调研和思考，获得数据，进行艺术的艺匠，设计出合理的、理想的形体，提供为生产的‘母型’”[③]。总之，作为一种文化，工艺美术渗透于人们的衣、食、住、行、用的各个层面，在满足需求的同时，又在创造新的需要（图3-4）。

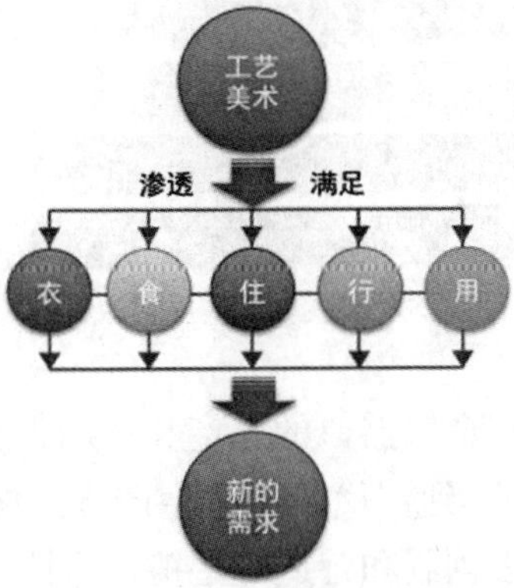

图 3-4 工艺美术创造新的需求示意图

二、从生活本质去揭示工艺美术的基本特点

上文述及，工艺美术的本质是用与美的辩证统一。本质决定了功能，

① 李砚祖：《工艺美术概论》，山东教育出版社 2002 年版，第 20 页。
② 《李泽厚哲学美学文选》，湖南人民出版社 1985 年版，第 308 页。
③ 《张道一文集》，安徽教育出版社 1999 年版，第 139 页。

决定了工艺美术的文化属性以及生活气息。诚如陈之佛先生所言："须认清工艺美术的本质，工艺美术是什么？工艺美术是一种实用的美术，这是大家所知道的。就因为是实用美术，所以它的内容，必须含有'实用'与'美'两个要素。这种工艺美术品与人类生活有密切的关系，它实在是适应人类日常生活的需要——实用之中同时又与艺术的作用相融和的一种工业。"[①] 因此，它的基本特点也必然与生活密不可分，且与其他艺术领域相异。

毋庸置疑，工艺美术的最终目的是为人类生活服务，但并非被动地适应，而是一种积极的影响。所以，工艺美术与生活方式之间存在一种"互动"关系。美国人本主义心理学家马斯洛（Abraham Maslow，1908—1970）由低到高，将人的需求分为七个层级（图 3–5）。从此图可以看出，人类的行为活动是与需求相关联的。而众所周知，人类需求显然是打上了时代的烙印。因此，为满足需求而产生的工艺美术品及进行的工艺美术活动，势必与各时代的生产和生活方式相适应。由工艺美术的本质可以看出：一方面，它与物质生产水平和物质生活水平相关联；另一方面，又与思想意识和精神生活紧密联系。原始社会陶器、先秦青铜器的发明与制作，难以摆脱当时物质生产和物质资料的制约。现代陶瓷和金属器皿的生产和运用，从真正服务于生活的意义上讲，也不可能"复辟"到古代的工艺生产方式之中。而宗教生活的造物，也必然是穷极所能去创制和营造与之精神保持一致的氛围、装饰和风格。

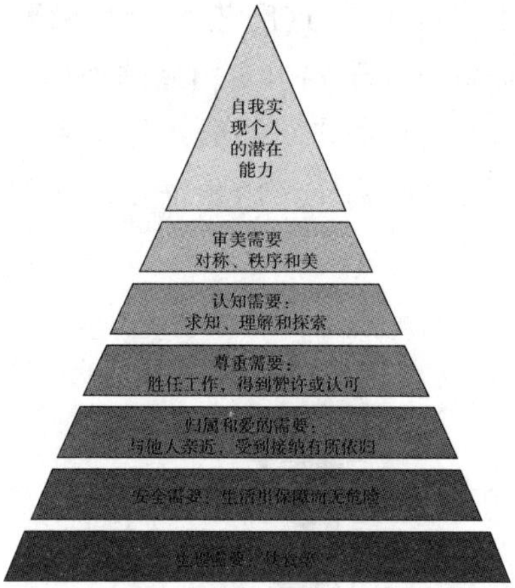

图 3–5　马斯洛的需要等级

与此同时，立足于工艺美术"创造生活"的角度观察，它还在一定范围内改变了生活方式。

首先，它作用于人们的日常生活。一旦社会风俗和科技进步，工艺美术便会相应以一种全新的造物方式来改变生活方式。譬如，宋以前，我们都有着席地而坐或卧于榻上的习惯，但经过南北朝、隋、唐至两宋近千年的演变，跽坐之俗（图 3–6）被垂足而坐取代，由此形成了高坐具的工艺

① 李有光等编：《陈之佛文集》，江苏美术出版社 1996 年版，第 273 页。

美术，桌、椅（图 3-7）、凳、床遂在民间普遍起来，且延伸出新的工艺美术形式。例如将中式建筑的梁柱式框架结构运用于家具之上，从而为明清家具工艺打下基础。

图 3-6 西汉跽坐形玉人（河北满城中山靖王刘胜墓出土）

图 3-7 明代黄花梨圆后背交椅

其次，工艺美术还主动作用于意识形态，包括政治、法律、思想、道德、文学艺术、宗教、哲学等方面。例如，有关专利权的法律制定，可谓是伴随工艺美术发展和创新而出现的。新工艺和新形式的产生，需要在社会上得到合法的保障，如若不然，窃取和粗陋的仿造便有碍社会发展。又如，一些传统的价值观也在工艺美术创新进程中被打破。在封建社会很长一段时间里，女子衣着不露肌肤、不显曲线被视为“妇德”，但由于近代一些时尚装潢广告的迭现，掀起新派服饰和新颖着装的热潮（图 3-8），以至于 20 世纪二三十年代，大都市流行起了西式时髦款式。

不妨说，工艺美术与人们的生活方式是对立统一的。在人类社会发展的各个阶段都遵循着这样的规律，即社会大变革引领工艺美术前进，经济大发展促进工艺美术发展，科技大创新推动工艺美术进程。正因为工艺美术与生活有着密切关系，张道一先生才从生活视角切入它的基本特点。

（一）从生活的需求看工艺美术

如上所述，工艺与美术的交叉者是为工艺美术。其美术之内涵，集中表现在装饰的意义上。张道一先生的思考是：“工艺美术同装饰虽是两个不同的概念，但在很多情况下又是互为表里的。装饰固然可以独立成为

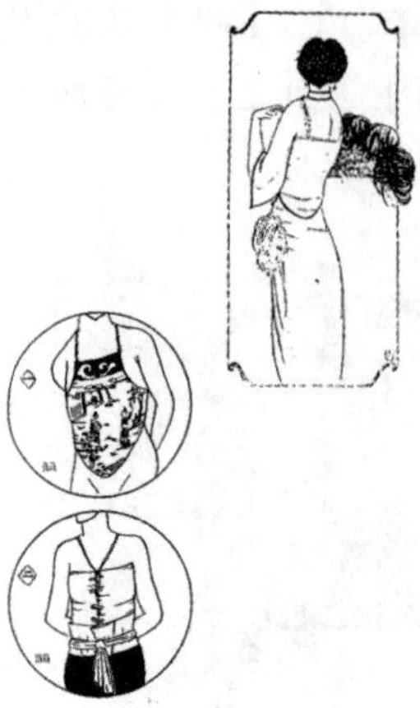

图 3-8　20 世纪 20 年代的时髦女士内衣，1926—1927 年《北洋画报》介绍女士内衣的图片（诸葛铠：《设计艺术学十讲》，山东画报出版社 2006 年版，第 306 页）

一种艺术的形态，可是又往往被结合于工艺品之中。”[①] 工艺品的装饰可谓工艺美术很重要的一个方面。因为，装饰本身就源于人们在生活中的一种诉求，尤以精神为首要出发点。试想，原始人对装饰的运用，大部分情况下恐怕是与祈福纳吉、驱灾避害的精神世界有关，巫术与宗教中的装饰显然带有类似的性质。而现代人的装饰概念也脱离不了精神层面，特别是审美意识的驱动。此处应指明张道一先生主张的“装饰”，并非只是花纹，它还与器型、色彩等关系密切，因材料和方法有异，装饰程度则又有简繁之分。所以根据不同程度的生活所需，就应有不同程度的装饰。但是，如若极端地取消装饰，即便是以现代主义为躯壳的工艺美术，也会陷入纯粹的“功能主义”而忽视精神上的功能。

（二）从生产和消费看工艺美术

人类社会在很大程度上依赖于生产和消费，前者为后者之前提，决定消费的方式；后者也相应地影响前者，以促进生产的发展。诚然，工艺美术以物质为基础，故为生产的一部分，然而最终形成的产品却是要在消费的过程中才能得以实现。换句话说，其功能效用须在实际使用过程才能得以发挥，其使用价值才能体现出来。张先生强调，正是因为工艺美术的这种实用性，才决定着它在艺术上的特点，而绝非其他纯欣赏性的艺术所具备的。因此，“一般欣赏性的艺术品，虽然是审美意识的物化，但它之为‘物’，并不要求在生活中直接被使用；而工艺品的美化，却不是独立进行的。它必须同生产和消费紧密结合着，要求物尽其用，物以致用，在‘用’的过程中发挥艺术的作用”[②]。

（三）从科技的发展看工艺美术

工艺美术依赖于物质水平的进步，新材料、新工艺、高科技的发展推动工艺美术进程。毕竟，它是工艺与美术的结合体，并且是面向大众生活

① 张道一：《工艺美术论集》，陕西人民美术出版社 1986 年版，第 41 页。

② 同上书，第 44 页。

的工业活动，因而，实用占主导，这决定着工艺技术的第一性。美术则从属于实用功能，是第二性的。所以，工艺美术亦可谓“羁绊艺术”，不像纯然的绘画对科技要求不高，可以完全是自我意识的表达。而工艺美术的每次飞跃，却几乎都伴随着生产力的提高和科技水平的进步。张先生曾举例说，西汉中山靖王刘胜夫妇所用的“长信宫灯”（图 3–9），不管是就工艺技术、材料性能还是艺术角度的创意审美来说，都堪称彼时灯具器物之经典。然而，两千多年后的今日，诸如塑料、玻璃、合金等各类新材料的发明和相关加工工艺的运用及发展，包括电的普及，产生了更仆难数的各色现代灯具，站在生活实用的角度看，无人再愿意点一盏青铜铸造的油灯了。这说明，科技力量是牵引工艺美术前进的动力之一。但张先生也明确指出，“就工艺美术的全面看，新材料、新技术的生产，一般并不排斥旧材料和旧技术。只是生活的选择往往使主流和支流互为转化”[①]。就是说，科技的发展产生了新的工艺和材料，但同时亦迫使一些旧的工艺和材料向非实用的方向转型。这便容易理解，为何版画作品现时成为一种艺术品，其创作形式成为一种风格，而在电脑高科技运用以前的很长一段时间里，版画相关技术却是非常实用且普及的印刷手段。

图 3–9　长信宫灯

（四）从劳动形态看工艺美术

首先必须澄清的是，劳动不仅仅局限于物质资料生产领域，它还包括其他的形态，诸如，生产能够直接满足社会消费需要的劳动、从事教育的劳动、满足精神财富的劳动、保护和改善环境的劳动、服务性的劳动等。于是，张先生从这个角度，把工艺美术与劳动形态联系起来，认为工艺美术主要是一种能够直接满足社会消费需要的劳动，但并非排除其创造精神财富的性质。此外，它也能起到保护和改善环境的作用，甚至还可以被视为服务性行业，因为它必须面向生活，以需求作为实现最终产品的目的。总之，就劳动形态而言，工艺美术具有综合的品质。

① 张道一：《工艺美术论集》，陕西人民美术出版社 1986 年版，第 47 页。

（五）从心理学看工艺美术

毋庸赘言，作为与人们生活休戚相关的工艺美术，必然会涉及人的心理问题。然而，普通的文艺类心理学显然不同于以物质文化为核心的消费心理学，张道一先生如是说："后者直接作用于人们的衣食住行，天天接触，潜移默化地影响着精神，它在心理上的反映要复杂和突出。"[①] 而人们在生活中，无论从形式还是功能，都对工艺美术有着"推陈出新"的心理诉求。所以，"求新""求变"则成为工艺美术满足人们精神和心理需求的方式之一。因此张先生主张，时尚、时兴或流行等问题，对于工艺美术的研究是有必要的，并且，应该积极主动地去创新。这里便涉及另一种"新"的概念，即不遵循大众心理规律而盲目地或者仅凭自己主观意志地"创新"，此乃工艺美术创造过程中须避免和引以为戒的。

（六）从美学看工艺美术

"美学是以人的审美活动为基础的。"[②] 张先生在从美学角度考察工艺美术特点时，驳斥了一些因循守旧的思想，对那些认为艺术有高下尊卑，或将工艺美术视为"次要"，抑或否定它为艺术的做法予以指摘。他肯定了车尔尼雪夫斯基（Николай Гаврилович Чернышевский，1828—1889）（图 3-10）有关"美是生活"的论点，却又不苟同于车氏对工艺美术和建筑的不公平态度。张先生认为，车氏对艺术下的定义有狭隘之处，因此限制了它的范围。就工艺美术中美的性质而言，他还反驳了有人提出的工艺美术之美即是"生活美"的观点。他强调，生活美属于社会美，尽管工艺美术确实与生活密不可分，但如是观点无形中将工艺美术与艺术并列起来，有将它的美排除在艺术美之外的嫌疑。可以看出，张先生的见解是明确工艺美术之美的艺术性，只不过，它的美体现在审美的综合性上。因为，一般意义上的纯绘画形式仅诉之于人的视

图 3-10　尼古拉·加夫里诺维奇·车尔尼雪夫斯基（1828—1889）

---

① 张道一：《工艺美术论集》，陕西人民美术出版社 1986 年版，第 49 页。

② 同上书，第 51 页。

觉，可谓“视觉艺术”。然而，工艺美术在实际生活的使用中，不但有视觉感受，还伴随着触觉甚至听觉的混合感受。尽管快感不等同于美感，但美感的发生也不否定快感。一些工艺美术品，突出体现材质的自然天成，其给人的触觉快感会上升为一种心理上的审美愉悦，这可以说是自然美的作用。所以，这些势必决定着工艺美术审美的综合体验。

由上述阐析可以看出，张道一先生始终立足于工艺美术的本质特征，着眼于生活方式，以一种整体归纳和具体演绎的研究分析，提炼出工艺美术的基本特点。并且，他还针对工艺美术主流，确认了四点根本性质：

（一）合着生活的脉搏，渗透于衣食住行用；
（二）与科学技术结合，相为表里同步发展；
（三）实用与审美统一，在造物中显现理想；
（四）物质与精神一元，促进两个文明建设。①

对于此四个特性的评价，李砚祖先生说：“这是一个整体地把握和认识工艺美术基本性质和特点的提纲。工艺美术涉及面广，品类繁多，社会价值、功能等也各不相同，只有从主要方面去加以理解和阐释，才能抓住本质。依我的认识，道一先生提出的四个方面，正是紧紧把握住了工艺美术的基本属性，理解了它，也就基本上理解了工艺美术。”②

三、从史学角度深化对工艺美术的理解

陈之佛先生一向坚持向古代传统艺术遗产借鉴的观点，这对张道一先生影响深远。他给张先生上的第一课便是要其感悟以史为鉴的意义。多年以后张先生感慨道：“我们必须懂得‘以史为鉴’的道理。无论研究中国工艺美术史还是外国工艺美术史，都要从中找出可借鉴的经验和规律，而不是简单地拿古代的某一种文物来用一用。必要的文物复制是无可非议的，但不能代替社会主义工艺美术的创造。”③工艺美术力图发展和创新，一方面需要从历史中找寻脉络和根基，另一方面也必须突破陈规和束缚，创制适应现实生活和指导未来发展的新造物。诚如鲁迅先生所言：“我们

① 张道一：《美术长短录》，山东美术出版社 1992 年版，第 139 页。
② 孙建君、潘鲁生主编：《张道一研究》，山东美术出版社 2000 年版，第 90 页。
③ 张道一：《张道一美术序跋集》，未出版文集，东南大学艺术学系，2001 年，第 175 页。

看历史，能够据过去以推知未来”[①]，“考证固不可荒唐，而亦不宜墨守”[②]。而张先生由于从小的文史熏陶和自己的爱好所致，本身就对历史有着浓厚的兴趣，加之随两位导师学习史论研究的方法，以及自己经年累月总结的治史经验，使其能高屋建瓴地从历史角度分析和考察工艺美术的特征。

工艺美术是为人造物的艺术，立足于生活，以物质和审美的统一为本质追求。但这是它的主流特征，并不排除工艺美术领域那些纯粹以欣赏和审美为出发点的工艺品。“工艺还包括专供玩赏而无实用价值的如象牙雕刻、刺绣等特种手工艺，它们实际上已完全脱离实用而成为独立的纯艺术，因之，就常常可以不遵循实用艺术的美学规律，例如，便可以设计得更古色古香，更繁密、雕琢一些。”[③]这就是我们常说的“特种手工艺”。然而，在社会上甚至工艺美术学界中，曾经出现偏隘的理解，误将“特种手工艺”与“工艺美术”等同起来。于是，便有工艺美术品的制作已过时、其工艺和材料不能为生产服务、其本身形式因与时代脱节而需淘汰等论调的出现。其实，这种误解是有根源的，是没有以历史发展的眼光来探究工艺美术的本质，因而也没能从根本上厘清它的范围和形态分类。

回溯我国工艺美术史，各类光彩夺目、巧夺天工的工艺品遗存，并非简单的就是器物本身的装饰体现。当人类伴随原始公社瓦解进而步入阶级社会之时，剥削与被剥削便与工艺美术如影随形。在往后的三千多年中，人们一直从事着这种带有特权色彩的造物活动。掌握权力和财富的统治集团，片刻不忘炫耀其等级的优越性，尤其是在宗法制社会里，由血缘而成宗法，由宗法而生等级。等级是宗法社会人为的制度规范，借此统治贞女、孝子、顺臣，几乎所有的封建道德伦理都围绕于斯。这种等级优越性表现在生活之中便是以骄奢淫逸和钟鸣鼎食为核心的衣食住行用。明人宋应星曰：“人为万物之灵，五官百体，赅而存焉。贵者垂衣裳煌煌山龙，以治天下。贱者裋褐、枲裳，冬以御寒，夏以蔽体，以自别于禽兽。”[④]于是，工艺美术便成为一种用来满足统治集团物欲的精雕细刻之攻，此谓“宫廷工艺美术”。而唐宋以降，它又出现了另一种演化倾向。文人士大夫好古求雅，喜欢“文房清玩”之类的小摆设，追求一种闲情逸趣。明代高濂在《燕闲清赏笺》中云：“故余自闲日，遍好钟鼎卣彝，书画法帖，窑玉古玩，文房器具，纤悉究心。……时乎坐陈钟鼎，几列琴书，榻排松窗

① 《鲁迅全集》第三卷，人民文学出版社 2005 年版，第 119 页。

② 《鲁迅全集》第四卷，人民文学出版社 2005 年版，第 282 页。

③ 李泽厚：《美学旧作集》，天津社会科学院出版社 2002 年版，第 369—379 页。

④ （明）宋应星：《天工开物》，蓝天出版社 1999 年版，第 19 页。

之下，图展蓝室之中，帘栊香霭，栏槛花妍，虽咽水餐云，亦足以忘饥永日，冰玉吾斋，一洗人间氛垢矣。”①（图 3–11）此则所谓“文人士大夫工艺美术”。但张道一先生明确认为，对于这些现象如果从大历史观来看便不难发现，“由于宫廷工艺和文人士大夫工艺的发展，采用了珍贵稀奇的材料和费工费时地进行精雕细刻，片面地以‘材美工巧’夺人，却远离了实用与审美统一的原则，它由生活的必需品转化为生活的点缀品”②。但是长期的误解却认为中国传统工艺美术就是这样。上文提及的“特种手工艺”，根据张先生的观点，其实就是从历史上传承下来，带有传统性的宫廷工艺或士大夫工艺的延续。单将特种手工艺理解为工艺美术本身的错误就在于没有把工艺美术放在历史发展和延续之中考察其特征。工艺美术本质固然是用与美的统一，“但人世间的事物又不是那么纯然，在实用性艺术与鉴赏性艺术之间，并非不可超越”③。也就是说，工艺美术亦存在“边缘地带”——“特种工艺美术”。它虽已脱离实用的功能，但在历史性的延续中却依旧带有工艺的外壳，必须经过一定工艺加工方可形成。按张先生的话说，“它的两只脚，一脚站在了工艺美术，另一只脚却踏进了绘画或雕塑”④。

图 3–11　清代象牙雕渔乐图笔筒

因而，张先生立足史学角度，从工艺美术的特性与本质出发，将其分为四个渠道，即宫廷工艺美术、士大夫工艺美术、宗教工艺美术、民间工艺美术。前两者，上文已阐述，不再赘言。至于宗教工艺美术，值得一提的是，原本张先生并没有将其列入思考范围，但王家树先生的提示很有帮助。王先生主张，宗教工艺美术是为宗教活动服务的工艺品，围绕着祭祀用品、寺庙殿宇装饰及陈设供品等形式展开，在工艺美术研究中不容忽视。⑤张道一先生在此基础上进一步分析，认为宗教工艺美术是以一种美术的视觉形象在人间创造虚幻的“天国”橱窗。虽然带有一定程度的迷信

① （明）高濂：《遵生八笺之五：燕闲清赏笺》，巴蜀书社 1985 年版，第 1—2 页。
② 张道一：《造物的艺术论》，福建美术出版社 1989 年版，第 19 页。
③ 同上书，第 20 页。
④ 张道一：《工艺美术论集》，陕西人民美术出版社 1986 年版，第 66 页。
⑤ 依据：笔者 2006 年 6 月 7 日采访张道一先生于南京时的录音资料。

色彩，但却是各类艺人和工匠的智慧结晶。这些虔诚的宗教信徒，在创制的同时就已将自己的情感凝结于作品之中，所以宗教工艺也是具有研究价值和意义的工艺美术种类之一。上述三类渠道在我国的出现，历史有早有晚，规模有大有小，影响有强有弱。但是三者之共同基础是民间工艺美术。关于此点，后面章节还将详细阐扬。总之，张先生认为，即使民间工艺美术受上面三种工艺美术的影响，但仍不失其本色和基础，毕竟它是植根于民众土壤中的，因此也最有生命力。

此外，考虑到我国的历史及现状，未来的发展，工作的特点和艺术的形态，以及生产和销售等方面问题，张先生的看法是，不宜将工艺美术的范围归列得过于笼统，亦不可分列得太琐碎，他主张分成四个方面。

（一）传统手工艺

我国古代工艺美术是在手工业的基础上发展而来，然而，近代机器大生产的兴起和普及致使原有的工艺美术不能囊括全部制作和需求，于是出现分支。原来的工艺美术，具有典型的传承意味，且以手工制作为主导，便可称为“传统手工艺”。其品种繁多，像玉器、象牙雕刻、刺绣、缂丝、景泰蓝、雕漆、金银首饰等，都隶属此类。传统手工艺基本是供玩赏的陈设品或装饰品，已脱离实用范畴，对技艺的要求也十分严格，有些工艺甚至连机器都无法取代。因而，它又独具中国传统特色，体现一定的工艺文化。正因缘于对技艺的追求，传统手工艺在材料的选择上也十分考究，高级、名贵几乎成为各类材质的共同点。这势必与日常应用和生活普及之间产生矛盾。而张先生总结规律后认为，矛盾的解决使这些工艺品逐渐走向了纯欣赏的道路。因此，从历史上看，传统手工艺为宫廷贵族和文人士大夫所青睐是有其必然原因的。但这是工艺美术领域的特殊现象，必须当作特殊问题去对待。

（二）现代工业美术

“现代工业美术，是指结合现代生活和生产的美术”[①]，是一种与现代生活方式密不可分的工艺美术形态。其形式多体现为日用品和消费品，量多面广，以现代科技引领的机器大生产为主导，并以各类除天然材质之外的合成材料为表征，这些决定着与传统手工艺的差别。传统手工艺是自古留传下来的工艺美术之过去形态；而现代工业美术则是如日中天的现代形态，也可以说是当今工业设计的原初形态。张道一先生按照应用的角度将

① 张道一:《工艺美术论集》，陕西人民美术出版社 1986 年版，第 67 页。

其分为炊具、餐具、茶具、卧具、家具、灯具、衣着、窗饰、家用电器、交通工具等具体形式；从使用材料和加工方法上分为搪瓷、陶瓷、玻璃、金属工艺（特别是轻金属和合金）、塑料工艺、染织（包括针织）、印刷，以及综合性的带有机芯的钟表、收音机、录音机、电视机、电扇、电冰箱和自行车、汽车等形式。[①] 如是分类具有一定的前瞻性，对其后发展起来的工业设计而言亦具有指导意义。现代工业设计可谓秉承现代工业美术的主要原则，体现了从人的生产及生活需要出发的理念，以一种创造性的工业活动将产品结构、功能和外观有机统一起来。虽然时下工业设计产品形式日趋多样和繁杂，但它和现代工业美术在形式分类上基本一致，因此同样要遵循“实用、经济、美观”的基本规律。

（三）装潢美术

装潢美术也就是时下所普遍称为的平面设计。“装潢在中国古代主要指书籍装帧和中国书画作品的装裱。在现代则泛指商品包装、书籍装帧、各种视觉图形设计、标志、广告设计等平面设计。”[②] 张先生认为，不论古今，装潢的从属性都很强，即从属于被装潢的物体。这可以理解为，它是服务于被装潢之物，目的是通过外部的装饰以及平面上的基本元素，包括图形、字体、文字、插图、色彩、标志等以符合人们视觉传达习惯的方式组合起来，使之批量生产，达到准确的视觉心理满足并利于促销。因此张先生还强调，在现代生活中，生产与消费、商品交换等方面需要与带有媒介性的艺术相适应，而这种媒介性艺术一般也被划分在工艺美术领域，即为装潢。它在设计上的特点显然带有严格的规定性和明确认识内容的要求，必须围绕被装潢之物展开，其装饰意蕴只有在满足基本的视觉信息传达功能之后才能展现，否则便会是脱离实用功能徒具形式的纯粹美饰，除了好看别无他用。并且，张先生总结装潢美术的特点时说道：“所谓明确认识内容，不是靠器物的造型、纹饰和色彩能够完成的，而是主要决定于文字。”文字的标志性可谓装潢美术的基本特征之一。

（四）民间工艺

民间工艺是一个特定的范畴，之所以能成为工艺美术中独立的种类，有其自身的特点。张先生曾说：“它同传统手工艺相比较，既是传统的，也是手工的，在这些方面是没有差别的；但是，从作者到作品，从所使用

① 参见张道一《工艺美术论集》，陕西人民美术出版社 1986 年版，第 66—68 页。
② 李砚祖：《工艺美术概论》，山东教育出版社 2002 年版，第 65 页。

的材料到加工的程度，最主要的是由此所产生的艺术风格和服务的对象，却是泾渭分明，全然不同。”[①]民间工艺的创作主体大都为农民，其艺术气息全然是土生土长的，作品多显露出质朴和率真，具有浓郁的生活气息和情感色彩。至于民间工艺概念的认识，张先生有自己的观点。在他看来，传统社会的民间工艺是相对于宫廷、士大夫文化圈来说的；而今天社会中所谈及的民间工艺则第一个表现在与专业工艺美术方面的差异上。民间工艺的作者带有业余性，受商业化束缚或牵引较少。与此同时，张先生还强调，需要辨识一种现象，即专业设计人员的工艺美术构思通过民间艺人之手制作的作品，尽管可能有着浓厚的民间风格，却不能被视作纯粹的民间工艺。而民间工艺的范围十分之广，遍及生活方方面面和点点滴滴，且不同民族有不同的特色。其“主要品类有劳动工具、衣饰器用、节令方物、各种装饰物、玩具、文体用品等。从养生送终，从初一到年终，衣食住行用，东西南北中，四时方物应有尽有，蔚为大观”[②]。

第二节　回归母体——“本元文化”论的提出

工艺美术的本质应是一种熔“实用”与“审美”为一炉的艺术性创造活动，因而也就形成了物质与精神统一的特点，从而具有双重性质。哪怕是人类先祖打制的第一件旧石器，尽管当时还没有审美意识的觉醒，但已开始蕴含这样的特征。人类文化创造之初，的确是从单纯的物质要求出发，但在制作原始工具的同时混合着一种模糊的精神意义，而后逐渐形成物质和精神上的综合需求，即为一种由简而繁、由单一到多样的发展脉络。而物质与精神混合统一于造物之中的文化形态，便是张先生谓之的“本元文化”。“本元文化”是人类最初的文化形态之一，张先生认为文化在多元发展之前，曾经是一元的，即物质与精神统一为一元形式而蕴于人类造物之中。只有当细化的社会分工出现，人们的认知不断提高，本元文化之载体难以容纳相对多样的精神需求后，物质与精神才产生分化。“在物质方面，如食物的取得和加工，各种用品的原料开发等；在精神方面，音乐和舞蹈不再是劳动的附属，产生了独立的绘画。”[③]而本元文化是一种“母体型”文化，它并没有因物质文化与精神文化的分化而解体，反而与

① 张道一：《工艺美术论集》，陕西人民美术出版社 1986 年版，第 69 页。
② 李砚祖：《工艺美术概论》，山东教育出版社 2002 年版，第 68 页。
③ 张道一：《造物的艺术论》，福建美术出版社 1989 年版，第 35 页。

此两种文化共同作用于人们的生活，并扮演着重要的角色。

“从工艺美术实用与审美的统一性，进而到工艺文化学阐释，提出‘本元文化’的理论，这是一条从理论上不断探索和深化的过程，凝聚了道一先生多年的心血与思考”[①]，对工艺美术学以至设计学的理论发展都贡献良多。不妨说，张道一先生的“本元文化”论一方面能有效解决艺术起源中的诸多疑问，更重要的另一方面是扭转了美术史上曾被倒置的发展秩序，矫正了工艺美术历史的诸多偏狭观念，从真正意义上重塑了工艺美术的历史身份，为相关艺术分类研究提供了理论线索、证据及基础。从本质上来看，今天我们所说的“艺术设计”其实脱胎于工艺美术，它的内涵因此也从未偏离“本元文化”的框架，仍然讲求物质与精神的统一性。故而，对“本元文化”论的理论阐析也有利于为设计学的理论探索提供思路和方法。

一、在“母体型”文化中总结“本元文化”的特点

随着时代的进步，人类所创制的文化不断向深度及广度延展，其概念所包容的内蕴也日益丰富，对它的界定势必就存在着相应的难度。中西方各学派都曾在文化概念的解析上有所建树，但却没有得到统一的认识。而文化作为一种多维概念被广泛使用、探究和阐发则在近代欧洲首先展开，尽管众多学科都曾对其进行过一定程度的界定，然而它的内涵及外延依旧存在不确定性。历史上有关文化的定义不下两百种，常见的有 19 世纪的古典进化论者所下的定义、传播学派的定义、历史地理学派的定义、文化形态史观派的定义、功能学派的定义、结构学派的定义、新进化论学派的定义、符号—文化学派的定义、苏联学术界的定义、现代华人学者的定义等，不一而足。《中华文化史》一书对这些定义进行过分类解析，并归纳道：“文化的实质性含义是‘人类化’，是人类价值观念在社会实践过程中的对象化，是人类创造的文化价值，经由符号这一介质在传播中的实现过程，而这种实现过程包括外在的文化产品的创制和人自身心智的塑造。简言之，凡是超越本能的、人类有意识地作用于自然界和社会的一切活动及其产品，都属于广义的文化；或者说，‘自然的人化’即是文化。”[②]由此可见，工艺美术是一种文化显然毋庸置疑，它总是通过人们智慧的大脑和勤劳的双手对自然进行蕴含人类特定意志的改造，因而也创制出契合人们生

① 孙建君、潘鲁生主编：《张道一研究》，山东美术出版社 2000 年版，第 92 页。

② 冯天瑜等：《中华文化史》，上海人民出版社 1990 年版，第 26 页。

活的文化产品。非但如此，它还是一种“母体型”文化。根据张道一先生的观点，所谓“母体型”文化，简言之就是指一种最基本的文化形态，此种形态在原始社会便已然形成，尽管在随后的发展中人类社会又演化出其他的文化形态，但它却并未因此而解体，依然保存着初始的文化性质，并起着积极的作用，在未来的社会进程中也将永葆常青。

谈及这种“母体型”文化，不得不先从原始造物来着眼。在传统意义上，关于艺术起源的观点认为“史前艺术”发轫于3万年至4万年前的旧石器时代晚期，其依据是旧石器时期的岩画（图3–12）和雕刻（图3–13），以及艺术只能与“现代人”同时发生并伴随语言产生的观念。但值得注意的是，岩画图形的线条实是用工具刻入石内，那些雕像也必然需要工具辅助才能完成，可见当时石器工具的制作已颇为进步。原始的石器工具是人类之所以为人而有别于动物的根本标志之一，就算是第一件最为粗陋的人类原始造物，也是人类对自然的“人化”，是蒙昧与文明的分水岭。此时的石器“是物质和精神的混沌体、快感和美感的混合体，是人类造物的‘最初形态’。而这时还完全不具备精神生产独立分化的可能性”[①]。诚然，以今天的眼光看待原始工具的制造，人们会毫不犹豫地将其归入物质生产领域。但是，在旧石器时代，工具的制造实则混合和交织着物质和精神两种元素。物质方面不用多说，必然是受实用功利的牵引。至于精

图3–12　欧洲旧石器晚期洞穴壁画（法国拉斯科Lascaus）

图3–13　迄今发现最早的人形雕刻——持角杯的女人（旧石器晚期，法国拉塞尔Laussel出土）

① 诸葛铠：《设计艺术学十讲》，山东画报出版社2006年版，第28页。

神方面，则体现的是制造的愉悦和使用的快感。虽然，这时的审美意识尚未萌动，但不可否认原始造物中所蕴藏的精神因素。而这种精神和物质混合与交织为一元时的文化便是“本元文化”，是人类文化的基础，可称为“母型”。

从原始造物上可以看出，功能无疑是造物摆脱不了的核心动力，但在功能发挥的同时也掺杂着一定的精神活动。并且，功能的发挥还促进形式的进步，利于审美心理的产生。譬如，原始工具中之所以出现对称的尖状器或石球，是因为原始先民发现对称的形式利于功能的发挥，在使用中相对得心应手，继而产生使用的快感，因而也会格外关注这种对称形式，久而久之便形成一种集体心理，认为与粗糙、偶然的形式相较之下，对称更能产生精神愉悦。特别是到了新石器时代，人类训练和感受形式美的眼睛、创造形式美的双手都日臻完善，这时的造物，精神内蕴不断拓展，美的因子已从被动感知逐渐转化为主动诉求，审美意识产生了质的飞跃。时代不断前进，人们对精神领域的需求也日益增长，逐渐，人类文化便从物质与精神统一的形态中衍化出二元——物质文化和精神文化。张道一先生以青铜器为例，解释了这种派生或转化。他说：“青铜器本来是实用的器物，待到春秋时期，不仅出现了称作‘宥坐’的欹器，并且出现了铸成动物形的‘弄器’，说明在出现派生现象之外，同是一种物品，也产生了转化的现象，即由实用转化为鉴赏。”[①]（图3-14）但是，身为“母体型”文化的“本元文化”依旧存在，这样便与物质文化和精神文化并列形成三种文化形态而共同作用于人类社会，毕竟人们在获得人类造物物质实用性的同时，还希望拥有精神上的享受和愉悦。

图3-14　春秋晚期子乍弄鸟尊（美国弗利尔美术馆藏）

工艺美术就是具有这种“母体型”特征的“本元文化”，物质与精神的统一是它的基本属性。纯鉴赏性艺术和工艺美术的区别在于前者尽管也需要物质载体来表现形式，但在被欣赏的过程中，物质性退居其次，甚至被忽略；而后者则不然，它不仅通过形式上的美丑、雅俗、文野来孕化艺术

① 张道一：《造物的艺术论》，福建美术出版社1989年版，第35页。

魅力，取得精神上的效应，而且直接对物质性有一定要求。它的物质方面直接作用于人们的感官，从而在使用中形成对质料的粗精、光涩、优劣、贵贱之感。“这就清楚表明，前者是鉴赏性的，按其主要性质和倾向来说是精神的；后者是实用性的，按其性质说兼有精神和物质的双重性。”①

二、辩证地看待物质文明与精神文明

张道一先生在讨论物质文明与精神文明的关系时，开宗明义地说：“文明是一个社会历史范畴，但文明层次越来越高，永也不会完结。不但人们维持生存和享受的生活资料是文明，由此所产生的意识形态也是文明。如果说，人类所创造的文化有三种形态——本元文化、物质文化、精神文化，那么，也就导致了物质文明和精神文明。工艺美术由于带有本元化的性质，因此，体现为文明上，也就兼有两种文明的性质。”②“本元文化”涵盖了一对基本的哲学范畴——物质与精神，虽然物质与精神同物质文明与精神文明的关系并非一一对应，但从张先生上述的见解中可以得知，正因工艺美术具有物质与精神双重属性，从而形成实用和审美的双重社会功能，这必然导致它既表现为物质文明，又反映出精神文明。

一般情况下，物质文明是精神文明的基础，但反作用于后者。工艺美术与人们的衣食住行用须臾不可分割，是顺合着生活的脉搏而进行的具有艺术性质的活动，因此显然具有物质文明的特征。无论是人们的服饰、家居的陈设，还是国家的物质文明建设，无一不可以通过工艺美术的发展来考察其物质文明的高度。可以想象，在物质文明较为低下的时期，虽然很多器物的器型琳琅满目，装饰绚丽多彩，却无论如何也不能和物质文明发达时期的造物同日而语。例如，1885 年戴姆勒制造的摩托车（图 3–15）显然是 19 世纪后期工艺程度的代表，能体现彼时的物质文明。然如若与现代的相关产品做一比对，则难免相形见绌。暂且不论形式的好坏，但至少技术手段和材质便明显没有现代设计那般精进。

---

① 张道一：《造物的艺术论》，福建美术出版社 1989 年版，第 36 页。

② 同上书，第 38—39 页。

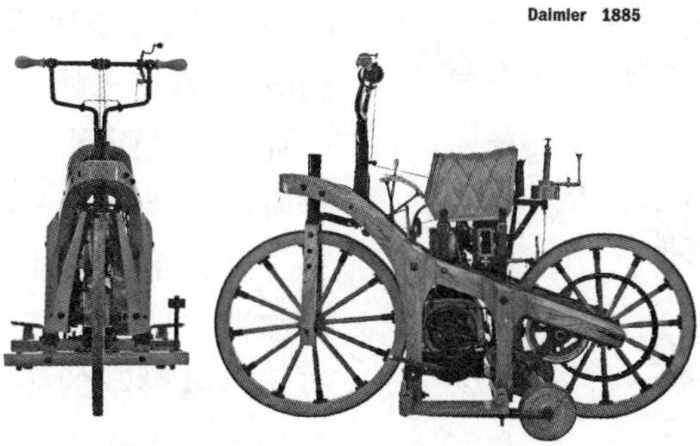

图 3-15　早期的摩托车（1885 年戴姆勒制造）

而从另一角度观察，工艺美术在精神文明的作用体现，张先生谓之为“潜移默化”和“熏渍陶染”。顾名思义，就是指工艺美术以一种渐变的方式影响精神生活，反映精神面貌。如若孤立地看待一件工艺美术品，似乎不能立即与精神文明相联系。但将工艺美术放置在历史长河以及人们日常生活的点滴之中，便能看出端倪。它能体现一定的格局，透显某些情调，与人们的行为举止、仪表风度，甚至品德情操莫无关系。它反映的不仅仅是风格的流变，更多的则是道德观念、伦理规范，特别是中国古代社会，还往往与人文制度相辅相成。“譬如从‘玉有九德’到各种礼器的使用，从皇帝的龙袍到各级官员的‘命服’以及色分五彩与方位的标志等；连一辆马车的车盖、车座和车轮，也带有天、地、人的象征。”① 再如，曾在古代社会中长期奉为“时尚”的“弓鞋”，形制上尚小尚尖，此乃特别为“三寸金莲”所制，正是反映缠足之美的封建审美情趣。有关缠足之俗的滥觞，众说纷纭。流传较广的说法是始于南唐李后主宫嫔窈娘，但只限于上层官僚贵族阶层，民间不甚流行。至南宋以后，特别是明代，缠足之俗蔓延至百姓生活之中，便靡然成风，甚至“人人相效”，因此依照缠足的式样、大小等便形成了各式各样的“弓鞋”(图 3-16、图 3-17)。清人叶梦珠在《阅世编》中说：“弓鞋之制，以小为贵，由来尚矣。然予所见，惟世族之女或然。其他市井仆隶，不数见其窄也。以故履惟平底，但有金绣装珠，而无高底笋履。崇祯之末，闾里小儿，亦缠纤趾，于是内家之履，半从高底。窄小者，可以示美；丰趺者，可以掩拙。”② 并且，与之相

① 诸葛铠等:《文明的轮回：中国服饰文化的历程》，中国纺织出版社 2007 年版，第 2—3 页。

② （清）叶梦珠撰，来新夏点校:《阅世编》，上海古籍出版社 1981 年版，第 182 页。

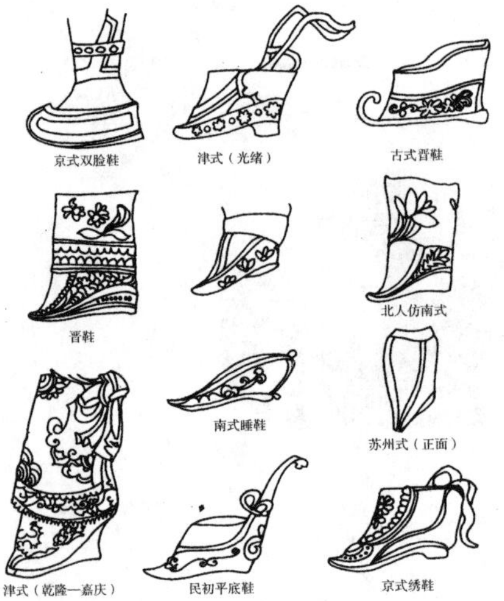

图 3–16　各式弓鞋（根据冯骥才《三寸金莲》中插图复制，载诸葛铠等《文明的轮回：中国服饰文化的历程》，中国纺织出版社 2007 年版，第 144 页）

关的审美取向已渗透到各类文艺作品中。譬如，宋代黄庭坚《满庭芳》词曰："直待朱幡去后、从伊便窄袜弓鞋。"[①]《西厢记》中也曾道："下香阶，懒步苍苔，动人处弓鞋凤头窄。"[②]甚至有人用弓鞋载以行酒，而被称为"双凫杯""金莲杯"，其后还有了弓鞋形制的杯子（图 3–18、图 3–19）。"这就说明了，工艺美术在精神上给人以影响，是在生活的细节之中。也就是说，作为工艺品或日用品来说，其实用功能的发挥是个体的，而审美和教育的功能之发挥则是整体性的。"[③]

图 3–17　清代翘首绣花弓鞋（北京民俗博物馆藏）

图 3–18　明成化内府监制鞋杯（俯视图）

众所周知，文明社会的长足进步，不只滞留于物质层面的突飞猛进，而是往往伴随对精神方面的深层诉求。试想，在获得物品致用性的同时，人们难道丝毫没有为其美的意匠和精心的设计所撼动和折服吗？蕴含在各类工艺美术品中的精神因素，一方面反映着工艺美术者的智慧和情感，另一方面也感染和慰藉着使用者。特别是在当下，社会发展步入了高速运转的新时期，人们在物质方面颇感丰裕。但作为个体，人因自身生物性和

① （宋）黄庭坚著，龙榆生校点：《豫章黄先生词》，中华书局 1957 年版，第 11 页。

② （元）王实甫：《西厢记》，上海书店出版社 2009 年版，第 98 页。

③ 张道一：《造物的艺术论》，福建美术出版社 1989 年版，第 39—40 页。

社会性的局限，在生理和心理两方面都难以适应这种节奏较快，压力巨大的生存环境。而工艺美术既然是“按照美的规律为人造物”的活动，那么“以人为本”的理念便成为其造物的最终目的。因此，从本质“用与美”的角度出发，必然要在一定程度上兼顾精神生活，肩负精神慰藉之功能。举凡工艺美术品，从造型、色彩、款式、环境等各方面都在一定程度上标志着某一时期的心理追求和精神文明程度。

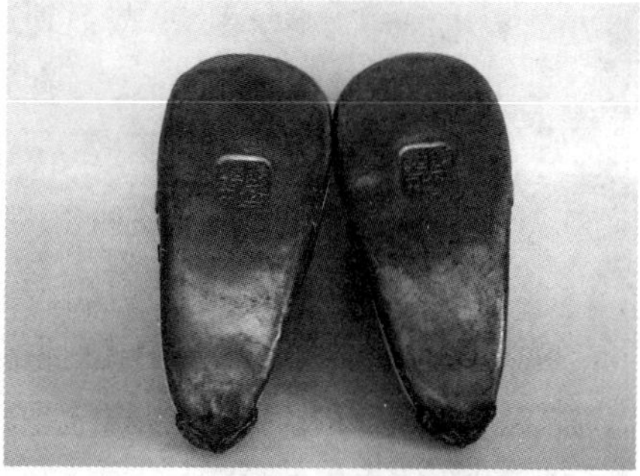

图 3-19　明成化内府监制鞋杯（底部）

综上所述，张道一先生依据工艺美术的“本元文化”性质，以辩证的视角观察工艺美术在物质和精神文明领域中的作用，因而也强有力地反拨了贬低工艺美术的思想倾向。他说：“工艺美术，对人来说，一面是蕴含着高尚的情趣，一面是美化、充实、丰富和创造美好的生活。在这里，它同‘幸福’的概念是同构的，或说是幸福的可视的一部分，这又是其它艺术所无法取代的。”①

三、由实用和审美的统一性阐发工艺美术“本元文化”的意义

张道一先生向来秉持工艺美术前辈对工艺美术本质思考的精髓，并通过常年理论与实践的证明，将其概括总结为用与美的统一。由此为基点，还阐发了工艺美术作为“本元文化”的意义。他曾强调：“通常所说的两种文化论，即物质文化和精神文化，是不全面的。事实上，人类创造的文化，首先是兼有物质和精神而不可分离的‘本元文化’，这就是工艺美术。”② 而这正是由其本质功能所决定的。上文述及，工艺美术物质与精神双重属性形成其用与美的双重功能。同样，实用与审美的统一也反过来决定着工艺美术必然表现为一种兼物质与精神于一体的“本元文化”。审美重在精神层面，实用则偏向物质领域，工艺美术之所以能体现国家、民族的精神文明和物质文明便在于此。所以，“它不仅在精神上、文化上具有重大的意义，同时在物质上、经济上也具有重大的意义。在所有的艺术部门中，除了建筑有着这种性质之外，其它任何艺术都不具备这种性质，也

① 张道一：《造物的艺术论》，福建美术出版社 1989 年版，第 40 页。

② 同上书，第 37 页。

图 3-20　格奥尔基·瓦连京诺维奇·普列汉诺夫（1856—1918）

做不到这一点”[①]。

在用与美的关系上，俄国的普列汉诺夫（Георгий Валентинович Плеханов，1856—1918）（图 3-20）提出著名论断——“实用先于审美”。工艺品在与相关的生活、环境及场域发生关系时，首先表现的是实用性特征，审美性是在此基础上的第二属性。郭沫若先生在《青铜时代》的文集中说道：“铸器之意本在服用，其或施以文镂，巧其形制，以求美观，在作器者庸或于潜意识之下，自发挥其爱美之本能，然其究极仍不外有便于实用也。”[②]现代工艺美术亦然，可以说，实用是其造物活动的根本性质。“有目的的制造某种用具、容器是由用途决定的，而目的与用途不明确的工艺品一般是不存在的，即使是制造出来，我们也不把它叫作工艺品，而只是把它作为一个单纯的物品来看待，或者将其划入有意识的表现创造美的美术作品——绘画和雕塑的领域里去。实用性是工艺品的全部生命之所在，是至高无上的铁的原则。”[③]从格里特·托马斯·里特维尔德（Gerrit Thomas Rietveld，1888—1964）（图 3-21）的风格派名作——“红蓝椅”（图 3-22）中便可看出此点。虽说它是椅子，但并不具有明确的用途，因而不是实用品。人们欣赏红蓝椅其实并不是被其实用性吸引，而是像品析其他美术作品一样去审度其形式之美。因此，如若要位列工艺品之属，须以有用为第一性。这就决定着工艺品势必具有物质性，换言之，物的载体才是致用功能的基本保障。人们对物品有用性的获取，必须与实体的物质形态相接触方可实现，即便在科技高度发展的当代社会，所谓“非物质”的虚拟信息和虚拟数据的获得也须以物质载体的功能发挥为媒介，不可能脱离物质而凭空产生。例如，只有存在着有形的电子计算机或发挥电子计算机功能的物品，人们才能运用网络搜索引擎检索相关信息，一方面获得了有用性，另一方面也是与物质载体相作用的过程。同理，手机短信虽属虚拟数据，但它的编辑和传输也必然得益于手机这一实体物质功能的卓越性。由此可见，与工艺美术实用性捆绑在一起的是它的物质性。

① 张道一：《工艺美术论集》，陕西人民美术出版社 1986 年版，第 40 页。
② 郭沫若：《青铜时代》，中国人民大学出版社 2005 年版，第 238 页。
③ 张道一主编：《工艺美术研究》，江苏美术出版社 1988 年版，第 217 页。

图 3-21　格里特·托马斯·里特维尔德（1888—1964）

图 3-22　格里特·托马斯·里特维尔德设计的红蓝椅

既是实用与审美的统一，那么审美的功能也是工艺美术的基本性质之一。张先生曾在研究中多次提及，工艺美术中美的因素与其他纯艺术形式性格迥异。它不但有外在的材质美，还具有内蕴的功能美。尽管内外兼有，但它的美始终围绕和服务于实用原则，脱离这一规律则不能成为普遍意义上的工艺品。审美性在一定程度上映射着精神领域的活动，无论何种美的形式和表现，都伴随人们的心理感受。对称、均衡、节奏、韵律、比例、尺度等一系列的形式美法则完全是人们在生产劳动和日常生活中从自然界萃取的主观表现规律，是千百年来形成的之所以能使造物被感知为美的程式。美的存在需要精神因素的参与，因此不妨说，工艺美术的审美功能决定其具有精神属性。

总之，实用与审美、物质与精神是工艺美术的两个角度，一个事物的两个方面。从本质和功能性出发，工艺美术实用与审美的统一造就了它定然蕴含着物质与精神的性质；以文化性去考察，物质与精神文化的浑然一体，势必驱使其实用与审美功能的表现和发挥。正是由于这一关系，工艺美术才具有了“本元文化”的性质，也正因此点，它“本元文化”的意义表现为以下三个方面。

首先，工艺美术作为“本元文化”，是人类文化之基原，其他精神领域的艺术形式发生于它之后。如前所述，人猿相揖别之时便有了以实用目的的造物，在创造过程中混合着精神上的快慰及愉悦。而后，实用所牵引的纯粹物质生产分化出来，逐渐上升为独立的物质文化；审美的精神诉求同时也不断升华，终致形成属于较为纯粹精神领域的艺术形式。

其次，工艺美术必然要与科技的进步以及工艺的发展相关联。因其以实用为根本目的和最终目标，所以工艺美术在物质性方面的规定自然要比其他艺术门类来得严格，这就需要通过科技和工艺的手段加以保障。新技术的研发、新能源的利用、新材料的普及都会在一定程度上促进工艺美术的实用意义。例如，陶器的发明及其使用并形成对人类文明的影响，必须取决于对火这种能源的掌控以及对制陶技术的不断改进。又如，精美图书的印制，恐怕也难离开印刷技术的制约，甚至良好的视觉效果还需依赖材质的选择。

最后，工艺美术对艺术性的观照，体现为一种综合性或整体性。工艺美术的艺术性主要以审美的形式呈现，而这种“美”不单囿于视觉范畴，还延展至听觉、触觉甚至嗅觉范畴，尤其是工艺品物质本身所引发的触觉和嗅觉，能使人产生心理上的复杂反应，因而是一种综合且整体的精神活动。原始骨针的通体磨光（图3–23），的确使功能发挥得更为有效，但同时其光滑针体的质感以及刺入物品的快感必然混合着视觉上的形式感一并为使用者所感受。虽然这些感受尚未上升至审美领域，但已具备转化为美的前提。而现代的汽车，从结构上说它的艺术性表现为构成汽车这一系统各要素间配置、安放、构成以及材料运用的合理性所转化的美感；从形式上看，完美的形制、令人怡悦的色彩、适宜的装饰会让人形成视觉的审美享受；同时，从发挥功能角度看，行驶时力动可以转化为美感、优良的发动机在听觉上造成的快感也可以转化为美感。可见，汽车所表现的艺术性是一种综合美。

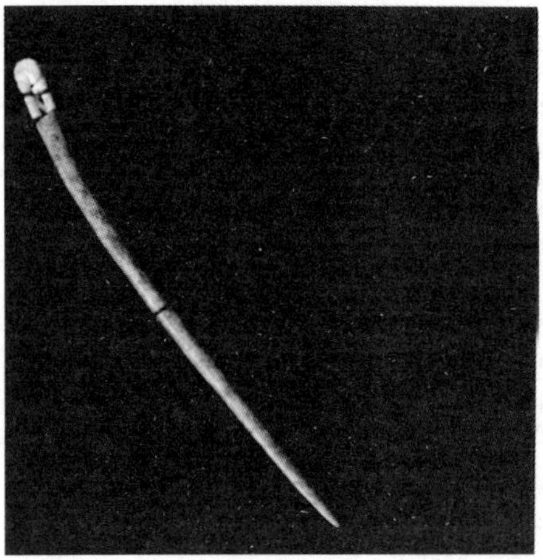

图3–23　山顶洞遗址出土的骨针（旧石器晚期）

第三节　道者器之道——透视造物艺术的本质规律

“道”“器”之辩素来为中国易学和哲学所重视，《周易》以无形与有形区别二者。《周易·系辞上》：“乾坤毁则无以见易；易不可见，则乾坤或几乎息矣。是故形而上者谓之道，形而下者谓之器。”[①]“乾坤”在此系卦象，“易”则为易道，即变易之法。“道”指乾坤、阴阳变化法则，是无形的，所以谓之“形而上”，“器”是具体事物及其卦象，是有形的，因而称之“形而下”。此后，“道”与“器”逐渐演化为古典哲学讨论的一对基本范畴。唐人孔颖达以魏晋玄学的体用观——无为体，有为用来阐释道与器的体用关系，认为道体器用，道本器末。与之相左，唐代崔憬则以器为体，以道为用，且持形质、体用、道器不可分之观点。特别是宋明时期，有关道器关系的论争格外激烈。张载认为道根于器，以气为器，以气化道；程颐亦以阴阳二气为器，以阴阳的所以然之理为道，所以道是器的根源；朱熹秉持了这种观点并提出“道非器不形，器非道不立”[②]；程颢则认为道器皆根于人心，不必区分。而明末思想家王夫之（船山）继承和发扬了张载的道器观，以唯物主义的立场对宋明以来的辩论予以批判总结，他认为无其器则无其道，并“坚决反对器是道之器，进一步提出了‘天下惟器’的著名命题。他说：‘天下惟器而已矣。道者器之道，器者不可谓之道之器。’这里所说的‘器’指具体事物，‘道’指事物的规律或法则。这句话的意思是，事物的规律存在于事物之中，有某种事物的存在，才有某种事物的规律；如果根本没有某种事物，也就不可能有该事物的规律。因此，规律是事物的规律，不能说事物是规律的事物”[③]。不过，王夫之所指之“器”的概念范畴远远超过我们的造物领域。但与此同时也需强调的是，工艺美术自然也被囊括在他的“器”中。

张道一先生在谈及工艺美术中的“道”“器”关系时也曾明确指出，“道”与“器”实际就是抽象理论与具体事物之间的关系问题，在人们的认识上，历来成为唯物论者与唯心论者争论的中心。[④]张先生认为，把“器”作为“道”的基础是唯物论观点，他们坚持“道”离开“器”便不能存在；但是把“道”凌驾于“器”之上则是唯心论观点，他们认为“道”可先验、天生，是来约缚“器”，显然弄乱了“道”与“器”的关系，故而也必然会出现“重道”而“轻器”的错误思想，将此思想作用在君子和小人的分野上，形成高下，分出贵贱，并强行推及工艺造物领域，于是便有了造物的尊卑，认为工艺技术等都是“小道”。张道一先生的

① （魏）王弼等注，（唐）孔颖达等正义：《周易正义》，上海古籍出版社 1990 年版，第 160 页。

② 《朱熹集》第四卷，四川教育出版社 1996 年版，第 2147 页。

③ 章启辉：《旷世大儒——王夫之》，河北人民出版社 2001 年版，第 145—146 页。

④ 参见张道一《论设计》，未出版文集，东南大学艺术学系，2003 年，第 114 页。

这些观点，应该是与王夫之“道者器之道”如出一辙，据王氏之说推理，“重道轻器”实则难以成立。因此，张先生也由此指摘了那些轻视工艺造物的观念和行为。张先生遵循事物发展的轨迹，进一步从“道者器之道”中体悟出造物的规律，既然先“器”而后“道”，那么造物之主体必然不像传统意义上所认为的那样，将天称为造物主，将圣人称为造物者。

一、造物成因的思考所引发的造物艺术论

道者虽可为器之道，然此“道”难觅，在工艺美术中尚有诸多规律需要细致思考。首先涉及的问题就是到底造物的主体是什么？张道一先生认为，中华自古其实便有关于“造物主”的讨论，但是一般难以有明确的答案。有些将造物之功归于神，有些则归于那些伟人或圣人。先秦古籍很早就对此有所记载，例如《庄子·大宗师》就说过：“伟哉夫造物者，将以予为此拘拘也！”[①] 亦有将人类造物称为“制器”而归于圣人者，如《周易·系辞上》载，“备物致用，立成器以为天下利，莫大乎圣人”[②]，甚至列举圣人创物是受卦象启示的儒家神话——“古者包牺氏之王天下也，仰则观象于天，俯则观法于地，观鸟兽之文，与地之宜，近取诸身，远取诸物，于是始作八卦，以通神明之德，以类万物之情。作结绳而为罔罟，以佃以渔，盖取诸《离》。包牺氏没，神农氏作，斫木为耜，揉木为耒，耒耨之利，以教天下，盖取诸《益》。日中为市，致天下之民，聚天下之货，交易而退，各得其所，盖取诸《噬嗑》。神农氏没，黄帝、尧、舜氏作，通其变，使民不倦；神而化之，使民宜之。《易》穷则变，变则通，通则久。是以‘自天佑之，吉无不利’。黄帝、尧、舜垂衣裳而天下治，盖取诸《乾》《坤》……”[③] 但是，这些论调显然具有唯心色彩，不能廓清真正的造物主体为何。而张道一先生主张“造物”实际是人造之物，“也就是古代所谓的‘物曲有利’——以各种物质材料，改变其型，偏重其利，所制成的器物。人造物和自然物相对称，但一般的人造物是以自然为基础”[④]。张先生的认识实际上从中国传统哲学的“万物”中将造物的“器”抽绎出来，因此便于人们从辩证唯物的角度分析造物之道。

---

① 雷仲康译注：《庄子》，辽宁民族出版社 1996 年版，第 65 页。

② （魏）王弼等注，（唐）孔颖达等正义：《周易正义》，上海古籍出版社 1990 年版，第 159 页。

③ 同上书，第 168—169 页。

④ 张道一：《张道一美术序跋集》，未出版文集，东南大学艺术学系，2001 年，第 88 页。

有鉴于此，我们应该明确的是人才是真正的造物主体，造物活动实则为人类行为。德国著名人类学家（Julius Ernst Lips，1895—1950）所撰的《事物的起源》（*The Origin of Things*）（图 3-24）一书中说：“机智的动物，仅仅会用自然界提供之物作为工具，而不像人类那样有把自然界物质改变形状和赋予新的用途来制造工具的技术。动物可以是使用者，但不是发明者。”[①] 这句话实际就是在说，人与动物之分野不仅在于人能使用器物，而且能创造器物。非但如是，造物之主体也不是仅局限在那些伟人之中。“原始时代没有亚里士多德、伽利略、伏尔泰、爱迪生或贝尔，没有一个人能被承认或尊崇为最早发明家。并非有人‘灵机一动’，就发明了第一把石斧、第一个编织的篮子、第一座风篱或第一件毛皮服装；所有这些发明形成一道链条，它是一代一代无名发明者经验的逐步积累而造成的，是许多不同的发明相互结合的产物。”[②] 早期的器物均是粗糙及原始的，只有当历代人共同努力方使之渐入佳境。从最初意义上看，创造发明、模仿和对于既成品改进在概念上界限较为模糊，张先生认为，从今日的民间工艺中依然能窥察此点。同一器用的制作，带有明显的历史传承和改进的痕迹，因而才能在后来的发展中产生各自特点及风格样式。正是基于此，个人的创造发明才能被孕化和映现。

图 3-24 《事物的起源》封面

因而，张道一先生归纳道：“假如一定要问，究竟谁是真正的‘造物主’和创物的‘圣人’，我们可以毫不犹豫地说：是古代的劳动者。待到农业和手工业有了初步分工之后，也就是从事手工劳动的艺人。”[③] 所以说，传统社会中的“百工之人”才真正扮演“造物主”的角色。“百工”“制器”，显然囊括了上至君王、下到百姓，各个领域中的器物，当然也有所谓关乎名分的“器”。至于近现代以来，细致化的工业生产，使得“制器”

① ［德］利普斯：《事物的起源》，汪宁生译，敦煌文艺出版社 2000 年版，第 102 页。
② 同上。
③ 张道一：《造物的艺术论》，福建美术出版社 1989 年版，第 30 页。

日趋繁复，隐匿在造物活动背后的主体便更不可能是某个个体。所以，工程师、设计师和工人就构建了一个造物之“组”的关系，三者在其中分工合作，协同创新。就像马克西姆·高尔基（Maxim Gorky，1868—1936）说的那样：“三个人是创造文化的：学者、艺术家和工人。”①

在明晰了造物之主体后，还有个问题需要解答，即什么是造物之目的？欧洲的谚语曾说过，“需要是发明之母”。尽管此言略微显得有些概括，但也道出了实情。换句话说，人类造物的目的其实正是由于需求使然，有着明确的目的性。前文已述，马斯洛的需求层级基本反映了人类的物质及精神需求，而人类造物势必是为了满足这些需求而产生的一种相应的社会活动，因此也不可能脱离物质和精神两个方面。张先生分析：“如果说，人类的造物活动是基于生活的需要，从而带有明确的目的性，这是很对的。问题在于，须进一步认识‘需要’的含义。吃饭用碗（钵），陶罐可以盛水，这是原始人已经知道并在造物活动中已经解决了的。可是为什么，在当时生活条件极端困难的情况下，人们连温饱都无法保证，何以花费那么大的精力，去在陶器上描绘花纹，或是取来卵石、兽牙、蚌壳进行穿孔，串连起来挂在颈上以为装饰呢？看来，除了实用之外，还有审美的意义。”② 不仅这样，原始先民使用装饰还因为它的存在能赋予一定的精神意义。例如图腾化的装饰，不仅纹饰具有审美性，而且还是与教育、道德甚至宗教内容相关的象征。像甘肃秦安大地湾出土的彩陶人头器口瓶就是典型一例（图 3–25）。张朋川先生就此器曾做过如是描述和推测：“大地湾仰韶中期还出土了一件罕见的人头形器口彩陶瓶。圆雕的人头上，在额前和脑周围披着整齐的短发，双耳有穿系饰物的小孔。脸部五官的比例，安排得均匀恰当，造型准确生动，是一件原始社会杰出的艺术作品。彩陶瓶身上绘着简化了的正面鸟纹等纹饰，这种纹饰可能是摹绘衣服上的纹饰，但也可能是文身习俗的反映。”③ 虽然原始社会人们的精神生活对于现代人而言似乎是难以解开的神秘世界，然而从中我们依然能发现，当时人们使用装饰的初衷实际体现着先民对生存的向往，是一种原初的“生命观”。这归根结底还是一种需求。只有当人类发现自然与生存之间的联系后，就产生了避祸就福的思想。这一方面以朴素的自然观表现出来，另一方面则以神秘的自然观表现出来。此二者往往融合交织，难以分割，使得我们的祖先拥有了独特的方式去观察宇宙和万物。因而，具有特殊象征的

① 《瞿秋白文集》（四），人民文学出版社 1954 年版，第 1749 页。

② 张道一：《造物的艺术论》，福建美术出版社 1989 年版，第 31 页。

③ 张朋川：《中国彩陶图谱》，文物出版社 1990 年版，第 49 页。

装饰形式便应运而生。普列汉诺夫说，原始先民先是以功利的视角看待事物，而后才有了审美的视角。譬如猎人通过野兽的皮毛和骨头等“装饰”身体，实则并不是最初就认为它们很美，而是这些东西“可以作为他的力量、勇气或灵巧的证明和标记”[①]。显而易见，张道一先生把需求视作造物的目的及成因是比较合理的。

图 3-25　秦安大地湾彩陶人头器口瓶（1973 年甘肃秦安大地湾遗址出土）

人类原始的需求是有本元性的，由物质、精神双方面交织而成，张道一先生提出的“造物艺术论”其核心便是围绕于此。人类造物活动的原动力实则为需求，有关审美的意识是伴随其后而产生的。分析张道一先生的理论可以发现，艺术的出现要晚于最初的原始造物，当人对美的诉求成为主动时，才有了艺术。张先生曾认为，造物的活动显然是一种综合性、多层级的物质创造，这就必然将人类社会不同时代的人工造物包含其中，所以也就必然渗透了衣食住行用的各个角落。正如工艺美术这般的艺术性造物活动，就其主流和普遍性而言，显然是很难只关注审美而忽视其物质性的实用功能的，又或者说不能将功能和艺术因素互相剥离来考虑问题。因此，工艺美术是最有代表性特征的“造物艺术”，同时是最基本的“本元文化”。它所囊括的范畴要比“特种工艺”来得宽广，不只是单纯地指那些有明确鉴赏性特征的瓷器、金器、玉器、漆器等工艺品，还指那些没有明显审美特征的造物产品，譬如那些极易被我们忽视的交通、生产、日用等方面的物质资料。与此同时，“造物艺术论”还把生产环节考虑在内。如前所述，张道一先生在有关“造物主”的追本求源中已将隐匿在现代社会造物背后的主体归纳为工程师、艺术设计人员及生产工人相互协同的体系。因而，现代社会造物基本也有历经设计构思（包括工程性和艺术性两个方面）、制作生产及成品问世几个阶段。可见，工艺美术与生产、技术之间存在紧密联系，它随着生产力和科技的进步而精进。

恰恰是因为造物艺术的主体及其使用主体都是普通人，而非那些神明或圣人，所以“造物艺术论”方能基于物质文明和精神文明相交织的社会

① ［俄］普列汉诺夫：《普列汉诺夫美学论文集》，曹葆华译，人民出版社 1983 年版，第 419 页。

生产及生活而展开讨论。工艺美术属于造物艺术一类，是“按照美的规律为人造物”的行为活动，故其人文特性也显现在人们的日常之中。张道一先生在《造物的艺术论》(图3-26)中明确说道：“工艺美术就其主流来说，是一种在日常生活中直接供人享用的艺术；为了生活的方便和舒适，尤其要强调群众的习惯性和普及性。”[①] 与此同时，他进一步申明，民族化在此中是一个核心问题。张先生所说的“民族化”有两种解读：第一是保持优秀传统文化自身的健康活力；第二则是要甄别外来文化因素，使其通过改造吸收后与本民族融合。纵观中国工艺美术发展之路不难发现，我们曾经对民族化问题走过不少弯路，例如某些固守的理念将民族化的形态狭义地理解为传统社会的瓶子、罐子、龙纹、凤纹、云纹等。张先生认为，此类观念将问题的本质简化，导致一种偏执，毕竟“这主要是只看到外部形式，没有进行形式因素的内在层次的思考”[②]。

图3-26 《造物的艺术论》封面

根据张先生的观点可推知，民族化与现代化应被一起分析。他认为，通俗地说，民族化就是“中国气派”，就是常说的民族风格与特色；至于现代化，则不仅仅是形态上对现代生活的简单适应，更重要的是能有效利用现代科学技术成果。所以，“在工艺美术创造活动中，使民族化和现代化有机的统一起来，不仅是可能的，而且是必须的。只要在实践中勤于探索，处理得当，便会找到合理的结合的系数，其结果将是相辅相成，相得益彰”[③]。换句话说，民族化和现代化并不是一对矛盾而发展到不可调和的地步。相反，事实上它们对于工艺美术发展历程而言是相互对立统一的。一来工艺品和日用品要符合中国人的需求和使用习惯，应该立足本土性原则，从民族性中彰显传统固有的情调，体现普罗大众的意识与心理；二来它们还得适用于现代的生产及生活方式，符合当今社会的要求，体现顺应时代的物质与精神状态。而在谈到民族化与现代化融合的方式上，张道一先生主张，艺术形式上如采用传统就有的方法去创新则可能是一条

① 张道一：《造物的艺术论》，福建美术出版社1989年版，第41页。

② 同上书，第42页。

③ 同上书，第43页。

捷径。借此推论，用现代科技手段来展现传统的装饰母题，可能会成就一种合理性。比如，“龙”在传统装饰母题中较具代表意义（图 3–27），它在原始母系氏族社会较为繁盛的时期就是一种图腾装饰（图 3–28）。随着后世的观念与文化变迁，又渐渐嬗变为中华民族代代相传与赓续的装饰母题。即便在今天科技如此发达的语境下，“龙”仍旧保有它那经典的民族象征意义。然而创造和表现它的方式则千差万别，使用高科技手段也是其中之一。

图 3–27　明万历遍地金云龙折枝花纹孔雀羽状花缎（膝襕局部）（黄能馥、陈娟娟：《中国丝绸科技艺术七千年——历代织绣珍品研究》，中国纺织出版社 2002 年版，第 247 页）

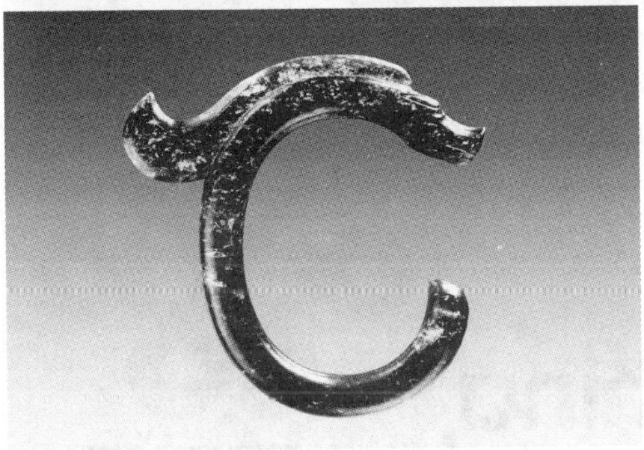

图 3–28　红山文化 C 形玉龙

至于民族化与现代化另外的融合之路应该是装饰母题内涵的变迁与重构，也可称之为“旧瓶装新酒”。[①] 中国诸多古代的装饰母题有着世代相承的传统，它们的内涵通常在民族和百姓的血脉中坚不可摧。然而伴随时代变迁和社会进步，特别到了 20 世纪 80 年代后人们观念逐渐转型的时期，很多传统母题其早期的那些深刻或固有的象征意义悄然退去，取而代之的是全新的理解和表现。比方说，众所周知的“中国结”，又被称为“盘长”，本来是密宗的“八宝”之一（图 3–29），藏传佛教称其为“金刚

① 参见诸葛铠《裂变中的传承》，重庆大学出版社 2007 年版，第 112 页。

结”，汉化佛教则认为其有“佛说回环一切通明”之意。[①] 至民间后，它逐渐变成一种祈福纳吉的纹样符合，节俗喜庆时用大红纸折叠剪切，并贴在窗户上，某些地方还将其装饰于织物或器物上，代表福寿绵长之象征义。[②] 中国联通的标志设计显然就借用了“盘长”的传统母题（图 3-30），既有“通”又有“吉”的意蕴。总而言之，就像张道一先生所考量的那样，民族化和现代化互相结合的方向和路径有很多。除了前文提及的两种方式以外，精神内蕴的融合也有一定的合理性。例如传统严谨内敛的精神与现代个性张扬的精神相融、尚全忌缺的心理与现代缺中求异的心理相通、传统阴阳观念与现代观念的调和等。

综上所述，张先生的造物艺术论并非大而化之的笼统总结，而是能具体落实在相关范畴和规律上的解析与阐释。从“谁是造物主”的思考着眼，而后辨析造物的主体，同时抽绎出人们造物的目的，最终得出造物艺术的核心特性——本元性，并由此将工艺美术作为切入点，从哲学与文化的高度来具体分析，而这些则构成张先生研究工艺美术理论的一种特色。

图 3-29 八吉祥（上）和盘长（下）（月生编，王仲涛译：《中国祥瑞象征图说》，人民美术出版社 2004 年版，第 232—233 页）

图 3-30 中国联通公司标志图形

① 参见诸葛铠《裂变中的传承》，重庆大学出版社 2007 年版，第 113 页。

② 参见刘锡诚等主编《中国象征辞典》，天津教育出版社 1991 年版，第 211 页。

二、归纳造物艺术之“道”

在构建“造物艺术论”的过程中，张道一先生曾主张，有关造物艺术的思考，不是单纯的就事论事、就艺术谈艺术，尤其不可陷于仅仅认识艺术构想、创意、技巧及具体处理方法的窠臼。[①] 并且，无论从事工艺美术学研究也好，还是设计学研究也好，都必须立足具体器物，而后从中“悟道”，切不可泛泛谈论抽象的无根基的“道”。[②] 确实，张先生在研究造物艺术论的过程中，高屋建瓴地探讨了整体的造物活动，但他始终立足的是明确的“器”，着眼点则是人们的生产及生活方式，同时通过艺术的视角，总结出造物艺术之“道”。王夫之曾曰：“无其器则无其道，人鲜能言之，而固其诚然者也。洪荒无揖让之道，唐虞无吊伐之道，汉唐无今日之道，则今日无他年之道者多矣。未有弓矢而无射道，未有车马而无御道，未有牢、醴、璧、币、钟、磬、管、弦而无礼乐之道；则未有子而无父道，未有弟而无兄道，道之可有而且无者多矣。故无其器则无其道，诚然之言也，而人特未之察耳。”[③] 所以，如若想总结造物艺术之“道”，就必然得依托有形之“器”。因为此处蕴含着两方面的重要思想：首先，造物艺术之“道”需依于造物艺术之器，“无其器则无其道”。例如，有关陶器张先生如是评论：“陶器的发明和烧制，在当时是具有划时代之意义的。人的造物活动，如果说制造木器、石器和骨器等，只是改变了材料形状，是物理性的；那么制陶用火烧焙，却改变了陶土的化学性质。差不多一万年来，联系到工艺美术的发生和发展，陶器不仅是带有开端性的而且形成了一条连续不断的传统。”[④] 所以说，始有素烧之陶[⑥] 的发明，遂有后世陶瓷之道的出现。正是有了人类造物活动中这次由物理领域向化学领域转变的伟大发现，才有了后世陶与瓷的造物及陶瓷艺术，同时也丰富了工艺美术的外延。如若没有实体的陶器，我们也不可能凭空悟出陶瓷造物的规律，了解它的材质、功能、形制、技艺、风格及文化等内容。其次，“道”随“器”变，“器”变则“道”变。这就是说，造物艺术的规律并非一定不易，它必将伴随时代的变迁、器物的变化而有所更易。张道一先生的《实

① 参见张道一《论设计》，未出版文集，东南大学艺术学系，2003 年，第 112 页。

② 依据：2005 年 11 月 16 日张道一先生参加苏州大学艺术学院博士研究生答辩并答研究生提问时的录音资料。

③《王夫之著作选注》，湖北人民出版社 1975 年版，第 89—90 页。

④ 丁涛等编：《论工艺美——张道一言论辑录》，天津杨柳青画社 1991 年版，第 71 页。

⑤ 参见吴仁敬等《中国陶瓷史》，北京图书馆出版社 1998 年版，第 1 页。

用美术的时代特点》一文曾说道："如果说，原始社会后期的彩陶、奴隶社会的青铜器，和封建社会的高级瓷器、丝绸等，都是当时的'尖端'产品，在科学技术上和物质文化上具有划时代的意义；那么，在我们已经进入电气化并将逐步进入电子化的时代，必然在生活中出现许许多多的新东西。这是古人所无法想象的。虽然对于历史上已经有的东西人们并不一般地抛弃它，而且科技在不断改变着它原来的面貌，为实用美术设计不断提出了新的任务。但是，对于合成材料、电子技术的实际应用，现代视听工具、交通工具、家用机电器物等的逐渐普及，在艺术的设计上将是更重要的课题。"① 所以，虽然古圣先贤已经悟出彼时生产及生活领域的造物规律，但却不一定适用于科技如此发达的今天，诸多古代造物之"道"与其后世的"道"之间已天差地别。当今时代，无论是材料的利用、工艺的精进，还是内部机构的规划等具体内容都已成为新的规律而被视为当下的造物之"道"。

"道者，物所众著而共由者也。物之所著，惟其有可见之实也；物之所由，惟其有可循之恒也。"② 造物艺术之道亦然，它应是艺术造物所共同遵循的一定法则，即普遍规律，虽"道"随"器"变，但"艺术的总规律是一致的"③。既是如此，有关张先生造物艺术之总体规律归纳起来大致可分为以下几点。

（一）造物艺术乃人为造物活动，与自然造物相异但又有联系

如前所述，造物及其受用的主体都是人。由此可见，人通过自身的力量创造世界、产生文化，并彰显为一定的物质文明与精神文明。因此可以说，造物其实质便是改造，是对自然界的人化。在《马克思 1844 年经济学哲学手稿》中有一段著名论述："动物只生产自己本身，而人则再生产整个自然界；动物的产品直接同它的肉体相联系，而人则自由地与自己的产品相对立。"④ 人造物与自然物的分野在于是否有人类意志的烙印。试想，最初的石器被打制出来之时，就其形制、材质、构成元素而言几乎与自然的石头别无二致，但是无可否认，毕竟这是一种人类改造自然的活动，是人在造物，是人类创造第二自然，形成文化的滥觞。（图 3–31）而在其中，造物艺术的基础应为"预先设想"的能力。顾名思义，预先设想是指

① 张道一：《造物的艺术论》，福建美术出版社 1989 年版，第 25 页。
② 王振复主编：《中国美学重要文本提要》，四川人民出版社 2003 年版，第 121 页。
③ 同注①。
④《马克思 1844 年经济学哲学手稿》，刘丕坤译，人民出版社 1979 年版，第 50 页。

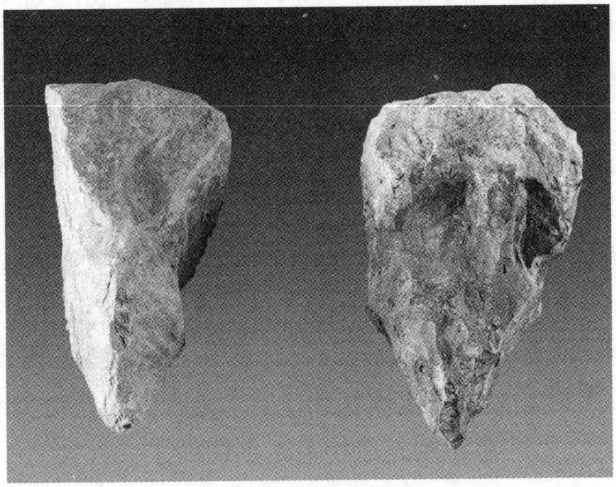

图 3-31　三棱尖状器（旧石器时代中期，1954 年山西省襄汾县丁村出土）

事先在大脑中规划好或大致形成所造之物的具体形象，以及实现该形象的一定方法和程序，而后实施，或更进一步，以图纸、模型的形式加以修改完善最终交付实施的过程，这便显然与任凭自然全仗天成的造物过程有着质的不同。诚如马克思在《资本论》第一卷所言：“蜘蛛的活动与织工的活动相似，蜜蜂建筑蜂房的本领使人间的许多建筑师感到惭愧。但是，最蹩脚的建筑师从一开始就比最灵巧的蜜蜂高明的地方，是他在用蜂蜡建筑蜂房以前，已经在自己的头脑中把它建成了。”[①] 而且，人造之物和自然之物间又有着千丝万缕的联系。前文已述，张道一先生认为一般来说自然物是人造物的基础，只不过“或多或少改变其形态，如木材之于家具；或改变其性质，如黏土之于陶器。现代化学的发展，开阔了材料的领域，‘合成材料’的制造，其实也是对于自然物的利用”[②]。确实，离开自然物人类必然不能完成改造世界的活动，这个道理同样适用于艺术造物领域。即便技艺上大匠运斤、登峰造极，但玉器、瓷器、漆器等的原料始终不能离开自然界；纵然科技已步入人工智能时代，然其所使用的芯片还得有赖于自然界的硅元素。

（二）造物艺术须满足一定目的和需求，受实用性制约

关于这点，上文多有论及，在此不多加赘述。但值得强调的是，需求源自人性的本质。“创造并使用工具使人远离动物而高居于一切生物之上，人的需求也逐渐从‘食、色，性也’上升到具有一定社会性的较高级阶

① 《马克思恩格斯选集》第二卷，人民出版社 1972 年版，第 178 页。

② 张道一：《张道一美术序跋集》，未出版文集，东南大学艺术学系，2001 年，第 88 页。

段，衣、食、住、行以及与原始宗教相关的歌舞、装饰的需要都成为造物活动的内容，并越来越显得不可或缺。”① 从茹毛饮血的蛮荒时代到数字技术日新月异的今天，人类的需求不仅没有黯晦消沉，反而从下至上、从低到高、由简单到多样地发展着。诸类需求在造物艺术的背后不断推动其前行，成为其创新的原动力，而创新是造物艺术不朽的主题，新生造物的涌现又在持续刺激新的需求。这种螺旋上升的态势成就人类改造世界亘古不变的真理。诸葛铠先生从创造性概念出发，将造物艺术分为硬件和软件："硬件——实体（满足第一层级需求）；软件——创造新的需求（刺激新设计的新动机）。"②（图 3-32）正因如此，艺术造物也必然受实用性制约。进一步推衍，功能领先的意识则是造物艺术创造的主要方向之一。

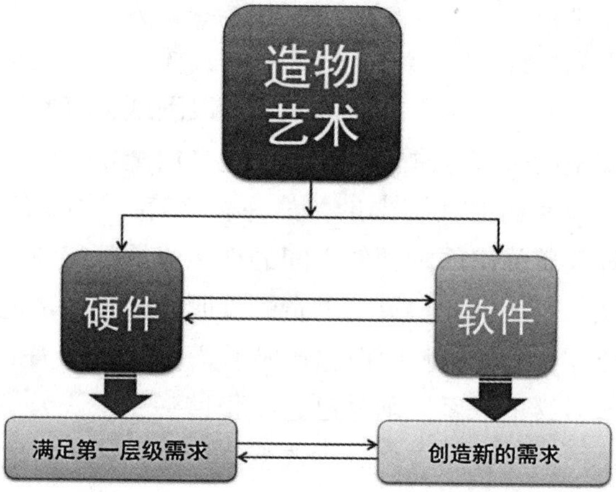

图 3-32 “造物艺术”满足与创造需求示意图

（三）造物艺术须有不可消解的审美属性

“造物艺术”既被冠以艺术之名，遂应有审美之实。其审美具有独特性，是一种基于实用的美。近几十年来，随时代前进，传统美学理论对现代造物难以全然囊括，于是派生出以应用美学为基础的技术美学，实际其研究内容就是造物美学。③ 关于技术美至今尚未有统一的美学说明，但张道一先生在论及最具造物艺术特点的工艺美术之美学特征时说：“工艺美术是属于哪一类的美呢？似乎都是，又不尽然。有的工艺品，突出表现了材料的美质，包含了自然美的因素。如家具显示出的自然美的木纹；大理

---

① 诸葛铠：《裂变中的传承》，重庆大学出版社 2007 年版，第 68 页。

② 诸葛铠：《设计艺术学十讲》，山东画报出版社 2006 年版，第 75 页。

③ 同注①，第 104 页。

石的纹理也是一种自然美。染织行业还有一个‘手感’的术语，触觉感到很舒服。这在美学上一般归结为‘快感’。生理上的快感并不就是美感，但美感必须在快感的基础上发展。衣服穿在身上，既是社会美的一个细胞，也是生活美的具体内容。”[①]李砚祖先生曾明确认为：“技术美界于自然美与艺术美之间，主要指机械工业技术的美。如果从‘技术美’的完整意义上看，人类的技术构成则是多种多样的，应当包括手工技术之美。”[②]此亦是说，传统手工造物中也蕴含着技术美的因素。

那么问题在于，无论传统还是现代的造物艺术，它们的技术美到底怎么体现呢？事实上，“技术在工艺造物中是作为过程和手段而存在的，它存在的具体化只有在对象物上才能得到反映，它的美也只能在对象物上表现出来。具体而言就是必须通过工艺材料、形式和功能三方面表现出来”[③]。

1. 工艺材料的表现

《考工记》载：“天有时，地有气，材有美，工有巧，合此四者，然后可以为良。”[④]可见，以材料性能及特点来表现美之特征由来已久。张道一先生在研究工艺美术美学特征时认为：“工艺美术的审美，除了在设计上的巧于意匠之外，还要对材料、制作等作统盘考虑……概括工艺美学，这就是材美工巧，多样统一。”[⑤]特别是现代造物在工艺与技术上十分依赖对材料的甄选和处理，也为现代设计提供各类表现手段。相关产品的功能在很大程度上需要通过合适的材料来实现。但是，各类材料的性能、特征、结构等要素不尽相同，有些不需过多加工便具有审美特征，故而“因材施法”便成为工艺材料体现“美”的基本原则。我们可以看到，不同的材料其本身的原子、分子等内部结构状态迥异，从而形成物理属性与化学属性上的千差万别，这就决定了其表现方式上的制作与技艺特点。譬如，20世纪60年代英国大卫·麦勒尔（David Mellor）设计制作并被称为“普罗旺斯”（Provencal）的餐具（图3-33）与1977年吉恩－皮埃尔·威卓科设计的“普莱克”野餐餐具（图3-34）就显然因材料的“品格”不同而采用了不同的制作工艺，因而呈现了其各自相异的材料之美。前者在制作上

① 张道一：《造物的艺术论》，福建美术出版社1989年版，第66页。

② 李砚祖：《造物之美——产品设计的艺术与文化》，中国人民大学出版社2000年版，第341页。

③ 同上书，第342页。

④ 吕友仁译注：《周礼译注》，中州古籍出版社2004年版，第542页。

⑤ 同注①，第67页。

图 3-33　英国大卫·麦勒尔设计制作的餐具

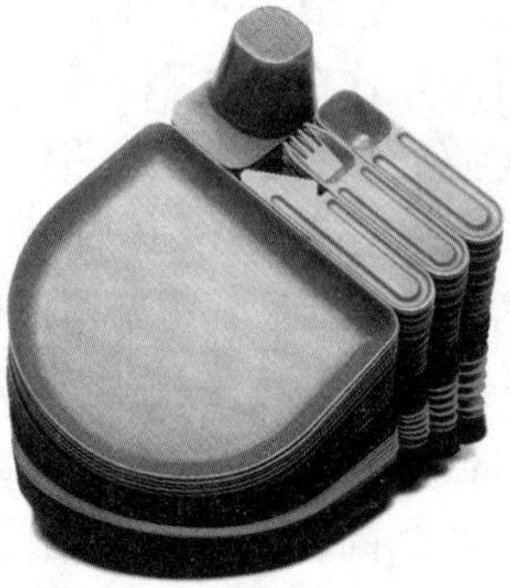

图 3-34　吉恩－皮埃尔·威卓科设计的"普莱克"野餐餐具（[英]梅尔·拜厄斯、[法]阿尔莱特·巴雷·德邦：《百年工业设计集萃：20 世纪经典创新设计作品》，詹炳宏等译，中国纺织出版社 2001 年版，第 167 页）

可能采用淬火、回火、布边、碾、研磨、抛光等工艺，从而给人以坚韧、锋利、耐用之感；后者则因可能涉及造型、制模、灌铸等制作而显现出规整、轻便、柔软、钝化之感。如若不顾材料自身性能而一味将制作工艺张冠李戴，则会在一定程度上破坏材料本身所蕴藏的审美因子。

2. 形式的表现

众所周知，艺术造物的形式往往是实体的物象，如形状轮廓、色彩肌理等。它们通过一定的技术手段或工艺而塑造出真实可感的形态，体现的是艺术造物的具体内容或功能。虽然形式美是一种美的形式，但形式并不一定都是美的。在艺术造物的过程中，在"有用性"的前提下，形式美通常是体现技术美的一个重要方面，而且它的存在还具有相对独立性："任何事物都有其内容和形式，有内容美必然有形式美。内容给形式美以制约，形式给内容美以外壳。而内容和形式的统一，不等于没有各自的规律可依。就形式美的特点来说，表现在许多方面，并明显地表现出相对的独立性。"[①] 无论是传统的艺术造物抑或现代的，显然它们审美形式与功能内涵并不总是一一对应的关系，相近似的功能可能有着多样的表现形式。例如，都是河北满城汉墓出土的博山炉（图 3-35），虽然二者的材质、功能都相近，然而在外在的形制与装饰上却大相径庭。满城 1 号汉墓的错金铜博山炉，圈足用卷云纹饰，炉座透雕三龙，其状似腾波出水，炉腹较深，

① 张道一：《造物的艺术论》，福建美术出版社 1989 年版，第 66 页。

其上部有层峦叠嶂，各峰相连探出，峰峦间点缀以树木、虎豹、野猪，更有猎人出没其中；与之相异，满城2号汉墓的鎏银铜博山炉炉座附有通盘，炉座之形为力士骑兽，一手擎炉身，另一手按兽首，炉盖透雕，分上下两层，上层呈圆锥形，铸有山峦、云气、人物及猛兽；下层盖壁较直，铸四神纹。再如，1910年卡米勒·奥利威蒂（Camillo Olivetti，1868—1943）设计的M1型打字机与1961年埃利奥特·诺伊斯（Eliot Noyes，1910—1977）设计的“选择”（Selectric）电动打字机（图3-36）相较之下形式各异，前者明显以直线造型，后者则为流线型，色彩区别也十分明显。总之，艺术造物的技术美必然要有一定实在的形式加以体现，无论它是功能美的直接表现还是通过一定外在附加的形式美表现，都需要实在的物质载体，具有为人感知的直观性，并且与内容或者功能共同构成整体系统，不可分解。

图3-35　河北满城1号、2号汉墓出土的博山炉形式比较

图3-36　卡米勒·奥利威蒂设计的M1型打字机（上）与埃利奥特·诺伊斯设计的“选择”电动打字机（下）形式比较

3. 功能的表现

造物艺术之美可谓“一种表现生产技术形式和结构功能的综合的美”[1]。张道一先生对“综合之美”的思考是：“人类从造物始，将功能与审美的理想所创造的有形之物，是人类智慧的结晶。”[2]而功能是指“事物所具有的积极的作用、效能”[3]。造物艺术之美必须建立在实际效用的价值基础上，围绕功能这一

① 李砚祖：《造物之美——产品设计的艺术与文化》，中国人民大学出版社2000年版，第343页。

② 《张道一文集》，安徽教育出版社1990年版，第230页。

③ 路丽梅、王群会、江培英主编：《新编汉语辞海》，光明日报出版社2012年版，第458页，

核心目的而体现。它不是背离实际功利的附会与拼贴，也不是单纯地作为一种手段去取悦使用者。所以，功能美的表现以有用性为先决条件。但同时需指出的是，功能本身并不代表美。它必须借助某些方式的转化才能实现审美价值。比方说，机械手表的内部结构通过如齿轮、传动、变速、动力等装置形成有效的功能发挥，在这一过程中各个部件因规律运动而符合一种秩序美感，这便实现了律动转化成美的状态。故而很多裸露机芯的手表借助这一原理而表现出合理的功能美。可见，功能美又可被视为“无目的之美”，它不以审美为第一要务，而是在实用的过程中自然流露，并具有一定的社会性。不过，在此还需要说明的是，这里所谓的“功能美”与功能主义“有用即美”的口号并不是一回事。功能需要通过转化表现审美性的另一层含义是，它还应有审美主体的价值认识介入其中方能实现，这就代表实用价值与审美价值之间并不能直接画等号。

第四节　传承中筹度——对工艺美术文化发展的广角展望

尽管工艺美术从古典到现代的嬗变中，其造物的形态几乎面目全非，但由于本元文化的属性依旧，其本质的内核还是围绕物质与精神的高度统一，因而也致使传统工艺美术的原则至今依然能发出璀璨的光辉。古代的艺术造物无疑渗透着丰富的智慧，饱含着科学与人文的精神内蕴，给人以无限的启迪。在张先生看来，“文化的传统应该是流水，而不是冰块。既然是流水，必然源远流长”[①]。没有古代优秀工艺思想的传承，则谈不上现代工艺文化观的建构，更无法设想未来工艺美术或设计艺术的前景。“张道一先生具有宏观的视野，能立足文化的视角去研究传统工艺美术，并综合现代工艺美术的发展，对未来工艺美术甚至设计艺术进行展望。”[②]

一、从《考工记》中挖掘的工艺文化观

正所谓以史为鉴可知兴替，工艺美术的研究始终离不开对古代工艺史的寻索，张道一先生曾写道：“今天，研究古代工艺史，除了观摩大量的出土物，分析各种作品的艺术成就和制作特点外，还应该尽可能地了

① 张道一：《造物的艺术论》，福建美术出版社 1989 年版，第 41 页。

② 依据：2007 年 6 月 7 日在山东工艺美术学院采访张道一的学生——唐家路、董占军时的录音资料。

解当时的生产情况和工艺思想，从而得出正确的判断，以利于借鉴。”[①] 而古代的工艺思想和工艺文化却不如古代工艺美术遗存那样容易寻觅，但可贵者，古代关于工艺美术凤毛麟角般的著述中却有一部先秦古籍记载了约2500年前的一些主要造物活动，并且它还可被誉为记录“科学技术”“工艺美术”甚至“设计艺术”的专述，在一定程度上反映了当时的社会生产、营造制度和思想观念，是从事工艺美术和设计艺术理论者不可不研习的宝贵文献，这便是《周礼·考工记》。

“考工者考诂百工之事而记之”[②]，关于《考工记》的研究自古有之。有学者认为：“清以前有关《考工记》的重要研究，基本上以文献注释疏证为主，经历了从注释疏证到章句贴括之学，最后以文献考据为总结。此后，尤其是近百年来，《考工记》的研究转向以数学、科学为主要的研究途径。近30年来，随着工业设计在我国的兴起，有关《考工记》设计美学思想的研究方兴未艾。《考工记》文献、科学和美学研究的这三种途径具有明显的时代特征。”[③] 而张道一先生对《考工记》的探赜则是在综合三类途径的基础上，偏向对实用艺术的考析，并从中总结、归纳对后世工艺美术、设计艺术有所启迪和借鉴思路和方法。

张先生对《考工记》的研究历经了三个阶段。第一个阶段是投至陈之佛先生门下，钻研图案理论和工艺美术史时期。其时，探究古代工艺美术始于对一部容庚所著《商周彝器通考》的抄录。随后，陈之佛先生便向他提及先秦古籍《考工记》的理论意义和重要性。尽管当时他对此书不甚了然，但亦算作《考工记》研究之旅的明灯初燃，至少萌发了要去精研的念头，也可说是《考工记注译》(图3–37)成书的原动力。此阶段用张先生自己的话说便是：“若闻其声，未识其形。”[④] 其后大约二十年间，他主要是从别人的研究文章中了解到一些片段，对照原文后，逐渐有所认识，但尚属表面。张先生常思索的问题是，书中那些古代工艺造物，诸如马车、弓箭、铜爵、陶罐等早已退出了生活舞台，究竟还有何用？此时他正热衷钻研工艺美术史，传统工艺美术遗存中那些繁丽多变的纹样、巧于意匠的器型深深震撼其心灵。然而那个年代，人们难以跳出“古为今用”狭隘功利思想的制约，以至于张先生无法真正将精美典丽的工艺美术品同《考工

① 张道一：《工艺美术论集》，陕西人民美术出版社1986年版，第101页。

② 《续文献通考》(二)，浙江古籍出版社1988年版，第99页。

③ 高爱香等：《文献·科学·美学——试论〈考工记〉研究的三种途径》，《陕西师范大学学报(哲学社会科学版)》2014年第1期。

④ 张道一注译：《考工记注译》，陕西人民美术出版社2004年版，第3页。

图 3-37 《考工记注译》封面

记》的工艺思想联系起来，甚至认为是落后的手工艺创造了非凡的艺术品，当然也不可能理解那些关于手工业的技术记录对于今世的意义，这是第二个阶段，可谓“仅得其貌，不解其神”[①]。而“文化大革命”十年期间，张先生的认识逐渐加深，理性思考日趋成熟。这时尽管不能全然地写作，却还能不断地思考。身在“牛棚”之中，却依然能在拉板车时联想“轮人为轮”以及“毂、辐、牙”三者的原理；在做木工活时还念念不忘“大匠”之攻。这些可谓为张先生在“文革”后对《考工记》精研的感性和理性铺垫。直到“文化大革命”结束，他已将对工艺美术方面的思考拓展至人类造物活动领域，不仅悟出了审美一条线，且找到了一种哲理。这时张先生决意“啃”下《考工记》这块“硬骨头”。直到精读完毕，方觉豁然开朗，始从那些所谓过时的马车、弓箭、铜爵、陶罐中感受到一种精神，看到了事物的本质和规律，并于 1987 年为日本名古屋爱知艺术大学做题为《考工记三题》的学术讲演，此便是第三个阶段，或曰“巍巍高山，终见其人”。[②]

有关时期和国别的考究，“多数学者认为，《考工记》是春秋战国时齐人所作”[③]，如宋代学者林希逸、清代著名学者江永以及现代史学家郭沫若等都如是以为。张道一先生也通过考证得出这样的结论：“很明显，《考工记》的成书，除了手工业实践基础和背景之外，撰书人必须具备精物理（精通造物之理）、善工事（熟悉工艺制造）和工文辞（具备写作技巧）三个条件。这三个条件，现在看来，横跨了文、理、工三大学科。由此可见，在 2500 年前《考工记》诞生于齐国，并不是偶然的。”[④] 至于《考工记》的内容则十分丰富，所记的工种也很具体，“总论”中把全部分成六类三十个工种。遗憾的是由于时代久远，它在流传过程中存在不少阙文，错简现象也较明显。而张先生从内容比重的角度思考，认为它似乎透露着这么一个信息：“这部书不像是有计划和分出严格层次的完整著作，而是

① 张道一注译：《考工记注译》，陕西人民美术出版社 2004 年版，第 4 页。
② 同上书，第 5 页。
③ 戴吾三编著：《考工记图说》，山东画报出版社 2003 年版，第 1 页。
④ 同注①，第 2 页。

当时工官的随手记录：或是一项项单个品物的制作规范，或是一片片单项技艺的经验总结。因此，表现在全书的章节上便有详有简，有长有短，有全有偏，颇带有笔记体的特点。积累多了，简札成捆，也就容易散脱。”[①]为了便于今人阅读和研究，张先生综析全文，调整排次，将《考工记》分为八章，分别是：第一章，总论；第二章，攻木之工（上）；第三章，攻木之工（下）；第四章，攻金之工；第五章，攻皮之工；第六章，设色之工；第七章，刮摩之工；第八章，搏埴之工。以现代语释之，且配图堪照、图文相卧。

如若将《考工记》比作镜子的话，那么“从《考工记》这面镜子，可以看出很多东西，认识很多带规律性的问题”[②]。张道一先生对《考工记》的研究无疑给工艺美术和设计艺术带来了诸多启迪，他以自己从事多年艺术研究的视角深挖《考工记》的传统工艺原则，这对当今工艺美术和设计艺术而言是难能可贵的。虽然《考工记》那个时代的物质基础已然时过境迁，但是它所透露出的方法、原理、精神却依然能适于当今的艺术造物活动，进而给我们带来如下启示。

（一）“创物”与“造物”

“创物”与“造物”必然要牵涉上文述及的“谁是造物主”的问题。从唯物角度出发，造物主当然不可能为天。而至于“圣人”的问题，张先生根据《考工记》的记载认为其所谓“知者创物，巧者述之，守之世，谓之工。百工之事，皆圣人之作也”[③]中的“圣人”是对有智慧之人的尊称，只不过后人将其概念逐渐附会到某些领袖人物或伟大之人的身上而已。创物者确实是有智慧的人，因其是对物品的创造发明；而造物者则为“百工之人”，因其在很大程度上是按一定模式进行制造。所以，有智慧的人创造了物品，手巧的人照样做出来，一代一代地传承，成为一种职业。由此可推，创物之主体应是那些具有很强创造能力的智者，而造物之主体则是百工。此理亦合于当今社会——设计与制作虽紧密结合，但二者并列，不可互相取代，必然有所分工。尤其是大机器生产时代，一己之力难以包揽物品的整体创造，因此才有了上文所述技术工程师、艺术设计师和生产工人所形成的协作关系。

---

① 《张道一文集》，安徽教育出版社 1999 年版，第 321 页。

② 同上书，第 322 页。

③ 吕友仁译注：《周礼译注》，中州古籍出版社 2004 年版，第 542 页。

（二）设计和制作的原则

张先生明确提出："《考工记》为设计和制作规定了一个原则：天有时，地有气，材有美，工有巧。合此四者，然后可以为良。"[①] 这一原则甚至可成为现代语境下艺术造物中一个重要的工艺美学观与价值标准。天时、地气、材美、工巧四者缺一不可，相辅相成。

（三）"人的尺度"

张先生主张，人的尺度与造物活动关系紧密，所以有一门学问叫人机工程学，或称人体工学。而《考工记》中处处以人的尺度作为造物的圭臬，对于现代的设计而言，也具有指导意义，毕竟工艺美术和艺术设计都是为满足人的需求，是一种艺术造物活动。

（四）总体规划与设计

张先生认为，总体规划与设计主要体现在"匠人建国"和"匠人营国"两个方面，据说是建造周代都城的理想模式。而对现代设计的启示则表现在《考工记》所载城邑规划的整体性、结构的合理性以及规模的适时性等方面。

（五）工艺技术的综合运用

《考工记》记述了三十个工种，虽有六个已缺失，只剩名目，但仍可从中看出先民对各工种性质认识的深度以及把握的准确度，特别是当时人们善于协调工种间关系的能力。张先生将此联系到今天的艺术造物之中便是"学科之间的沟通、交叉与结合"[②]，并认为"这是一种先进的思想。它不仅突破了传统手工艺的单一工种和单一功能的发挥，并且找到了多种功能的综合运用，发挥出更大的作用，从而在造物技术上向前推进了一步"[③]。

（六）人文观念

古代社会的造物与人文观念总是相得益彰，像《考工记》中"物无不怀仁"的思想便是如此，这最突出的是"玉人之事"，以玉比德、以玉为信。同时也引示出现代器用亦然之理，它们都承载着一定的思想、观念、精神甚至社会总体的价值取向。

---

① 张道一注译：《考工记注译》，陕西人民美术出版社2004年版，第7页。

② 同上书，第12页。

③ 同上书，第13页。

此外，像“人与物、物与社会的关系”“工艺的概念与定义”“功能的发挥”“实用与审美的统一”“科学技术成就的记录”“象征的意义”等方面，《考工记》都留给了后世诸多启迪。张道一先生对《考工记》的研究基本还原了它本来的面貌，他将原来儒家的经典重新定位为科技、工艺与设计的经典，此举为后学者研习《考工记》做出了重要的贡献。《考工记》为补《周礼·冬官》之阙被纳入《周礼》，从内容和形式双方面考究，皆难与《周礼》一致。张先生的主旨是：“对于《考工记》来说，如果依旧放在《周礼》中，虽然无损于对于儒家经典的研究，但其本身的光辉却难以放射出来。”①《考工记》的重新定位不但能给予现代造物艺术以借鉴的根基，且氤氲其中的工艺文化观还能令现代研究者获益匪浅，给人启迪，激励未来的进取。

二、对未来工艺美术的综合性预想

精研古代社会的工艺文化只是一种手段，目的在于积累和传承，为的是使现代工艺文化的发展不至于成为无源之水，更为了能放眼未来的创新与突破，指引前进的方向。在继承的同时，不能不高瞻远瞩，因为时代的进步势必迫使工艺美术逐渐步入更高的层次来适应不断发展的生产力以及满足持续更新的物质与精神诉求。很多工作须从现在做起，既是为了当前，又是为了未来，张道一先生对未来工艺美术的预想就是肩负了这样的使命。

张先生在《造物的艺术论》一书中谈及：“未来的工艺美术，将是向多元化发展的。也就是说，它既重视历史的创造和积累，又充分表现出本时代的特色和优越性。”②新兴工艺美术的发展和传统手工艺的关系尤其能反映出多元化特征，此二者既存在对立的一面，又相辅相成、互相补充。现代化的工艺美术和即将兴起的新分支无疑能紧扣现代化的生活脉搏，且应成为生活舞台的主角，它将牵引着工艺美术向更高层次升华；而传统手工艺在未来的发展并非走向没落，张先生的预想是它将在传统情感复归之下受到人们的宠爱，因为它可以成为一种补偿，来平衡心理和精神。美国社会预测学家约翰·奈斯比特曾指出：“到处都需要有补偿性的深厚感情。我们社会上的高技术越多，我们会越想要创造深厚感情的环境，以柔性平衡

---

① 张道一注译：《考工记注译》，陕西人民美术出版社 2004 年版，第 18 页。

② 张道一：《造物的艺术论》，福建美术出版社 1989 年版，第 43 页。

技术的刚性。”[①] 从历史中不难寻索出这样的例子。当工业革命率先在英国爆发后，大机器的批量生产无疑成为先进生产力的象征，但高技术却难以转化为精神的慰藉。批量生产所导致的家具、室内产品、建筑等领域中形式美的缺失，给一批具有浓厚传统工艺情结的有识之士带来沉重的打击。于是，以约翰·拉斯金（John Ruskin，1819—1900）（图 3–38）和威廉·莫里斯（William Morris，1834—1896）（图 3–39）等为首要倡导者的“工艺美术”运动也随即应运而生。他们主张回溯中世纪的传统，尤其是回复手工艺传统。此外，约翰·奈斯比特十分强调深厚感情和慰藉的重要性，他举例道：“柔和的颜色——柔和浅色变得很受欢迎——舒适、丰满、有未经雕琢的外观和思古幽情。民间艺术是电子计算机化社会的对立物。难怪手工做的棉被是那样受欢迎。”[②] 同样，后现代主义的新潮流显然是为了平衡工业社会科技发展带来的机械性、冷漠性以及规整性。它提倡传统风格的折中确实将传统手工艺的某些精髓又重新阐扬出来，尤其是诉之于具有浓郁民族意蕴的装饰元素。诚如日本竹内敏雄在他主编的《美学百科辞典》中所说：“产业革命以后，随着工艺的工业合理化，有忌避添加表面装饰之风，最近的设计毋宁说具有否定它的倾向，又在开拓新意义上的装饰美术领域。”[③] 因此，尽管生活主流更迭，有些趋势难以抗拒，但张先生预言，手

图 3–38　约翰·拉斯金（1819—1900）

图 3–39　威廉·莫里斯（1834—1896）

① ［美］约翰·奈斯比特：《大趋势——改变我们生活的十个新趋向》，孙道章等译，刘蘅芳等校，新华出版社 1984 年版，第 64 页。

② 同上书，第 65 页。

③ ［日］竹内敏雄主编：《美学百科辞典》，刘晓路等译，湖南人民出版社 1988 年版，第 301 页。

工艺作为生活的一种补充形式，是不可或缺的，特别是手工艺在体现人的返祖情感上，为机制工业品所无法取代。[①] 从这个角度看，人们生活水平越是提高，对工艺美术的需求越呈多元，除了对日常生活中批量制品的追求外，更多的可能还在于考虑独具特色或具有个性艺术特征的手工美术品。

此外，在张先生看来，未来的工艺美术将是新的文化综合。工艺美术“是一种‘本元文化’，兼有物质和精神的双重性，只是，随着分工的精细，物质文化和精神文化才相独立而发展。当各自发展到一定的高度，又必然会出现新的综合”[②]。并且，今后工艺美术新品种、新样式的产生，很可能是建立在这种新的文化综合之上。譬如，对于穿着，人们惯于纺织物材料的衣物，但无纺布的出现就打破了这一观念；同样，对于家具的理解往往同木工艺联系起来，而合金、塑料等材质的出现，家具也会改变面目，趋于多样。当然，这只是就已有形态而言，未来工艺美术将会随生活发展的需要创造新的器物，因此也决定未来的工艺设计思想将融入更宽广的材料适应性、文化包容性和艺术个性之中。张先生还强调了民间美术在今后工艺美术发展中的基础作用，因为它是体现民族心理特征和审美情趣的根本，必将推动工艺美术民族性的完善。在张先生的预想当中，工艺美术的前景还有赖于对人才的培养以及理论思考的重视。他认为：“我国的工艺美术研究，长期以来，一直停留在经验外推和直观思辨的阶段；其自身又处于半封闭式状态，已无法驾驭工艺美术的发展，亟待以科学思维的方式和方法研讨现存的问题，惟其如此，才能使工艺美术开创新的局面。”[③]

---

① 参见张道一《造物的艺术论》，福建美术出版社 1989 年版，第 44 页。

② 同上。

③ 同上书，第 46 页。

第四章　美的意匠——图案学中的反拨与重释

辛亥革命后，中国国策一度以实业的振兴为侧重，“经世致用”思想的贯彻，“振兴实业”口号的提出，激起了彼时一批从事图案事业的有识之士的抱负和热情。他们已然意识到工业生产与图案的关系，并发现后者在此中的核心地位。上文所述陈之佛先生东渡日本研习图案学以求实业救国之举，便是此时期典型之例。不妨说，其时之图案概念在很大程度上可与如今“艺术设计”比肩。俞剑华在《最新图案法》中道：“图案（Design）一语，近始萌芽于吾国，然十分了解其意义及画法者，尚不多见。国人既欲发展工业，改良制造品，以与东西洋相抗衡，则图案之讲求刻不容缓！上至美术工艺，下迨日用什物，如制一物，必先有一物之图案。工艺与图案实不可须臾离。”[①] 且不论图案之名词是否萌芽于我国，至少俞先生已将图案之重要性提升至关乎国计民生的地位。20世纪初期对“图案”概念的理解与实践，无疑为后来的工艺美术学及设计学的开创与发展奠定了坚实的基础。诚如张道一先生多次提及的那样，中国图案学的先辈，诸如陈之佛、雷圭元等先生从日本、法国等国引进了完整的体系，在当时是很先进的，在历史上起过重要作用。[②] 但是，也不得不承认的一个事实是，因诸多因素的影响，20世纪50年代后原有的图案学体系逐渐萎缩，图案与纹样间画上了等号，而“写生—变化”则成了唯一的内容。尤其是“文化大革命”后的图案理论几乎呈空白状。而学生时代的张道一先生就已经精读过陈之佛、傅抱石、雷圭元、李洁冰等先

图 4-1　张道一访问日本工艺家秋冈芳夫

① 俞剑华编：《最新图案法》，商务印书馆 1926 年版，第 1 页。

② 参见孙建君、潘鲁生主编《张道一研究》，山东美术出版社 2000 年版，第 123 页。

生的图案学著述，潜心研究图案学理论与实践，并长期从事图案教学，因而对上述图案萎缩之现象感受颇深。他多次撰文为图案正名，提倡重建中国图案学，并积极呼吁向国外传统图案学习，这对理论研究的进一步深化可谓贡献甚著。

第一节　澄清误读——为“图案”正名

尽管先辈为图案学的建立呕心沥血，但毋庸讳言的是，20 世纪 50 年代以后，苏联对中国美术教育的影响显著，却对图案学的波及甚微，此便是致使重绘画而轻图案思想广为蔓延的原因之一。图案概念急剧萎缩，几与纹样等同。而拨乱反正之后，社会发展渐入正轨，学术氛围逐步宽松，外来思想如决堤狂澜冲击着各行各业。兴许是与外来思潮阔别已久，不辨良莠而一并吸纳的现象普遍存在，图案学领域也概莫能外。此时一些所谓“激进”的思想如雨后春笋般层出迭现，“图案过时”的论调浮出水面。早在 20 世纪 60 年代，陈之佛先生就曾告诫道：“搞图案首先把图案的概念搞搞清楚，把图案教学的目的，教学的内容，教学的方法，搞搞清楚，是必要的。”[①] 而张道一先生在多年的图案教学中，深切地体会到此点。他认为：“如若概念不清，教学目的不明，势必思想混乱，空做表面文章，不可能理出正确的方法。其关键，在于缺乏图案设计的实践和全面系统的知识。至于有些故弄玄虚、哗众取宠，或是想以标新立异急于建立自己‘体系’的人，其思想之实质，已远离学术的领域，也就不必费言了。”[②] 因而，张先生对上述现象进行了批驳，特别是对图案概念萎缩和混乱的原因及其造成的后果予以理性分析。

一、对“图案”概念萎缩、混乱的原因及后果分析

针对图案与纹样被视为等同的现象，张道一先生以版画和木刻的关系为例来究其产生之根底。他在 1982 年《图案与图案教学》一文中写道：“在绘画艺术中，版画和木刻既非相同的一种艺术，也非并列的两种艺术，而是后者从属于前者。但在不少人的概念中，往往将两者等同起来。这是因为，从概念上说版画虽然包括了许多种样式，可是在我国却只有木刻得

① 《张道一文集》，安徽教育出版社 1999 年版，第 255 页。

② 同上。

到较大发展，以致在实际工作中混淆了两个概念的差别。”① 与之类似，图案与纹样亦是后者从属于前者，在概念上有隶属关系和大小之别。从根本上说，装饰纹样或花纹与器物造型本来都是图案。而张先生认为之所以误将纹样与图案混同，正是因为器物造型在日常生活和实际生产中相对稳定，其样式虽不乏多样性的存在，却不如装饰纹样或花纹变化得如此频繁，花色的变换大大多于品种。而又由于生产和分工的细化，图案实践者往往对纹样设计的时间和数量超过对器物造型设计的时间和数量。这样便造成了一种普遍的错觉，误将图案与纹样之间画上了等号。此观念反映在教学上，即为图案概念萎缩，视图案的训练为纹样的练习。换言之，图案概念萎缩之根源即在于对图案内涵和外延认知的不全面。

至于图案废名论者，其主张是废去图案一词，以“设计”取代，理由是欧美和日本都使用 Design（デザイン），而该词在汉语中翻译为“设计”。但张先生分析：“的确，Design 一词是同汉语‘设计’通释。但是，他们忘记了，同时也同‘图案’‘图纸’‘结构’等通释。”② 他认为，外来语汇要想在不同民族语言中找到绝对一致的表达含义是有一定难度的，一般情况下往往只能是相对近似而已。因而，英语中 Design 的汉译既能为图案又能为设计，那么针对名词的废此兴彼则显得意义不大。张先生曾指摘道：“‘图案过时论’的错误在于，既不了解图案学产生的历史背景及其意义，也不懂它所包含的内容和在艺术上的价值。甚至违反了一个最普通的语言常识，不知道在与英语对译时，他提倡的‘设计’是 Design，反对的‘图案’也是 Design。因为这两个词的内涵是相通的，都是在从事某一创造性的活动之前所作的设想、计划、图样、方案。”③ 由张先生的观点可推知，主张废名论者，往往并不在于“图案”和“设计”二词含义的纠葛，更多的是将图案概念囿于纹样或花纹设计以及“写生—变化”的误区。其初衷可能是欲以“全新”的方式界定 Design 的内涵和外延，殊不知却因对图案概念的片面认知，从客观上否定了图案，造成概念的含混。从另一角度看，图案废名论者在多数情况下是受当时所处时代所谓外来新思潮的左右，似乎没有很好地掌握图案在中国建立和发展的历史，以及它真正的创造活动，因而犯了先入为主的弊病。事实是当时某些所谓的新思潮早在 20 世纪初期便由一些有识之士引入国内，只不过“文化大革命”期间那些思潮受诸多因素影响，逐渐淡出人们的视线。而当时代和社会的发展重

① 《张道一文集》，安徽教育出版社 1999 年版，第 267 页。

② 同上。

③ 诸葛铠：《设计艺术学十讲》，山东画报出版社 2006 年版，第 2 页。

新步入正轨之时，这些思潮的“回归”反而让人耳目一新。

图案概念的萎缩和混乱是具有严重后果的，张先生就此进行了两方面的分析。

其一，首先从中国近代图案学的建立入手，反驳了中国图案教学分日本与法国两大体系的观点，并明晰了当时法国图案专著未被完整地介绍到国内的事实。他说：“1901 年，以法国装饰美术家协会的成立为标志，法国的工艺美术家才真正转向了对于现代工艺的探求。1925 年在巴黎举行的装饰美术博览会，其宗旨便是以奖励独创的而合于现代生活的工艺美术为目的。但是，他们的这些做法和具体的经验，并没有在我们的教学中被体现。”[①] 根据张先生的意思可判断，日本体系的图案教学为中国吸纳应是毋庸置疑的。但他亦强调不管是欧洲还是日本，被介绍引进的内容基本相近。因为日本明治维新以后也在大量吸纳融合欧洲文化，故而他们的图案发展也逐渐开始兴盛起来。同时，张先生还指出，日本图案体系中尚存在不足之处。他以小室信藏的《一般图按法》[②] 和《图案之意匠资料》二书为例进行探讨，认为其研究的重点是装饰纹样。而有关纹样的“便化法”和“构成法”，前者采取了一对一的写生与便化，后者采取了分解式的构成。这样就不利于想象力的发挥，也就得不到各种图法的组合训练。张先生尤其强调了“便化法”，认为其缺点是将艺术创造的启发和处理手法变成了纯技术公式。而我国出版的一些图案书中不仅没有避免此倾向反而使之更为突出，这便是概念萎缩所致。张先生进一步分析当时中国图案的现状，认为概念萎缩和混乱的做法显然是将其置于绘画的境地，过于强调“写生—变化”，表面上是重视“生活的唯一源泉”，实则束缚了想象，使构思囿于描绘，缺乏典型化特征。此外过于强调“反映生活”，忽略了意匠美的创造，只能以具象且可视物象为主体，漠视抽象的几何形纹样。正是因为概念的不明确，以绘画理论和观念统治图案便会造成图案之路越走越窄。对于纹样的“功绩”张先生予以褒扬，但对于将纹样本身视为图案的做法，他认为这是“囿于一隅而昧于大体”[③]，严重阻碍了图案前进之方向。

其二，概念混乱的另一后果便是所谓的“新”，但此“新”并非创新，而是因概念混淆而形成的标新立异甚至哗众取宠，其根源还是对“图案”概念的无知或知之甚少。张先生认为，改革开放之初，艺术领域“流行”的很多新术语，其内涵和外延实则是图案中的一些概念，无非换了件“新

---

① 《张道一文集》，安徽教育出版社 1999 年版，第 275 页。

② 《一般图按法》之“按”字，在日本即为“案”的初用字。

③ 同注①，第 278 页。

外衣”。此举其实会造成很大危害，如盲目效法极易误导缺乏经验的青年人。与此同时，由张先生的观点可窥察出，所谓“新”的概念往往是从国外引入的某些观念和思想。从客观上说，这些观念和思想确有很多可取和值得借鉴的地方。但是一味以国外的理论来否定中国图案既有的体系，难免有崇洋媚外之嫌。舍弃固有且广为人知的概念而采用并未形成影响的新造词无疑是给理论研究设障，使清晰的概念更加含混，最终导致图案和图案教学走入误区。

二、厘清“图案”概念

张道一先生强调：“正确理解图案的概念，有着积极的意义。它是工艺美术的灵魂和主脑，赋予物品一种美的、合理的形式。”① 既然图案概念存在萎缩和混乱的现象，这就势必要对图案概念重新界定。他经多方考证，对“图案”一词的来源有如下阐述：“‘图案’这个词在汉语中正式出现，并实指社会的一种艺术分工，大约是在本世纪初。尽管在我国历史上也能找到一点蛛丝马迹，如《汉书·礼乐志》中就有‘披图案谍’的话；成语‘按图索骥’也有相近的意思，但并没有形成独立名词。‘图案’与‘图按’，最早是通用的。有人说它也是个外来语，确乎如此，是日本人按汉字定名之后才传入我国的。”② “图案”与英文对译为“Design”，但与“Design”对译的汉语词汇还有“设计”和“意匠”。“明治十六年（1884年）日本出版了《水车意匠法》，意匠即 Design；明治三十四年（1902 年）东京高等工业学校设立了‘工业图案科’，在这里，Design 译成了‘图案’（也作‘图按’）。”③ 最早将“图案”作为 Design 的汉译而对其进行解释的图书应该是 1935 年版的《辞海》，其相关解释为：“美术工艺品及建筑物等，在工作之前，须预先考察其形状、构造、色彩、装饰等应如何配置，表示此种考案之图样，称为图案。有建筑图案、染织图案、陶瓷图案、金木工图案，及装饰图案、广告图案等。”④ 由此可见，当时的社会已经把现在我们称为“设计”的活动叫为“图案”。

不仅如此，诸葛铠先生在其《图案设计原理》一书中也阐明，Design 实为多义词，汉语中与之相应的词汇极为丰富，例如：构成、结构、构

---

① 《张道一文集》，安徽教育出版社 1999 年版，第 268 页。

② 诸葛铠：《图案设计原理·序》，江苏美术出版社 1991 年版，第 1 页。

③ 诸葛铠：《设计艺术学十讲》，山东画报出版社 2006 年版，第 7 页。

④ 同上。

图、章法；构思、意匠、图案、计划；草图、素描、设计图、图样、模型等。[①] 至于"图案"一词的汉字解释，张先生的理解是"'图'就是图样、图形、图稿；'案'就是方案、考案"[②]。上文所举之"按图索骥"虽含贬义，但与图案（按）的意思相近。此即是说，"图案"是根据已经成型的计划样稿，去创造某一器物或进行器物的表面装饰，其使用一般限定在艺术范畴；而"设计"的"设"即设想，"计"即计划；"意匠"的"意"是意图，"匠"则为匠心。张先生在此反复重申"Design"的多义词性，可见"图案""设计""意匠"三者虽词义相近，但仍存在细微差异。"一般将图案作为名词，多用于工艺美术（包括传统手工艺与现代工业美术）和建筑装饰等。设计和意匠则作为动词，除应用于图案外，也广泛用于其他方面。"[③]

此外，张先生对图案的考析亦可从造物角度着眼，确切地说，图案也具有物质与精神高度统一的属性。他曾在《图案答记三题》中说道："从造物活动看，人们制造物品，都带有明确的目的，即在生活中的实际用途……如果回顾一下历史，在较单纯的历史事物中，便不难看出造物的真正用意。原始社会的陶器，是怎样产生出来的呢？不外乎以下两个方面：即基于用火的经验，发现黏土可以烧结；烧出特定形状的容器，比从植物中采集代用品（如用葫芦盛水）来得方便。随着不同方面的需要和使用特点，陶器又逐渐出现了类似型，碗、盆、坛、罐，以分别适应其用途。如果仅仅从发挥功能效益看（就像功能主义者所提倡的），这过程已基本结束。可是，为何又出现了精美的彩陶呢？很明显，只能解释为在满足于物质上需要的同时又满足精神上的要求。"[④]（图 4–2、图 4–3）而图案的产生和发展，也是受此规律制约，其功能的发挥不仅体现于用，还要在于美。甚至有时审美的要求很高，在加工的程度上超越了实用的要求。

从艺术的角度看，张先生将构成图案的三个基本要素列为器型、纹饰和色彩。根据对象的不同，一件图案设计可能完全囊括此三种基本要素，但也可能只涵盖其二。譬如无装饰花纹的器皿仅含器型及色彩，而平面图案设计的器型要素则相对较弱，甚至不予以格外关注。张先生所称之器型即器物的造型，我国古代或曰"形制"。他认为"形制"一词并不应归为考古学术语。形制者，即制作的形状。宋代范致明的《岳阳风土记》所载

---

① 参见诸葛铠《图案设计原理》，江苏美术出版社 1991 年版，第 13 页。

② 张道一：《图案答记三题》，《装饰》1997 年第 3 期。

③《张道一文集》，安徽教育出版社 1999 年版，第 268 页。

④ 同注②。

图 4-2　船形彩陶壶（仰韶文化，陕西宝鸡出土）

图 4-3　旋涡纹尖底瓶（马家窑文化，甘肃陇西出土）

"灵妃庙有铜鼓，元丰中永庆庄耕者得之。……色正青绿，形制精巧"[①]，就是这个意思。此外，所谓"纹饰"，应该指那些装饰在物品上的花纹，亦可称之为"纹样""模样"。实际上"纹饰"应被叫作"装饰纹样"，以此来区别于"器物图案"或者"器物造型"。因其艺术性较之器型而言更为直观和明显，且更新率快于器型的变化。

不妨说，图案之贵在于意匠，在于对未来成品的预想创造。它应是为工艺美术乃至建筑、环境等所做的图样和方案，是一种艺术的预想意匠图（图 4–4）。因而，它非但要创造美的形态，还要尽量体现生产材料的优异性，目的是最终具体应用，发挥工艺技术的特长。鉴于此，图案往往又被划分为"基础图案"和"工艺图案"两方面。前者是在艺术上为各种工艺品的图案设计做准备；后者则在此基础上分门别类进行设计，并受材料、工艺和用途的限制。就如张先生说的那样："两者的关系，既是共性与个性的关系，也是艺术的原材料与制成品的关系。两者不可偏废，却又不能硬性分开。"[②] 张道一先生认为，基础图案的任务就是要让设计者能有效操控装饰的艺术语言，塑造形象思维和艺术的表现能力，具体来说应细分为六点：

① （宋）范致明：《岳阳风土记》，载（清）黄本骥编纂《湖南方物志》，岳麓书社 1985 年版，第 159 页。

② 张道一：《工艺美术论集》，陕西人民美术出版社 1986 年版，第 142 页。

（一）透过工艺制约，认识装饰艺术的共性；

（二）培养和提高意匠的想象力和表现力；

（三）综合研究中外古今的装饰纹样，提高艺术的鉴赏能力；

（四）掌握和运用形式美的规律、法则；

（五）研究纹样的造型、构成、组合和色彩，以及器物成型的线与形；

（六）从生活和大自然中吸取养料，积累设计素材。[1]

图 4-4　查尔斯·摩尔（Charles Moore）设计的美国新奥尔良意大利广场（左上：广场平面图；右上：广场模型；下：广场实景）

至于工艺图案，张先生之意主要是突出其再加工和预设样式的特点，对此他曾有精审之论述："如果说，通过基础图案在获得审美能力和图案的表现技巧的同时，已经做成了装饰的'半成品'，那么，工艺图案便是在这基础之上的再加工——按照工艺美术的分科，结合着不同的原料与工艺，设计出预想的工艺品的样式。因此，工艺图案的具体内容，是分属于各种工作，各种行业，并结合着各不相同的材料与制作方法的。"[2] 所以从用途上分，工艺图案应包括餐具、茶具、家具、文具、炊具、衣饰、家电等；从材料和工艺上分，它则有陶瓷、搪瓷、玻璃、塑料、染织、金工、木工、漆工、印刷等。另外，还有一些综合性的图案设计，诸如装潢、室内装饰及展览布置等。这样，工艺图案的任务也基本廓清，它应是按照不同的专业分工，设想和塑造未来的理想的产品。若按张先生的具体分析，它须解决四方面问题：

（一）研究材料，发挥材料的性能和物质美。

（二）研究工艺，运用科技的成就，显示其工巧。

（三）研究消费，熟悉群众的生活习惯，了解群众的心理和审美要求。

（四）综合以上三者，同艺术的意匠结合起来，统一于具体的设计

① 张道一：《工艺美术论集》，陕西人民美术出版社 1986 年版，第 142 页。

② 同上书，第 142—143 页。

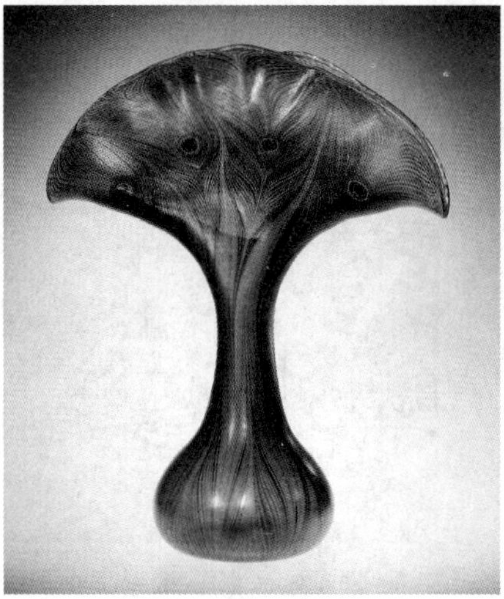

图4-5 19世纪美国玻璃设计大师路易斯·康夫特·蒂夫尼（Louis Comfort Tiffany，1848—1933）设计的“孔雀花瓶”

之中。也就是说，适应着材料、工艺和用途的要求，掌握和运用具体工艺品的设计特点、规律、方法。[①]

诚如张先生所言，图案本身并非一个艺术门类，它只是若干艺术门类所赖以表现的一种手段和形式。但其所涉内容则十分之广，如若没有艺术学、工艺美学、工艺学、材料学、人体工学、消费心理学、信息学等学科配合，难以独立发挥功效。因而它的分类，除上述以共性和特性以及教学进程为角度外，通常还有如下几种习用分类：

从最终应用看，可分为工艺美术图案、建筑艺术图案等；

从工艺美术的应用设计看，可分为染织图案、服饰图案、陶瓷图案、玻璃图案（图4-5）、塑料图案、装潢图案、金工图案、木工图案、漆工图案等；

从空间关系看，可分为平面图案、立体图案；

从自身形态看，可分为装饰纹样图案和器物造型图案；

从纹样的取材和意匠看，可分为写实的图案、变形的图案、几何形的图案；

从纹样的构成看，可分为单独图案、二方连续图案、四方连续图案、混合式图案；

从艺术层次关系看，可分为职业性的专门设计图案和群众性的民间图案；

从历史的沿革关系看，可分为古代图案［如彩陶图案、青铜器图案、髹漆图案、琢玉图案、锦缎图案、建筑彩画图案（图4-6）、石刻印砖图案（图4-7）等］和现代图案。[②]

图案可谓相当复杂，它所涉之广，几乎渗透于社会生活和生产的各个方面。此亦是说与我们休戚相关的人造物品很大程度上须经图案设计，从

① 张道一：《工艺美术论集》，陕西人民美术出版社1986年版，第143页。

② 参见张道一《图案答记三题》，《装饰》1997年第3期。

图 4-6　翁同龢故居苏州彩衣堂建筑彩画

图 4-7　贵妇出游画像砖（南朝墓室内装饰图像，1958 年河南邓县学庄出土，中国国家博物馆藏）

而显示出人类创造的本质力量以及多样性。因此，图案的内容和范围只会随生活丰富和复杂的程度越发扩展，而决计不会越来越缩小，那些将图案视为画装饰纹样的观念是非常浅窳的。

第二节　梳理与重建——对现代中国图案学的探究

张道一先生以睿智的目光巡视过整个工艺美术学体系后，发现图案学应为工艺美术学的核心，此乃与“素描是基础的基础”的传统观念相对立。欲解决工艺美术上的问题，仅凭单一的图案教学远远不够。张先生提出，与图案教学相应的理论知识和造型训练不可或缺，这样方可使其更为充实和完备。而图案既为工艺美术的核心力量，那么工艺美术中的艺术语言须由它来锻炼，形象思维能力须由它来培养。以往图案学的弊病在于重技艺轻理论，学科发展相对单一。张先生主张强化图案理论研究和图案原理研究，这是对现代图案学体系架构的又一贡献。而要想构架现代图案学的新体系，对中国原有图案学的历史回眸则显得必不可少。

一、对近代“图案学”的历史回眸

在人类漫长的岁月中，中国传统图案长达数千年的发展历程，不能不以辉煌来形容。从原始社会到奴隶社会再到封建社会，无论是彩陶、玉器、青铜器，还是瓷器、丝绸、髹漆、家具等，它们的图案成就令人叹为观止。从艺术上看，它自成体系，具有浓厚的民族特色，在人类文化长河中也是独树一帜。但古人心中的意匠和考虑却不一定事先做出图样，其传承方式也不像现代学校的教学形式。百工之人往往靠师徒传授，在实践中学习传统，在实践中发展创新。因此，先民在造物过程中应是有图案的具体实践，却缺乏图案理论的理性架构。张道一先生对此感慨道："很遗憾，几千年的古国文明，虽然积累了丰富的经验，并留下千千万万的精美工艺品，然而其法度并没有升华成为系统的理论。"①

张先生从历史的角度探究此种现象的缘起，他认为："几千年来，尽管宫廷日用和文人士大夫的赏玩曾把手工艺推到很高的程度；但他们的眼光是近视的，对于技艺的研究，学科的建立，从来也没有关心过。"② 事实确乎如此，自古"重道轻器"的思想一直伴随着工艺美术的发展。儒家对"器"往往冷漠，道家对"器"近乎否定。先秦诸家除法、墨外几乎难寻一家对器技十分尊崇。而法、墨二家虽技道并重，但仍有一个前提，即必须建立在"义""利"的基础上，因此，"技"仍难独立，稍一逾矩便为"奇技淫巧"。围绕"器"而存在的"利、巧、艺、技"被提到了致令"国家滋昏"和区别"君子小人"的高度。两千多年农业社会的生产消费习惯，使这种态度日渐成为文人士子心中根深蒂固的观念。这样的思想和封建统治阶级的政治制度、经济政策相呼应，逐渐形成了严密的社会观念体系。从思想认识、社会地位、政治生活等各个方面限制了工艺的发展。工匠们无社会地位反被视为"匠厮"和"贱民"。封建知识分子醉心于文章取仕，将其视为"君子不为"。许衍灼在《中国工艺沿革史略》中评介："中国向重形上，百工之事，学士大夫概不之道，故一器一物，其兴也有故，其亡也忽然。"③ 张謇（图 4–8）在《雪宧绣谱》中亦云："嗟夫！莽莽中国，独阙工艺之书耳。习之无得者不能言，言之无序者不能记，记之或诬或陋或过于文，则不能信与行。"④ 而张道一先生从历史的规律中寻绎道："这使我们认识到一个重要的道理，在实践、经验和理论之间，并非自然上升，自然形成，而是经过艰苦的努力，去提炼、概括。……在漫长的封建社会中，工艺美术的实践和

① 《张道一文集》，安徽教育出版社 1999 年版，第 271 页。

② 同上书，第 272 页。

③ 张道一主编：《中国民间美术辞典》，江苏美术出版社 2001 年版，第 37 页。

④ （清）沈寿口述，张謇整理，王逸君译注：《雪宧绣谱图说》，山东画报出版社 2004 年版，第 22 页。

经验虽然丰富，但没有上升到理论的高度，没有建立起我们民族的图案学科。考其原因，主要是由于当时的客观条件束缚和自身的手工业基础局限所然。”①

图 4-8　近代著名实业家、教育家、社会改革家张謇（1853—1926）

所以，图案的发展任何时候都不能离开科技与生产。回溯以往，只有当生产实现机械化后，才出现了近代图案学。生产的合理分工、产品制造的规模化和规格化呼唤着精确的图样设计，以及合适、缜密的工艺流程，图案设计正符其需，便应运而生成为一门学问，即为生产提供合理和美化的形式。近代以来，日本和欧美的图案学发展已然健步如飞，尤其是日本明治维新后的资本主义道路，促进其近代工业的快速发展，图案学的建立更是适应当时轻工产品的需求。日本谓之图案学，是以图案的实践（形状、纹饰、色彩）为基而上升出的一套系统理论和方法，因其毕竟是从以往手工艺实践中嬗变而来，所以与我国古代图案有千丝万缕的联系。诚如张謇言：“日本之为是者，猎我旧制，会以新法，一冶而百辟，一日而千里。”② 是以，当日本图案学初入我国，人们并不感陌生。张先生举例，中国木刻原传至国外，但鲁迅在提倡新兴木刻时，介绍西洋新法，谓之“木刻回娘家”，而日本图案学一经传入，也似回娘家一般，被人们欣然接受，且连名词和术语都一并吸纳。

20 世纪初，我国“新式学堂”的兴办对日本图案学的传入曾起过推波助澜的作用。1902 年，清政府在南京创立两江优级师范学堂（又叫“两江师范学堂”，初名“三江师范学堂”），规定图画和手工为必修课程，而学制基本参以日本的范型（图 4-9）。1904 年，直隶高等工业学堂（图 4-10）在天津创设意匠图绘科，曾就读于东京美术学校图案科的松长长三郎成为该学堂的教授，他应该是最早到中国开展图案教育的外国专家。继松长长三郎之后，日本图案教员来华数量渐增，仅京师艺徒学堂的日本教习就有 21 位。民国成立后，蔡元培任教育总长，他以一贯的美育方针将

① 《张道一文集》，安徽教育出版社 1999 年版，第 273 页。

② （清）沈寿口述，张謇整理，王逸君译注：《雪宧绣谱图说》，山东画报出版社 2004 年版，第 21 页。

图 4-9 张之洞与时任两江总督刘坤一接见两江师范学堂日本籍教师的合影

图 4-10 直隶高等工业学堂学生上课旧影

美学与科学并提。在此精神指引下，1918 年，国立北平艺专成立，设有图案科，且聘鹿岛英二为图案教员。他以灵活教学著名，将实践与理论并重，且十分倚重日本的图案教材《一般图案法》。1929 年，国立杭州艺术专科学校聘请斋藤佳三为图案系教授，他比较注重培养创新精神，强调图案变化的新颖性。这一阶段全国兴办了很多公立、私立美术学校，所设图案科，在教学上大同小异。但尤为值得一提的是，浙江省甲种工业学校的日籍教员管正雄，他曾教授过陈之佛先生，可称为陈先生图案教育的启蒙老师，为其日后对图案学的研究打下基础。

“甲午”之后，留学日本的风潮亦为日本图案学的引入提供了契机。张之洞鼓励学生赴日，他曾曰：“游学之国，西洋不如东洋。一、路近省费，可多遣；一、去华近，易考察；一、东文近于中文，易通晓。西书甚繁，凡西学不切要者，东人已删节而灼改之。中、东情势风俗相近，易仿行，事半功倍，无过于此。”① 借此，留日之势高涨，陈之佛先生也于 1918 年东渡日本，并于翌年考入日本东京美术学校图案科，成为该科第一位外国留学生。此外，傅抱石先生虽非图案专业留日学生，但却在留日期间撰文向国人介绍日本图案的发展，此亦谓贡献卓著。祝大年先生 1935 年经蔡元培推荐赴日留学，先后在东京图案学院和东京帝国美专学习，曾师从

① （清）张之洞著，李凤仙评注：《劝学篇·游学第二》，华夏出版社 2002 年版，第 88 页。

国宝级人物富本宽吉，他也是引入日本图案观念的代表之一。

正因上述各方面原因，20世纪20年代至30年代，我国图案学科开始建立。但张道一先生亦辩证地指出，尽管当时图案学发展势头尚健，却仍属筚路蓝缕，创业艰难。他说："在当时半封建半殖民地的社会，即使提出振兴实业和开办职业教育，由于国家不能独立，经济不能发达，在落后的工业基础上是无法发展新兴的图案教育的。加之在封建社会中，工艺美术是工匠的职业，文人士大夫不屑一顾，便形成一种历史的和社会的偏见，将艺术硬分尊卑，视工艺为低下。"[①] 然而，也不得不看到，我国新兴图案学科，毕竟是20世纪初期所建，尽管弱点易见，但却是基石，而且当时已初具规模。没有近代图案学的建立，便无从谈起对现代图案学的重新架构。

二、重建现代图案学的设想

毋庸置疑，现代图案学应是在传承和嬗变的过程中进步。传承当是以以往图案学为基点，嬗变自是对它的不断革新。张道一先生就此列举了以往图案学四大显著的优点。

第一，找到并归纳出一种不同于客观世界的美的规律，使形象思维建立起一种独特的审美方式。回溯历史不难看出，此种方式几乎伴随人自身的发展而表现在装饰、器物造型甚至建筑结构之上。张先生曾临摹过庙底沟仰韶文化彩陶上的纹样，包括对残片纹样的复原。他惊奇地发现，7000年前先民所用图案之骨法竟与现代图案阐述的方法相似。这不能不说明当时有关图案的实践已呈规范，尽管图案理论于近代而发，但理论的建立是对传统实践和思维规律的归纳。

第二，解决了艺术形式美中一些较完整的基本法则。试看当下艺术设计教学，学生对形式美法则知之甚少，即使有所涉猎也难以应用。而以往图案学中有关形式美的具体法则，通过文字表述和图例说明，非常真切地解析艺术形式的基本原理，也就是哲学上的矛盾与统一。张先生总结，这不仅适于图案设计与鉴赏，同样亦适于其他艺术。

第三，较系统地解决了色彩的原理与运用。从光色的原理和在物理学上的效应，到具体的图案配色方法，不但有明确的规定，而且适应性很大，开拓的路子很宽。同样适于其他艺术。

第四，对基础图案和工艺图案，平面图案（装饰纹样）和立体图案（器

① 《张道一文集》，安徽教育出版社1999年版，第274页。

物造型），自然形图案和几何形图案，写生与便化等的对应划分，科学地解决了教学与应用实际的关系，同时在学科建设上也理出了基本功的锻炼、素材的获得与实际的设计、艺术的意匠之间含混不清的地方。[①]（图 4–11）

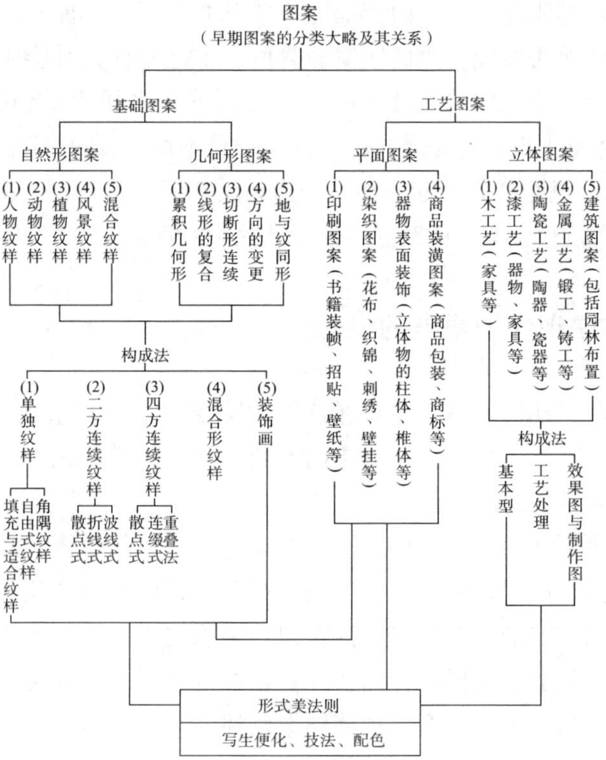

图 4-11　图案——早期图案的分类大略及其关系（张道一：《设计在谋》，重庆大学出版社 2007 年版，第 66 页）

无论是艺术的形象思维抑或是创作的方法论，以往图案学都早已构筑起了整体而宏观的体系。但亦毋庸讳言，近几十年间，该体系并没有不断充实，反而在无形中受到冷遇，以致沦为一门技法课，几与素描教学同列。张道一先生并无轻视素描之意，而是针对图案学萎缩的现象感到痛心和焦虑，这是一种对现代设计发展的反思。他相信，新名词的使用如确实中肯则无伤大雅，但以新名词来取代规律、混淆概念显然难以使人接受和信服。他曾明确表示："旧的东西即使好，也不应排斥新的、拒绝新的。对于老的'图案学'，我从来也没有说得十全十美……旧的不完美的部分

① 参见张道一《设计在谋》，重庆大学出版社 2007 年版，第 63—64 页。

应该改进，新的合理的东西应该补充进去。”[①] 但规律永不过时，图案学中遵循的规律，在任何环境和时代都应适用。因而，重建现代图案学的设想便由此在张先生审视当代造物艺术的发展中萌动。

而重建现代图案学，关键在于要重塑图案教学的核心地位，张先生强调：“健全和充实图案教学是办好工艺美术教育的关键。”[②] 需要指出的是，这里所谈到图案教学的含义较为宽泛，既有基础图案、装饰图案教学在内，又有各种工艺图案课程，也就是一般所说的像染织图案、装潢图案、陶瓷图案、漆工图案等一类的创作设计教学。与此同时，张先生认为，尽管从新中国成立前的图案系科到新中国成立后的工艺美术系，其下细分专业若干，此举无疑是专业教育的一大进步，但也须明确的是，仅靠图案的单一教学显然远远不够，还需要相关的造型能力和理论研究相配合，才能使其丰富和完善。比如史论教学还应包括中国工艺美术史、外国工艺美术史、文艺概论、工艺美术概论、装饰史、中外工艺美术论文选读、工艺美学等内容；相关理论课则有生产管理、市场学、消费心理学、人体工学、材料学、各类工艺学等方面；造型教学应该包括素描、水粉、工笔等训练。唯其如此，才能构筑一个完整的教育结构，形成独立的艺术类学科。此外，参考国外的教学经验亦是提高图案教学的一种方式。不过张先生仍采取具体问题应具体对待的态度，他并不考虑构建图案教学中具体内容、授课方式和计划的简单模型，而是为总体教学提供指导性的参考意见，重点指向基础图案教学的若干原则。

基础教学包括基本理论、基础知识和基本技能的训练，即所谓的“三基本”。图案的基础教学也应体现该原则。因此，完整的“基础图案学”（或基本图案学）应当囊括如下方面：

1. 阐明图案的原理和在艺术上的特点；
2. 运用形式美的法则解释各种图案的现象；
3. 透过工艺制约认识装饰的共性；
4. 培养和提高意匠的想象力和表现力；
5. 掌握各种图法，进行适应性的训练；
6. 研究古代的、民间的和外国的图案，提高鉴赏力；
7. 积累设计素材。[③]

张先生提出的这七个方面，应互为作用缺一不可。通过教学的深入，

---

① 张道一：《设计在谋》，重庆大学出版社 2007 年版，第 65 页。

② 《张道一文集》，安徽教育出版社 1999 年版，第 286 页。

③ 同上书，第 288 页。

可锻炼一种综合的设计能力，从而不至于再次陷入只重技法的窠臼。同时，就图案教学的情况来看，张先生理出六个问题认为亟待解决：

1. 图案的形成。应依据具体工艺品的材料性能、制作工艺及实用范畴来分析相关的形制、纹饰与色彩的特征，并借助典型产品的分类解析，探索共性，寻绎图案的一般规律。以前图案学只注重“写生变化”，研究方法机械、单一，难免举一废百，解决不了图案形成的认识问题，极易导致形而上学。

2. 形式美的规律。形式美法则如若阐释不清，便会玄之又玄，使人难以理解。这便需要明晰哪些是自然现象，生理感应；哪些是由此派生的审美习惯。关键在于图案设计中如何灵活运用这些法则。

3. 图案的形象。包括立体造型和装饰纹样的形象，它们都有抽象和具象的区别，且思维形式也大相径庭。故而这就涉及应该怎样观察自然、怎样提取素材、怎样描绘、描绘得是否恰当、内容与形式是什么样的关系、图案的寓意手法为何等问题。而最主要的是对图案之艺术语言、想象力和意匠能力的考量。

4. 图案的构成。这里包括了构成的类型与程式化，具体的图法与骨式、构成原理对于形式美的体现，对于题材内容的适应。以往图案教学只注意“分”而忽略“合”，多是将纹样分成单独纹样、二方连续纹样、四方连续纹样。而不同纹样的合理组合、搭配却是一个需要解决的问题。至于立体图案的构成，从美的线形提炼到基本型的成型，尚需深入探究。

5. 图案的色彩。这需要明确探讨有关人们对于色彩的生理反应、习惯和联想，由此形成的好恶，物体的色彩与色彩的理想化，色彩与装饰纹样、器物造型的关系，图案色彩的调配等方面问题。

6. 图案的艺术风格与形式倾向。这涉及造型、构成，色彩的协调，格调的形成，风格的传统性与时代性，形式倾向与图案设计的适应性等。[①]

不妨说，图案学即是一门艺术学科，其完整体系的重新建构，须着眼于新时期社会发展，结合以往图案学的规律和经验，从图案教学入手，面向实际生产和应用。现今的社会环境与几十年前相比大不相同，这是设计艺术发展的外部条件。随着经济的进步，与国际交往、竞争日益频繁，设计艺术的内部条件也须相应产生质的突破。但张先生以宏观的视角审视现今设计艺术的发展后，强调基础丝毫不可动摇。此即是说，设计艺术还是应以基础教学为本。而现代图案学的构建无疑将发挥重要作用，在设计上

① 参见《张道一文集》，安徽教育出版社 1999 年版，第 288—289 页。

的灵活构想和巧于意匠，都须依靠对图案的领悟。张先生对现代图案学的设想主要是着眼于图案教学核心地位的再塑，并主张应将艺术理论、美学原理、历史知识、产销知识和美术技能训练一并汇集于图案学之中，从而形成专业的设计体系，以应社会之需。

第三节　有容乃大——倡导对外国图案的借鉴

从中国图案到工艺美术以至其后设计艺术的发展历程中，张道一先生性之所近应是立足民族传统一路。作为陈之佛先生的弟子，他自始便秉持恩师关于向民族传统学习的观念，其感悟至精至深，且得益于兹。然而，张先生并不主张以个人趣味取代综合借鉴的价值取向，他毕竟是个承认文化多元的学者，因其深知“他山之石，可以为错”“他山之石，可以攻玉”。正所谓有容乃大，西方图案所体现的外向、趋动的心灵，积极奋发、无止境的追求，及其外扬和进取的人生态度，应是中国图案须进一步吸纳的。张先生也因此而企望中西趋静与趋动二者合流，在图案上更是主张借鉴西方优点与中国特点融合以创构现代新图案。

一、强调图案学发展中的“知己知彼”和“洋为中用”

“知己知彼”原用于军事，但图案之借鉴又何尝不是如此？张道一先生的见地是，每个从事艺术之人，既要了解本民族艺术发展状况，也应了解外国艺术的发展情况，从中汲取养料，吸收经验，以补益和指导自己的艺术创作及理论研究。与此同时，虽然“知己知彼”众所周知，然而真正做起来却不如军事家那般真切。他说：“翻开我国文艺的近代史来，便不难看出，那些曾提倡‘国粹主义’的人，多是对外国文艺一无所知；主张‘全盘西化’的人，又多对本民族的文艺茫然。而严格地说，是暗于知彼知己，不过是在形式上的保守或虚无而已。”[①] 言下之意，对于借鉴国外，一种极端态度便是拒之门外，而另一种就是生吞活剥、囫囵吞枣。那种不让看、不让学的闭关保守和排外主义，固然短见，而盲目崇拜和一味模仿也不见得高明。鲁迅先生曾就中国文艺的痼疾提出了“拿来主义”，当然这是相对于当时鼓吹“国粹”的“送去主义”而言，而“送去主义”又与

① 张道一：《张道一美术序跋集》，未出版文集，东南大学艺术学系，2001年，第174页。

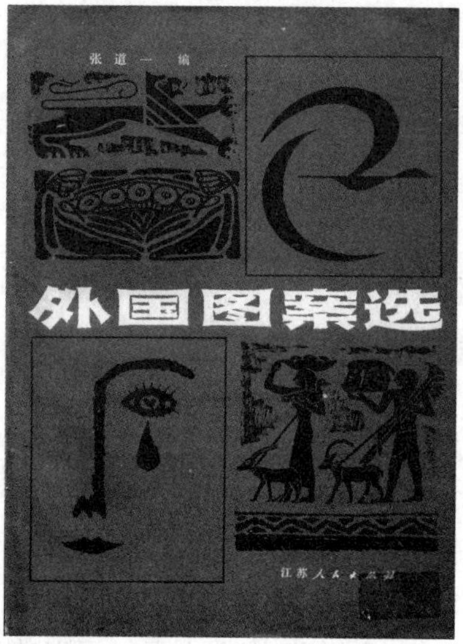

图 4-12 《外国图案选》封面

长期“闭关主义”相因果。他指出，对于国外的东西，“要运用脑髓，放出眼光，自己拿来”[①]。其实，在图案上，不妨也效法“拿来主义”而采取“洋为中用”式的借鉴。

但是，张先生亦明确指出，“洋为中用”固然是好，只不过如何用得适宜、显见其效却不那么简单，“因为它毕竟不是一件具体的什物，拿过来就能使用的；更何况只停留在口头上，既不知其‘洋’，也无从谈到‘用’”[②]。因此，意欲“洋为中用”便须先获取“洋”的东西，先看到“洋”的图案，而后方可深入分析、了解，从中提取精髓，弃其糟粕。张先生也由此特意编纂了一本《外国图案选》(图 4–12)以应“知己知彼”的思路。

事实证明，张先生的做法无疑是正确的，即便在历史中亦能找到“洋为中用”的身影。可以说，无论是传统的瓷器、丝绸，还是其他工艺品的图案，都曾以典丽之美、东方姿态受到人们的珍视，但先民的创造也包含对国外优秀品质的吸纳和借鉴。从汉代张骞出使西域起，西亚和欧洲的文化就曾通过“丝绸之路”在多方面影响中国。佛教艺术的传入，直接促进中国花卉图案的发展(图 4–13)。诚如诸葛铠先生所言：“极为看重花卉象征的印度佛教，一方面从希腊和中亚吸收新鲜的花卉题材和形式，一方面把印度和外来的花卉装饰输送到中国。这不仅直接形成别具一格的中国佛教艺术，还启发原本就崇尚自然、喜爱花草的中国人，把选取装饰主题的目光，

图 4-13　印度和中国佛教的莲花纹

① 周楠本编注：《鲁迅集·小说散文卷》，花城出版社 2001 年版，第 505 页。

② 张道一编：《外国图案选》，江苏人民出版社 1982 年版，第 1 页。

图 4-14(1)　北魏漆棺画忍冬纹（宁夏固原出土）

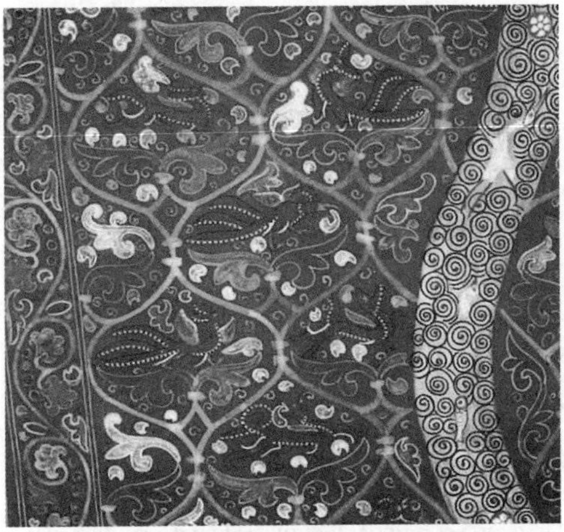

图 4-14(2)　北魏漆棺画忍冬纹（局部）

从质朴庄严的神兽，转向华丽多姿的花卉，逐渐产生洋溢生活气息、充满吉祥意识的中国式花卉装饰，并长盛不衰地流传至今。”①不仅如此，就连古希腊的“忍冬纹”和波斯的“连珠纹”也以新的题材和样式吸引中国古代的工艺匠师，并将其糅合到中国自己的设计中来（图 4-14、图 4-15）。古人尚且如此，今人又何乐而不为呢？更何况图案的审美难离物质生产，而物质生产又受制于科技水平。现代科技进程中的外国图案显然有其自身之优越性，对其加以吸收、借鉴和改造，也可算作中国图案推陈出新的一种尝试。

图 4-15　唐代连珠鹿纹锦（新疆吐鲁番出土）（田自秉、吴淑生编著：《中国工艺美术图典》，湖南美术出版社 1998 年版，第 377 页）

张道一先生对“洋为中用”还强调了一个科学分析的过程，他的见解是，了解和分析不仅须体现在图案的造型、结构和具体的技巧、手法上，更为重要的是应透过艺术的形式，看到产生该艺术的土壤——不同国家、民族的风习和审美等。②因此，对外国图案的借鉴需兼顾三个方面：其一

① 诸葛铠：《裂变中的传承》，重庆大学出版社 2007 年版，第 145 页。

② 参见张道一编《外国图案选》，江苏人民出版社 1982 年版，第 2 页。

是古典的（包括史前和以后各个历史时期）；其二是民间的（包括农民、牧民和社会形态还较原始的土著民族）；其三是现代的（包括结合现代科学技术和生产、生活）。张先生主张，此三方面是全面认识一个国家和民族文化不可缺少的。古代传统图案虽有过时和陈旧之感，但从中可追寻历史的沿革和传统的脚步；民间图案，尽管略显粗糙和简单，却更能使人领略质朴的感情和审美的趣味；至于现代图案，虽然流派林立，但在与科技和生产结合方面，也同样显示了各自的特点。

二、一分为二地对待图案中的"古""洋"问题

在倡导对国外图案借鉴的同时，张道一先生清醒地认识到，须一分为二地对待图案中的"古""洋"问题，换言之，即对于传统须注意正反两个方面，对于外来亦是如此。事实上，有关"古""洋"的借鉴是相辅相成的，正如鲁迅先生所言："外之既不后于世界之思潮，内之仍弗失固有之血脉。"[①] 而借鉴之方式又不可能一次完成，需不断补充新营养。从图案学的发生与发展来看，首先是向"洋"的东西借鉴，而后逐渐注入中国的东西便融为自己的图案学。但同时，对传统的沿革亦显得异常重要，否则难免舍本逐末，得不偿失。

毋庸置疑，"任何一个既有古老文化传统，又在进行现代化建设的国家，或多或少都会遇到传统观念与现代设计的矛盾，中国即是其中之一"[②]。西方18世纪工业革命正如火如荼之时，中国还是一个以农耕型经济为主的国家。直到西方列强以坚船利炮叩开中国国门之后，国人中的有识之士方才醒悟，于是逐渐开启了主动向西方"洋文化"学习的浪潮，也开始了现代化的努力。从鸦片战争至今的一百多年间，中国的现代化进程被很多学者称为"后发型"，"这种类型的近代化及其运行机制应当怎样科学地认识和正确地把握？西方的影响及本民族文化传统分别发挥着怎样的功能？这两个侧面维持着怎样的相互关系？这是一些重大的理论问题和实践问题，当代中国人无可回避"[③]。很显然，晚清"洋务运动"及与之对应的"中体西用"的主张正是当时在这样的环境中寻求一种"古""洋"结

① 鲁迅：《坟》，人民文学出版社1980年版，第49页。

② 诸葛铠：《设计艺术学十讲》，山东画报出版社2006年版，第287页。

③ 其中所说"近代化"与有的学者所说"现代化"同义，因为对近代而言的现代化，在今天来看即是近代化。（冯天瑜：《中华元典精神》，上海人民出版社1994年版，第20页）

合的尝试。“首先提出（‘中体西用’）这一主张的是冯桂芬。冯桂芬是19世纪60年代积极主张社会改革，主张向西方学习的先进知识分子。他一方面认识到中国老大的封建帝国‘四不如夷’，即：‘人无弃才不如夷，地无遗利不如夷，君民不隔不如夷，名实必符不如夷’，并提出‘法苟不善，虽古先吾斥之；法苟善，虽蛮貊吾师之’的大胆的改革方针，主张‘改科举’‘采西学’‘制洋器’，向西方学习，实行变法；另一方面又竭力维护传统思想的统治地位。正是在这种思想指导下，他提出了‘以中国之伦常名教为原本，辅以诸国富强之术’这个中体西用的主张。冯桂芬在这一表述中虽然没有揭出‘体’与‘用’的对待之词，但却明确表示了移花接木地把西方近代资本主义文化之‘用’与中国传统封建文化之‘体’嫁接起来的思想，反映出他既要学习西方先进文化而又企图维持传统文化的矛盾心态。”[①]“中体西用”的思想直接导致中国近现代时期引进很多“洋玩意”，如“(上海)南京路于1865年安装了上海第一批煤气路灯，比香港启用第一盏煤气灯晚一年，比日本还早了六年……1870年6月，在外滩设了国内最早的电报公司大北电报公司，1881年部分商店率先开始使用电话和电报，1882年出现上海第一家电灯厂英商上海电光公司，同年，南京路上和部分东段的洋行里亮起了电灯。1883年南京路接通了自来水”[②]。1881年，天津到上海间的第一条电报线竣工；1882年，上海租界开通了电话；1888年，北京的皇宫禁苑也安装了电灯[③]；等等。(图4-16、图4-17、图4-18、图4-19)然而，同时需要指出的是，一方面这些“洋玩意”确实在悄然并深刻地影响着国人的生活方式和造物方式；而另一方面中国的传统文化却也在不知不觉中被“挤”到角落里，有些甚至面临着消亡的危机。“古”与“洋”是对立还是统一，确实是十分令人困扰的难题。

而对于张先生来说，主张学习传统自是不言而喻，传统图案是根，有了根才能更好地去吸收养料。[④]但关键是传统图案的借鉴还需防止两个方面的态度，其一是防止“民族的自大”，其二是防止让传统“束缚着未来”。“民族的自大”与鲁迅先生所称的“国粹主义”类似，只囿于古人所云，认为只要是本国、本民族的传统图案一律是精髓，祖宗规矩不能妄动，丝毫不图发展和创新。这一现象，在传统手工艺美术领域容易出

---

① 焦润明：《中国近代文化史》，辽宁大学出版社1999年版，第34—35页。

② 《图说上海南京路之二》，2012年12月4日，上海档案信息网（http://www.archives.sh.cn/shjy/tssh/201212/t20121204_37427.html）。

③ 参见诸葛铠《设计艺术学十讲》，山东画报出版社2006年版，第287页。

④ 依据：2007年10月14日在张道一苏州家中谈话录音资料。

图 4-16　19 世纪末上海南京路上的电灯［《图说上海南京路之二》，上海档案信息网（http://www.archives.sh.cn/shjy/tssh/201212/t20121204_37427.html）］

图 4-17　1908 年上海第一次行驶电车的情景［《图说上海南京路之二》，上海档案信息网（http://www.archives.sh.cn/shjy/tssh/201212/t20121204/37427.html）］

图 4-18　清末明信片中描绘的上海南京路有轨电车

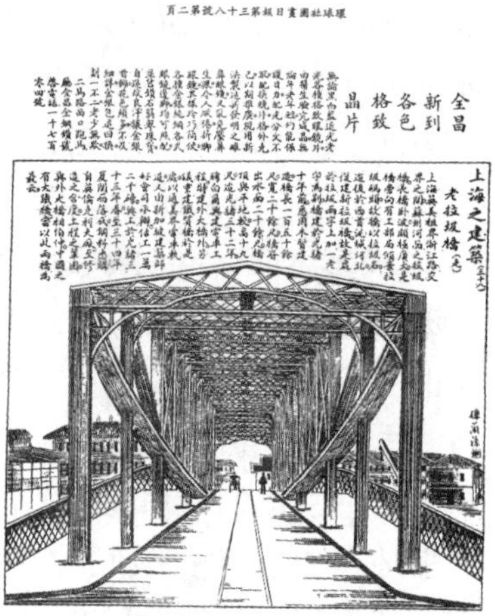

图 4-19　清光绪三十三年至三十四年（1907—1908）新加坡建筑师好会司设计上海英美租界钢铁制“垃圾桥”用以通美租界电车（载环球社《图画日报》，清光绪年间）

现。手工艺人对传统图案的传承方式很多基于师者的口传身授，多数技艺已然成形和固定，因而难以改变。而“束缚着未来”其实也是由于墨守成规所致，因不思进取和突破，自然因循守旧，更谈不上“未来”。仅将传统图案作为历史的遗留，简单视为过去的陈迹，或只当作放在博物馆里的东西，而不是从中探讨它的流变关系，有所吸取，有所舍弃，成为前进和发展的借鉴，不但不能有助于现实的需要，反而会当成沉重的历史包袱。[①]然而，张先生同时也指出摒弃传统的错误所在，他认为，否定传统等于否定历史，如若以为中国图案没有经验可谈便会有意无意割断历史。陈之佛先生早年留学日本时却也有过如此错误，日本东京美术学校工艺图案科主任岛田佳矣教授原本试图与其讨论中国古代图案的伟大成就，认为日本图案深受中国传统之影响，然而陈先生却不知其然，甚感惭愧。此事对他触动极大，自此便潜心研究中国古代和民间图案，成为中国图案学的奠基人之一。当然陈先生是意识到了早期的错误，但时下很多后学者却依然重蹈覆辙，这却是需鉴往知来，值得警觉。

那么，在对待"洋"的问题上也存在正反两方面情况。一方面，借鉴和学习国外的东西在中国图案发展的历程中越发显得重要；而另一方面，又须谨防图案领域的"全盘西化"。张先生曾谈起，近年来留学之人渐多，如若他们脑中原本没有中国的东西，难免会完全"洋化"，这也会对中国图案的发展造成危害。因为完全的"洋"味根本不适于中国本土文化的自觉改造，反而易人云亦云，亦步亦趋，从而轻视极具民族特色的图案传统。模仿固然重要，但因崇拜而模仿，或者完全仿效则大可不必。张先生强调，图案中的临摹十分可贵，如同国画的临摹一样，没有这些积淀便难以创新。但前提是要将他人的东西消化吸收变成自己的，人吃鱼却不会像鱼那样去生活，只是吸收它的营养，为自己提供动力而已。[②]

总之，张先生在对待图案的"古""洋"问题上始终坚持一分为二地看待问题，冷静而又理智，不愠不火。唯其如此，方能使中国现代图案既不失文化的独立个性，又能展现时代的风貌和精神。

---

① 参见张道一《论设计》，未出版文集，东南大学艺术学系，2003 年，第 65 页。

② 依据：2007 年 10 月 14 日在张道一苏州家中谈话录音资料。

第五章　文化理想的复兴——对民艺学的发想

当代中国对民间艺术收集、整理和研究的发轫之始，应可回溯至20世纪二三十年代。当时欧美民俗学研究及日本民俗学、民艺运动兴起，影响甚广。以北大“歌谣”研究为标志，中国民俗学也有所起步，一些学者是时已着手收集和保存各民族生活用品及民间工艺品，但迫于时局之乱，难以为继。新中国成立之初，尤其是20世纪50年代后，全国范围内对民艺品的调查、挖掘及整理有所展开，却又因一系列政治运动而招致再次中断。在此期间，众多散布民间的生活实用工艺渐次衰落，甚至消失，线索难觅，研究和整理陷入困顿。好在其后的70年代末和80年代初，民艺研究重现希望，伴随经济振兴和社会开放，旅游及文化交流日趋频繁。国内外学者、文化工作者及企业经营者以不同的视角，给予民艺一定的关注，且广泛开展收集、整理及调研工作，民间艺术迎来前所未有的研究热潮。① 而在此过程中，张道一先生可谓较早涉足其间的学者之一，早在大学毕业之初，就已显露对民间艺术的极大热忱。当华东艺专与无锡文联共同筹备“惠山泥人展览会”时，张先生便担任秘书，并参加惠山泥人的调研工作，为展览撰写说明，追根溯源，查考历史。其后又到苏州考察苏绣、缂丝、织锦、桃花坞木版画以及泥质玩具等民艺品，这些都为他以后进行民艺研究夯实了基础，归纳出了研究的方法。至于师从陈之佛和庞薰琹二师的经历，更使他对民艺锲而不舍，并从中吸纳和借鉴先辈的研究方式，逐渐注入自己的理性思考，从而形成独具特色的民艺理论。自1984年以来，他一直担任民艺理论杂志《中国民间工艺》的主编，此后又与台湾《汉声》杂志合作，致力于中国民间艺术的发掘与研究，成为当代中国民艺理论研究的主要代表人物之一。其理论的核心始终氤氲于民族文化之中，因而绘染出带有浓厚“文化理想”色彩的民艺思想。

① 参见孙建君、潘鲁生主编《张道一研究》，山东美术出版社2000年版，第169页。

图 5-1　在济南研究皮影艺术

第一节　母型的嬗变——民间文化在文化分类中的重要地位

张道一先生的民艺思想，不只在阐明和保护传统民间艺术的境界，而是试图由此上升，建立一种以民艺为中心的民族性工艺或设计文化类型。此举既为现代民艺学开辟出文化学的新视角，也为民族化工艺美术和设计艺术的研究拓展出一片新天地。张先生着眼于民族文化的“母型”性质，探寻出民族文化的基原——带有民间、普通民众创造与智慧的质朴精神。并且，对民间文化传统的考析使其做现代意识的反思和自省，旨在求取未来的走向。张先生民艺思想的渊深，关键在于透过文化表象，从文化类型中深挖出民间文化的重要意义。

一、立足社会形态及阶层差异的文化分类

民艺实是民族文化的重要组成部分和基础，在中华民族的文化体系中，它成为一种独特的表现形式。而以此建立起来的民艺学，则成为总结民族文化发展规律和艺术特点的主要手段，是对民族文化的理论解读。但欲从文化角度考察民艺，就不能不先从文化的概念和层次入手。

前文已述，历史上关于文化的定义不下两百种，但皆难全然和圆满。“文”在中国最早实是指交错的纹理，《易・系辞下》曰：“道有变动，故曰爻，爻有等，故曰物，物相杂，故曰文。”[①] 后来“文”的概念逐渐引申，具体化为“文物典籍”“礼乐制度”；与“德行”对称的“道艺”；与“质”“实”对称的修饰、人为加工；与武事对称的文事等含义。“化”则有更易、变化、化育等意思，也可引申为教行、迁善等义。“文”与“化”二者连用，较早见于《易・贲卦》所载：“刚柔交错，天文也。文明以止，人文也。观乎天文，以察时变；观乎人文，以化成天下。”[②] 自西汉以降，“文化”一词作为一种专用名词使用，与武力征服相对应，指道德伦常等

① 廖名春校点：《周易》，辽宁教育出版社 1997 年版，第 57 页。

② 同上书，第 18 页。

文事教化于人，如刘向《说苑·指武》道：“圣人之治天下也，先文德而后武力。凡武之兴，为不服也，文化不改，然后加诛。”[①]不妨说，中国传统社会对于“文化”的理解多偏重精神范畴。而事实上中国“今天通用的‘文化’一词，便是近代学人在译介西方相关语汇（如拉丁文 cultura）时，借用中国固有的‘文’‘化’及‘文化’等词汇，加以熔铸再创而成的”[②]。

张道一先生为了便于理解文化，认为可将其作狭义、广义及泛义之分：“狭义的文化，主要指文学和艺术，以及书本教育的结果；广义的文化，统指以意识形态为主的文化，如哲学、政治、文艺、宗教、风俗、教育等；泛义的文化，全指人类所创造的精神财富和物质财富的总和。”[③]至于文化的分类，则十分复杂，其角度和方法也非常多样。譬如，有将文化分作“高雅文化”和“通俗文化”的，或称为“精英文化”和“大众文化”，“上层文化”和“下层文化”，“有闲者的文化”和“劳动者的文化”，以及“阳春白雪”和“下里巴人”等。当然，这都是相对而言，只是从倾向看，不可能太精确。此外，亦有按照生产与生活方式以及品物的用途和现象为坐标的分类方式，如原始文化、农耕文化、工业文化、企业文化、工艺文化、艺术文化、起居文化、饮食文化、服装文化、茶文化、酒文化、节庆文化、宗教文化等。[④]

但是，从历史角度看，张道一先生之意是应以社会形态为基础，从文化阶层差异的视角进行分档。研究文化的很多学者认为，文化的结构有“浅层”“深层”之分，与之对应的便形成了“显型文化”和“隐型文化”。前者多指物质文化、制度文化、行为文化等文化事实，后者则指隐匿在文化事实中的价值观、意向、精神、态度、知识等。“前者（显型文化）是后者的外部表现和形态，后者（隐型文化）是前者的内在规定和灵魂。”[⑤]毋庸讳言，社会常以人群而分，不仅有年龄、性别、职业和信仰的差异，也有文化程度和兴趣爱好的不同。加之各地域的文化背景、风俗习惯、自然环境等关系，便形成了大小不一的“文化圈”，而这些“文化圈”有的并列、有的套接。因此，造成各阶层文化有别的主要原因，应该是“隐型文化”在各类人群中所呈现的状态迥异所致。尽管在原始社会中，因生产力和生活水平的大致同一性，其文化的进程多属同一层面，但是自奴隶社

---

① 卢元骏注释：《说苑今注今译》，台湾商务印书馆 1977 年版，第 517 页。

② 冯天瑜等：《中华文化史》，上海人民出版社 1990 年版，第 12 页。

③ 《张道一文集》，安徽教育出版社 1999 年版，第 471 页。

④ 参见张道一《心灵之扉——张道一论艺术》，山东美术出版社 2001 年版，第 163 页。

⑤ 同注②，第 34 页。

会始，阶层文化产生分化，“文化圈”逐渐形成，及至封建社会，便分立了几种不同的文化。张先生将其总结为以下四点。

其一，以宫廷为代表的贵族文化。从《周礼》《礼记》到历代的舆服制度，到文学上的赋、乐府，以及美术上的院体画（图5-2）、工艺品等。主要追求富丽和豪华，以标等级，明贵贱，炫耀地位和财富为标志。

其二，以文人士大夫为主的文人文化。这包括像文人直接从事创造的书法、“文人画”、诗词等，也囊括像假艺人之手而明文人之志的文房四宝、清供摆设、园林盆景，以及唐宋以来的茶茗和明清的紫砂茶壶（图5-3）等。其特点主要强调雅致逸趣，清高亮节。

图5-2　宋画院李唐于宣和六年（1124）作《万壑松风图》

图5-3　顺治七年（1650）制壶名家王友兰款狮球钮方紫砂壶

其三，以宣扬宗教为目的的宗教文化。主要是佛教和道教，以及各种地方性的信仰和占卜、算卦、相命、风水等，除本身的经典和数术外，常利用文学、美术、音乐、舞蹈等形式以为宣传。例如敦煌的“经变”，道教的符咒、纸马，佛道的音乐、傩舞、寺观建筑（图5-4）等。

其四，以农民为创造主体的民间文化。如传统的民俗节日、人生仪礼和日常生活的各种方式及其用品，以及民间说唱、俚曲、草台小戏、皮影、年画（图5-5）、剪纸等。或以实际应用，或装点环境，或娱悦心神。总之其特征在于自给、自用、自娱，且皆为农民的家庭副业或由手工艺人

图 5-4　重建于唐建中三年（782）的五台山南禅寺

图 5-5　苏州桃花坞木版年画代表作《一团和气》

完成。[①]

对于民艺的研究而言，上述文化分类是具有合理性的。此种研究方法并不对民艺直接下定义，而是通过分类比较，从中提升出民艺的本质及特征。因为，上述文化分类在理论上虽十分明晰，但对于各自实际品物或活动来说，其界限有时却较为模糊，所以很难列出百衲衣式的定义。四者一面并行发展，一面又交互影响，甚至在不同程度上有所结合。张先生分析，从他们的关系看，前三者（宫廷文化、文人文化、宗教文化）是在后者（民间文化）的基础上发展与升华的。例如，自《诗经》三百篇的时代起，便建有“采风”制度，宫廷的“乐府”也源自民间；至于院体画和宫廷工艺美术更是从民间选调画家和手工艺人，而后加以规范。而文人画的发生与发展，有可能受到民间青花瓷的影响，宗教艺术则直接采用民间艺术的形式，只是多赋予宗教内容，以便广布与流传。因之，民间文化可谓带有原发性，面广量大，是其他文化摄取滋养的基础，所以具有“母体型”文化的性质。当四种文化圈具体到艺术层面时，便产生了四种不同类型的艺术，即宫廷艺术、文人艺术、宗教艺术和民间艺术。由此又可推衍，这几种艺术在发生与发展上既有派生现象，又有共生现象，总是相互联系。但有一点十分明晰——民间艺术一直是艺术的基础。（图 5-6）

① 参见《张道一文集》，安徽教育出版社 1999 年版，第 472—473 页。

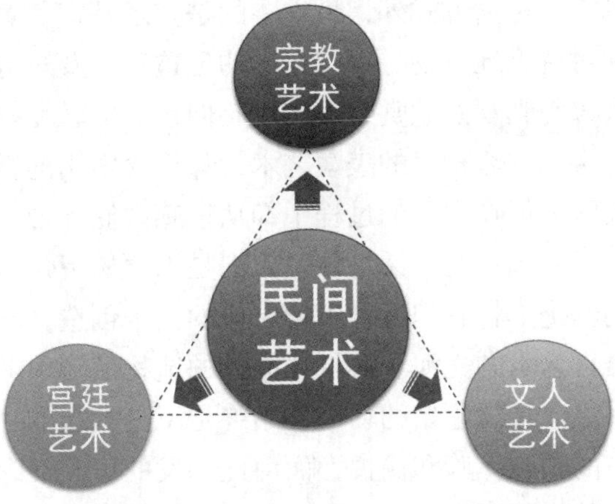

图 5-6　民间艺术与宫廷艺术、文人艺术、宗教艺术之间的关系示意图

二、对民艺“原发性”文化特征重要性的肯定

如上文所述，张道一先生并未对民艺的概念以定义的形式界定，因此可以看出，与其强调民艺与“非民艺”的区别，倒不如注重此二者的联系，并由此理解民艺“原发性”文化的特征。一般意义上的“非民艺”艺术，除外来和近现代被移植的艺术外，基本上便是历史上所形成的宫廷艺术、文人艺术和宗教艺术，他们多与民艺相联系，彼此间存在对应关系，而非完全对立。[①] 张先生站在历史角度剖析：“民间艺术是人民大众创造的，是广大生产者的智慧结晶，从这个意义上讲，每个人都可以成为艺术家。专业艺术和专业艺术家的出现，是个历史现象。他的出现，不仅与民间艺术拉开了距离，在艺术的技巧上明显地提高了，但作为艺术同生活的关系，却始终达不到民间艺术的真切。而自从有了专业艺术和专业艺术家，并没有取代民间艺术，只是与民间艺术并行发展。”[②] 言下之意，“非民艺”的艺术及艺术家最初还是从民艺中升华而来的，待发展到一定程度便与民艺相并列。从此点来看，民艺是一种“母体型”的艺术，具有“原发性”。

究其原因，在于民艺之源乃原始艺术。初民在生存需求与生存方式中，自发地肇始了最初的艺术形式，并借此而分化出后来各社会阶层的艺术。民艺的精神生产和精神活动，无疑闪烁着原初的智慧之光。原始的创造活动，本身并无主观能动的审美意识，但却埋下了民艺的种子。除了精

① 参见张道一《心灵之扉——张道一论艺术》，山东美术出版社 2001 年版，第 165 页。
② 同上书，第 165—166 页。

神特质、艺术风格、传播方式外，最重要的是艺术及审美意识的萌动和觉醒，此实属一种对待天地万物、对待自己的创造，以及对待自身从无意识到自觉，从涉入参与到观照欣赏，由实用趋向审美的转变。例如，原始舞蹈从发生意义上讲，并非初民的表演艺术，却饱含实用的激情，很大程度上与生存观相关联，但在发展的过程中却从情感内涵和形式特点上为后来的民间歌舞奠定了基础；而神话与传说，则是以原始视角对生活的阐述和解说，当时人们丝毫不将它们视为虚构想象的艺术创造，然而这却在客观上开启了民间语言艺术的先河。如果从原始的造物活动中考察，民艺的原始性质则越发明显。譬如原始的功能性始终是工具制造的主导因子，但并不排除混合其中的精神体验和愉悦，而由此触发的审美观念也必然构成其后手工工艺创造的先行因素之一。换言之，原始工具既是劳动的产物，又是艺术发生的标志。（图 5–7、图 5–8）诚如潘鲁生在《民艺学论纲》中所言："民艺是其他美术形式母体的观点，是构建在本原文化[①]基础上的。作为美术起源问题，自然同这一美术母体关联在一起，也就是说，民艺的起源从某种意义上来讲，就是艺术的起源，因为作为原始美术，还没有今天意义上的'美术'的概念，它更多的成分是工艺和工具的起源，这是因为民艺的美术形态，其载体包括大量工具在内的手工艺制品。它同今天概念上的美术发展历史有相通之处，但又有自身的特征。"[②]

图 5–7　裴李岗文化石镰（河南省新郑市裴李岗出土，距今6800—8700年）

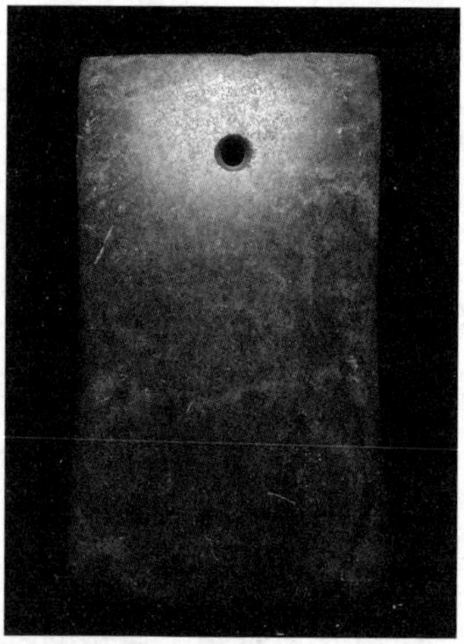

图 5–8　大汶口文化玉铲

① "本元文化就其性质和意义讲，也可称为'本原文化'。它是人类最初的文化形态之一。"（《张道一文集》，安徽教育出版社 1999 年版，第 502 页）

② 潘鲁生：《民艺学论纲》，北京工艺美术出版社 1998 年版，第 30 页。

民艺身为“原发性”的艺术，其实质是生活与审美相融的产物，可谓生活中的艺术。张道一先生将民艺归为本元文化也是从这个角度考虑的。不妨说，“原发性”就是它的本元性，即物质与精神混沌统一的整体。它是人类最初的文化形态之一，也永葆常青。因为民艺毕竟与人们生活关系密切，就其主流而言，多具实用性特征，尽管也有一部分带有“纯艺术”特点，但仍与实用临迩。民艺的功能和目的是满足自身的生存需求，而后追求美好的生活、抒发理想、表达向往与祈愿，但这些皆与原初的生命价值和生命原则相联系，因而也必然承载着原始文化的特质。民艺原始文化的本元特征主要表现在以下两个方面。

第一，它立足于实用的物质性，并混合着一定的精神目的，在不受外因干扰的情况下，依据创造主体的本愿，利用现存的条件进行设计制作，既为生产与生活的内容，又有艺术内蕴的显现，将物质生产与精神生产完美地交织。例如，淮阳“泥泥狗”是豫南一带极具历史特色的民间玩具，相传其原型乃伏羲所做样式，多为半人半猴状，其品种有“人祖猴”(图5-9)、“人面猴”、“抱膝猴”、“抱桃猴”、“肚兜猴”等，造型简约洗练，给人以神秘之感。但究其文化内涵，却不单囿于工艺玩具，实则很多“泥泥狗”腹部装饰与古老的生殖崇拜有关，且渐成为人们避凶、趋吉、求子的圣物。又如，香包是中国民间非常流行的一种刺绣工艺品（图5-10)，不仅样式多样，而且内涵丰富。据传说，端午节佩香包可以避邪，免生灾祸。事实上，真正“避邪”的是香包中的中草药香料，其功用为驱蚊、杀菌，益于健康，然而却是物质性与精神性的完美统一。

图5-9　人祖猴（河南民间玩具）

图5-10　清代刺绣五毒纹样香囊

第二，它体现的不仅是创作者个体的需求、意愿和精神审美活动，更多情况下，反映的是同一族、同一区域内，人们共同的价值尺度和审美理想，以及一定的信仰和崇拜观念、思维模式。这与原始文化在某种程度上是相通的，亦可称为“习俗的意义”或“内在意义”，其构成往往不止于就事论事，而是带有浓厚的象征义，浓缩或积淀着从原始思维中嬗变而来的价值取向和基本态度。譬如，桃的吉祥寓意便具有典型的“习俗意义”。在上古传说中，桃树乃由夸父手杖幻化而成。《山海经 · 海外北经》载“夸父与日逐走（图 5–11），入日。渴欲得饮，饮于河渭；河渭不足，北饮大泽。未至，道渴而死。弃其杖，化为邓林”[①]，邓林即桃树林。又有传说东海度朔山有棵大桃树，树下二神——神荼、郁垒，专事捉鬼，因此桃树又被视为王木之精，有祛邪避鬼之用，《本草纲目 · 桃符》引《典术》云，“桃乃西方之木，又木之精，仙木也。味辛气恶，故能压伏邪气，制百鬼”[②]，旧时人们在桃木板上绘神荼、郁垒二神以制桃符，大年初一立于门旁，以示驱鬼。其后，又有在桃符板上书写联语形成春联。而桃花常用来比赋美女的娇容笑貌，桃实则成为“仙桃”“寿桃”，多以鲜果或蒸面桃来象征长寿。总之，桃的木、花、果与人们的生活紧密相连，其象征义从古至今在民俗、宗教和审美的观念中世代相传。（图 5–12、图 5–13）再如，“榴开百子”（图 5–14）的“习俗意义”实际是对传统观念中象征多子多福的继承。据《北史 · 卷五十六 · 魏收传》载：“安德王延宗纳赵郡李祖收女为妃，后帝幸李宅宴，而妃母宋氏荐二石榴于帝前。问诸人莫知其意，帝投之。收曰：‘石榴房中多子，王新婚，妃母欲子孙众多。’”[③] 民间石榴类的形象多装饰在画稿、建筑、家具、器用之上，用以象征多子。（图 5–15）

张道一先生曾多次强调，认识民间艺术的原发性特征非常重要，“它不仅可以改变艺术史上被颠倒了的发展序列，为艺术分类学提供可靠的依据和奠定牢固的基础，也会改正 19 世纪以来美学家们囿于偏见而排斥实用性艺术的不能自圆。唯其如此，才能真正恢复民艺的历史地位和摆正它在艺术之林的位置”[④]。不妨套用张先生《美在民间》（图 5–16）一书的标题，可以说“艺在民间”，艺术的发生和发展关键在于民间文化的滋养。

---

① 马昌仪：《古本山海经图说》，山东画报出版社 2001 年版，第 470 页。

② （明）李时珍著，陈贵廷等点校：《本草纲目》第三十八卷，中医古籍出版社 1994 年版，第 932 页。

③ （唐）李延寿撰：《魏收传》，《北史》卷五十六，中华书局 1974 年版，第 2033 页。

④ 张道一：《心灵之扉——张道一论艺术》，山东美术出版社 2001 年版，第 168 页。

图 5-11　夸父逐日（马昌仪:《古本山海经图说》，山东画报出版社 2001 年版，第 471 页）

图 5-12　大寿桃（山西孝义民间剪纸）

图 5-13　清代玉桃式洗

图 5-14　榴开百子图

图 5-15　清末民初榴开百子银锁

图 5-16 《美在民间》封面

古人要求诗风变革时对《诗经》和“乐府”民间性的强调，对民歌俚曲的赞扬；“五四”文学革命时期，对民谣、民间文学、民俗的发掘整理；当代作家在政治性文学热潮过后对“寻根”和“原生态创作”的推崇；音乐、绘画、雕塑等艺术门类“走向民间”等，皆是对于原发性艺术和生命活力的回归。但是，在人类历史发展长河中，随着文化层或文化圈的分立，作为艺术的发展呈现两条不同的演进轨迹。其中一支随上层社会的需求慢慢成为适应上层社会的艺术形式，创作目的、风格特征、形式语言、审美旨趣等方面都日益呈现该阶层艺术的特点；而另外一支则直接秉承原始艺术的衣钵，始终保持人类童年时期文化的混合属性，其创作方式具有所谓下层文化的原发精神。此二者亦可用“雅”与“俗”概括。然而，如上文所述，无论“雅”“俗”与否，二者的划分并非决然，也非实质性对立。事实是，二者同源，换言之，“雅”在艺术本质上是“母体型”艺术的嬗变，从根本上汲取了民艺中的营养。暂且不说历代宫廷造办中服役的工匠多来自民间，就连北京故宫御花园的砖刻镶嵌花石子路也极富民间色彩；而南京明故宫遗址石础和壁石的花纹雕刻显然也受到民间砖雕的影响。不过，毋庸讳言的是，在长期的封建社会中，民艺往往遭到鄙夷，受到不公正的待遇。宫廷贵族和文人士大夫一方面假民间工匠之手为其创作艺术，而另一方面却对工匠自身以及他们的器用不屑一顾。张先生在标明民艺“原发性”特征的同时，也驳斥了历史上民艺向来遭鄙视的现象。他认为，鉴于民艺是各阶层艺术的基原，它应受到重视，因为它毕竟是艺术的“母亲”。①

三、对民间文化传统基础作用的考析

历史悠久、文化璀璨的中华民族，不仅拥有浩如烟海的历史文献，且具有源远流长的民间传统，其辉煌的过去可谓为世界文化宝库中的一枝奇葩。民间文化是中国民艺学产生和发展的根基，并赋予它丰厚的底蕴和深刻的内涵。这一方面表现为极为丰富的民间文化遗存和事象，另一方面则体现在古往今来历代学者对民间文化研精阐微的分析和态度鲜明的臧否。张道一先生便是这样一位对民间文化传统予以艺术性诠释和评介的学者，其卓越之处，在于从民间文化传统的考析中放眼未来的走向，欲从文化理想的境界，复兴民族性的艺术基原。当下，面对经济全球化的声浪和环

① 参见《张道一文集》，安徽教育出版社1999年版，第503页。

境，这一点无疑显得非常重要。本土化、民族化将成为中国艺术进程的必由之路，否则必将丧失自己，更不消说傲立于世界民族之林。正如钟敬文先生所述："在今天，一个民族和国家，要在世界上生存下去，它必须具有适应时代要求的现代文化。要建立这种新文化，就必须在自己社会的基础和需要上，在吸取世界进步文化的同时，认真吸取和发扬恢复本国优秀的传统文化，并把它们加以融汇和创造。因为，缺乏以本国优秀的传统文化为基础或要素的新文化的创造，即使是可能的，也是没有多大价值的。这种文化像没有植根土地的浮萍，或者像那没有祖国的流浪儿。"①

张先生在研究民间文化传统时指出，文化与经济的发展虽非成正比，但也不是一一对应，但前者始终难离经济基础，其思想观念亦与之相应。譬如，中国古代以农立国，两千多年的封建社会延续不断，农耕文化下的思想观念势必强调"人与自然"的协调关系。而在西方文明发展至一定程度后，自省和反思迫使西方人重审"人与自然"的关系时，中国有关"人与自然"的传统意识便被有意或无意地放置到重要地位予以观照。因此，认识中华民族文化内涵，厘清发展脉络，将对未来人类进步大有裨益。而关键在于需要认识文化的基础——民间文化。②中国农耕文化所孕育的精神内核多浸濡在"中庸"和"调和"之中，中国传统美德，诸如勤劳、坚韧、谦让、忠厚、敬老、爱幼、友善和乡土观念等，皆是这种文化的表征。而体现在那些传统节日、人生礼仪、日常生活、相互交往、对待师友等方面，则无不表现出惩恶扬善、扶正祛邪，追求真善美、鄙视假恶丑，而这些往往又成为民间文化的指导思想和价值取向。

早在先秦诸子争鸣立说的时代，他们的学术和思想或多或少都从民间文化中汲取了一定的营养，尽管其学说主要是针对政治、经济以及思想道德，但不可否认都需面向社会现实和生活，因而他们往往借用民间文化中的现象或品物作为论例或譬喻，以推行主张、寄寓道德。虽然这些尚属旁敲侧击，但却从侧面反映了诸子对民间文化的认识和态度，在客观上影响当时民间文化的发展。张道一先生认为，民间的东西对先秦诸子学说而言，确实带有启发的意义和滋养的作用，这也是他们的思想至今仍无比珍贵的原因之一。③他还举例道："在《韩非子》中专有标作《说林》的两篇，便是民间传说和历史故事的汇集，可能是韩非准备写论文的说明材料，在

① 钟敬文：《话说民间文化》，人民日报出版社 1990 年版，第 16 页。

② 参见《张道一文集》，安徽教育出版社 1999 年版，第 480 页。

③ 依据：2007 年 10 月 14 日在张道一苏州家中谈话录音资料。

其他各篇中，也多见这样的例子。其他诸子，也是如此。”[①] 如若从工艺造物的角度考察，上述之点越发明显。譬如《管子·法法第十六》曰：“明君制宗庙，足以设宾祀，不求其美；为宫室台榭，足以避燥湿寒暑，不求其大；为雕文刻镂，足以辨贵贱，不求其观。故农夫不失其时，百工不失其功，商无废利，民无游日，财无砥墆。故曰：俭其道乎！”[②] 可见，管子怀有朴素的平民主义思想，希望农工百事均从实际功用出发，提倡节俭，反对脱离实用的奢华。

在文学方面，张先生经过考察，分析道：“民间文学在文学史上的重要，因为它直接来源于生活，具有强烈的感染力，艺术成就也最高。”[③] 他以《诗经》为例，认为“风”“雅”“颂”代表三个不同的“文化圈”，实则“风”即为当时各国的民谣，占了《诗经》的一半，可谓精华；而屈原的《楚辞》亦得益于民间的素材；唐宋的文学家、诗人和词人深谙向民间语言借鉴之道，像刘禹锡便以民歌形式改革新体诗《竹枝词》《杨柳枝词》等；至于长篇小说更是从产生便与民间文学结缘，诸如《三国演义》《西游记》等名著都曾以民间长期流传的题材为基础，《聊斋志异》则多为民间鬼狐故事。此外，张先生还指出，戏曲方面亦然，它与长篇小说一样，虽出现尚晚，却与民间文艺结缘颇深。例如，关汉卿是中国戏曲的奠基人，他熟悉大众生活，面向民众，采用民间喜爱的艺术形式、语言和素材，在一定程度上反映了广大群众的思想、观点、爱好和趣味；明代戏剧家汤显祖亦重视民间通俗文学的研究，对自己家乡——江西临川的戏曲做过细致的考察，其影响甚广。[④]

民间文化传统的基础作用，在美术方面也体现得淋漓尽致。张先生明确提出，汉代画像石和画像砖标志着中国绘画的成熟，但其作者皆为民间工匠，包括知名的武梁祠画像石（图 5-17）作者卫改。而著名的敦煌莫高窟壁画艺术（图 5-18），从十六国、北魏经隋唐到宋元，遗存至今多达近五百窟，其创作匠师也都属民间。又如宋代兴起的风俗画（图 5-19），更因乡土气息浓郁、有不少“娃娃戏”而显现出独特的魅力。值得一提的是文人画，它的两个特点分别为：第一，写意的伴随，用笔简易却意全而传神；第二，内容的含蕴，托物寄意，以实形隐语虚意。然而，这种形简

---

① 《张道一文集》，安徽教育出版社 1999 年版，第 481 页。

② （战国）管仲撰，梁运华校点：《法法第十六》，《管子》卷第六，辽宁教育出版社 1997 年版，第 52 页。

③ 同注①。

④ 同上书，第 482 页。

图 5-17　山东武梁祠第一幅西壁画像石拓片

图 5-18　敦煌莫高窟第 62 窟 东壁北侧下层壁画供养人与牛车

图 5-19　宋代李嵩的风俗画《货郎图》局部（下图为诸葛铠先生描摹）

和寓意，在民间美术中比比皆是。因而张先生思考："从相互的关系看，在历史上起初是民间美术影响了文人美术，待到文人美术成熟之后，在社会上占有重要的地位，又反转过来给民间美术以影响。这种互为作用的关系，'俗'与'雅'的辩证发展，是中国文化长期兴旺不衰的一个重要原因。"① 另外，在中国美术史中，民间木版年画的意义与地位也举足轻重。张先生从人类文明的高度，评价了中国造纸和印刷的巨大作用。而木版年画也是在此基础上演化而来的，在雕版中由刻字到刻图显然顺理成章。一

① 《张道一文集》，安徽教育出版社 1999 年版，第 484 页。

些刻工精细继承传统界画、人物画的精髓，又参酌西洋透视法和淡墨套印的年画真正达到了“雅俗共赏”的境地。

总而言之，中国文化传统自成体系且源远流长、气象万千，而民间文化在其中更是历史悠久、绵亘不绝、基础深厚。张先生深刻认识到，它似母亲一般滋养和哺育着其他形式的文化，其伟大传统和民族精神，无论在何等形式的文化领域中，都应被不断地延续下去，这对今后的民族文化复兴而言，无疑意义深刻。

第二节　同源、隶属、分立——探寻民间艺术、民间美术与民间工艺的关系

图 5-20　日本“民艺运动”的倡导者柳宗悦

近年来，“民艺”一词渐被学界所认同，然该词在汉语中原不常用。张道一先生指出，从字面训诂，“民”可释为“民间”“民众”“平民”；“艺”可理解为“艺术”“技艺”“工艺”。事实上，“民艺”较早地出现于20世纪30年代的日本，由“民艺运动”的倡导者柳宗悦（1889—1961）（图5-20）提出，但具体解释却与中国“民艺”有所差异。“日本的民艺可以理解为‘民间工艺’‘民间手工艺’，主要内容是指那些以实用功能为主要目的，同时又具有某些审美价值的物品，但主要侧重于实用目的。而我们使用的‘民艺’一词，不仅在内涵上要比日本的‘民艺’宽泛，包括的内容也不尽相同。”① 柳宗悦在《工艺文化》一书中，对民艺的性质和界限做了阐述。他举出其五个显著特点：“1. 是为了一般民众的生活而制作的器物；2. 迄今为止，是以实用为第一目的而制作的；3. 是为了满足众多的需要而大量准备着的；4. 生产的宗旨是价廉物美；5. 作者都是匠人。”② 而中国的“民艺”几为“民间艺术”的略称，涵盖并超越了一般美术意义的范

① 唐家路：《民间艺术的文化生态论》，清华大学出版社 2006 年版，第 4 页。

② ［日］柳宗悦：《工艺文化》，徐艺乙译，中国轻工业出版社 1991 年版，第 53 页。

畴。其中，除了年画、剪纸等形式极具纯粹审美价值之外，其他大多与实用关系密切。因此它的分类特点不应以一般艺术分类方式为圭臬，诸多学者都曾从不同的视角对民艺或民间美术做过划分。已故民族学家岑家梧先生立足民俗学将其分为六大类别——工艺、绘画、建筑、雕塑、舞乐、歌谣；美学家、美术理论家王朝闻先生将民间美术的研究对象分为直接的与间接的两种，并从民间美术与非民间美术的关系方面进行论述，探讨二者审美的普遍性与特殊性的联系及差异；王树村先生亦以民间美术的视角将其分为三类——具有独立欣赏价值不依附使用器物或建筑的装饰、附属于日常生活用品或建筑上的装饰、既非独立欣赏品又不附之于任何物品的形式；邓福星先生将民间美术归结为六个门类——供奉类、宅居类、服饰类、器用类、贴饰类、游艺类。[①] 而张道一先生则将民艺举为八大类别：衣饰器用、环境装点、节令风物、人生礼仪、抒情纪念、儿童玩具、文体用品、劳动工具等。并且，他又从民艺作品的性质、多寡和主次出发，强调造型艺术的特点，因而又将其分为九个方面：年画花纸、门神纸马、剪纸皮影、陶瓷器皿、雕刻彩塑、印染织绣、编结扎制、儿童玩具、其他。[②] 从上文所述可看出，对民艺分类的探讨中，势必关涉民间艺术、民间美术和民间工艺三者的关系，张先生对此有过深刻探讨。

一、界定三者中“民间”概念的同源性

无论民间艺术、民间美术抑或民间工艺，三者前皆冠有“民间”二字。毋庸置疑，“民间”是此三者的基础型限定，是相对“非民间”而言的。此亦是说，民间艺术、民间美术和民间工艺都是以民间为根底，从而区别于非民间的艺术、美术和工艺。然而，如若从大的范围着眼，“民间”实可涵盖整个人类或全部社会生活。试想何人何事不在民间？但事实上，当“民间”被正式提出和应用时，已然被当成了一个有特指重心的分类概念，与“上层”“官方”“宫廷”“士大夫”等阶层有所别然。张先生探究后认为，从最早意义上讲，“民间”与“非民间”并非初始时分化，而是伴随阶级或阶层的产生而形成。它既可专指民间流传的活动、事象或品物，亦可指具体创造的主体和其作品。一般而言，在封建社会，“民间”实是与宫廷、文人士大夫和宗教有别；而在现代，则从倾向和风貌上与专业性和专业层次迥异。从艺术领域分析，“民间”的创作者主要为基层劳动者

① 参见潘鲁生等《民艺学概论》，山东教育出版社 2002 年版，第 23—25 页。

② 参见张道一《美术长短录》，山东美术出版社 1992 年版，第 270—286 页。

（在中国尤其是指农民和部分手工业者），其特点是带有原发性、业余性、自娱性和地域性。不妨说，“民间”概念具有“基础”和“矿藏”的性质。

必须承认的是，“民间”在生活形态、基调和风格上，确然有自身整体上的一致性和相对独立性。其概念一旦被提出或使用，本身就隐含了一种强调——对构成生活基础和底层最广大民众的强调。民间艺术、民间美术和民间工艺从产生之日起便都源自这种强调，其总体“气质”一般集中体现在观念、内容、形态、样式等方面的凡俗化和生活化。因为三者的根基毕竟是普通民众生存和生产的活动，体现他们的心态，形成自身与其他性质的精神生产及物质生产相异的特质。譬如，羊图腾崇拜可谓为羌族各类民间艺术形式的“母题”之一，而羊图腾实则缘于羌族民众在生活环境、社会生产等一系列因素影响下的生存观和生命观。据文献记载，羌人活动的地理位置，基本都在河（黄河上游）湟（湟水）洮（洮水）岷（岷江上游）一带，而西北地区便是羌人早期的活动区域。甲骨文上“羌”字是牧羊人，或穿羊皮褂的人，或以羊为图腾的人象形或会意。徐中舒在《羌族史》序中指出：“羌族是古代西戎牧羊人，分布在中国西部各地。他们原来就是一个农牧兼营的部族。”按《说文·羊部》解释：“羌，西戎牧羊人也。从人，从羊；羊亦声。”《风俗通》又释：“羌，本西戎卑贱者也，主牧羊，故‘羌’字从羊、人，因此为号。”[①]羌族先祖亦自称“尔玛”，意即羊叫时的象声音。羊作为羌人衣服、食物和经济的重要来源，与羌人的关系密切，也是今之羌人对古羌人游牧习俗的一种保留，可谓为羌族文化中集众神灵性、力量，祖先智慧、经验以及生命过程为一身，超越时间、空间的统一体。正因如此，羊图腾的崇拜观念便无时无刻不映现于羌族民间各艺术门类中。比如，在口头艺术方面，羊曾被传说为“羌戈大战”中羌人获胜的重要因素之一：羌人谨遵神谕，作战时颈系羊毛线，大败戈基人。而民间舞蹈中有一种名曰“锅庄舞”的形式，亦是为保证生活资料来源，不得已捕食图腾物，而后分食图腾时谢罪或感恩仪式的形式延续。在民间美术中，则多有以羊为创作母题的浮雕或图形等。[②]（图 5-21、图 5-22）

根据张道一先生的阐析，艺术的各门类中，除少数属外来性质外，多是以民间为基原的发展和分流。而民间艺术、民间美术和民间工艺则尤显原汁原味的民间风情，是有关普通民众精神意识、思想观念、道德取向、

① 冉光荣等：《羌族史》，四川民族出版社 1985 年版，第 1 页。

② 参见张犇《四川茂汶理羌族设计的文化生态研究》，博士学位论文，苏州大学，2007 年，第 24—38 页。

图 5-21　羌族以羊为母题的浮雕（张犇：《四川茂汶理羌族设计的文化生态研究》，博士学位论文，苏州大学，2007 年，指导教师：诸葛铠教授）

图 5-22　羌族体现羊图腾观念的“云云鞋”

宗教信仰、审美趣味等方面在艺术领域的映射。但他同时亦指出，“民间”一词不可简单地视为与“官方”相对。因为“民间”与“非民间”的区别，有的泾渭分明，有的界限模糊，甚至交糅错综。即便有些民间手工艺人的作品，也应根据从事生产的服务性质将其归类，有的属于民间，有的却带有典型的文人士大夫色彩，因而须具体问题做具体分析。[①]

二、明确三者的隶属与分立

在这里，为了明确民间艺术、民间美术和民间工艺三者的关系，张道一先生的做法是首先明晰艺术、美术和工艺的关系。他说：“按照现代一般的理解，三个词表示着三个阶梯，三个层次，在概念上有大小和隶属关系。‘艺术’中的所谓‘八大艺术’已被实践所突破；‘美术’也不限于绘画、雕塑、建筑和工艺，并已有书法专领一类。至于工艺，由于现代工业艺术的发展，大有无法包容的程度。而在另一方面，最初使用这些名词时，常把‘艺术’和‘美术’混称，因此，在习惯上，‘艺术’又有广义和狭义之分。广义的艺术包括了美术、音乐、舞蹈和作为综合性艺术的戏剧、电影等，狭义的艺术通常只是指美术。所以说，‘民间艺术’一词，既可统指民间的美术、音乐、舞蹈、戏曲、杂耍等，也可专指美术。”[②] 由

① 参见《张道一文集》，安徽教育出版社 1999 年版，第 528—529 页。

② 同上书，第 529 页。

此可见，广义的“民间艺术”实则将民间美术和民间工艺统辖在内。

事实上，民艺学的研究对象虽以民间美术和民间工艺为主体，但近些年学界却不常沿袭以往惯用“民间美术”或“民间工艺”之称谓。此意在于增强“民间美术”和“民间工艺”的文化及生活内涵，强化它们人文学科、社会学科的意义。因为，民艺毕竟与民众生活方式、民俗活动及其他形态的艺术内容结合紧密，其特殊的艺术形态特征，诸如体裁、样式、功能、结构等与一般美术的空间性、造型性和静态性特征迥异，更多地带有时空性和动态特点。譬如，皮影、面具、脸谱、风筝、玩具、纸扎和面花等并非纯粹的静态艺术作品，同时包含广义的艺术形态特征，常伴随民间性的音乐、舞蹈、戏曲和说唱等内容。[①]（图 5–23、图 5–24）诚如张先生所言：“研究民间艺术，即使狭指美术，也不是绝然独立的。……民间美术虽然诉诸于视觉形象也不是同文学、戏曲、音乐等无缘。作为研究，还必须进行综合的比较、互勘。如果仅仅停留在形式上，是很难把握其实质的。”[②]但他亦指出，民艺的研究与民俗的研究不可等而视之。即使研究对象相同，其角度尚有差异。“就民俗学来说，不论社会民俗、信仰民俗、生活民俗、生产民俗，其中都有相当多的民间艺术成分，但是对它的研究，是以民间的风俗习惯为主线，民间艺术不过是一种表现的形态。而民艺学则着重于研究艺术的发生和发展同劳动群众的关系，以及由此所形成的种种特点和规律。”[③]过去的民间艺术研究，易从艺术本体着眼，忽视民

图 5–23　清代皮影“骑马大公主”

图 5–24　宋代苏州泥塑摩睺罗（童戏玩具）

① 参见唐家路《民间艺术的文化生态论》，清华大学出版社 2006 年版，第 3 页。

② 《张道一文集》，安徽教育出版社 1999 年版，第 531 页。

③ 同上书，第 530—531 页。

艺中“民”之内涵与“艺”之特征。如单纯从美术概念来理解民间艺术，往往囿于形象、形态、形制而不能超越，从而使其只具美术意义而无自身特点。所以，从研究范围来看，“民间艺术”应是实用功能与审美功能相结合的艺术形式，既包含以审美意义为主的造型艺术，亦囊括民间实用艺术或传统民间工艺美术的部分。

与此同时，还需注意的是民间美术与民间工艺的关系。张先生依旧以美术与工艺美术的关系为参考坐标进行分析，他曾说：“至于美术和工艺美术，既可在美术中包括了欣赏性的（以精神活动为主）如绘画、雕塑，和实用性的（以物质生产为主）如建筑、工艺；又可将两者分开，以工艺与美术并列。”[①] 由此推衍至民间美术和民间工艺，亦可看出二者隶属与并列的关系。在以往的研究中，民间美术多作为广义概念而将民间工艺囊括其中。大凡民间造型艺术都属民间美术，其概念往往比较宽泛。但现在为了便于研究，多有将以纯粹审美和精神生活作为主题的归为民间美术，而将以实用和物质生活为主题的归为民间工艺。这样二者便成为并列关系，共同构成民间艺术的研究主体。于是，在民间美术中便有如下几类[②]：

1. 祭祀供奉类

祭祀供奉类，包括民众对民间诸神的信仰崇拜所雕刻、绘画的各类神像、神马，在祭祀供奉活动中制作的各类面花、纸扎等。

2. 装饰美化类

装饰美化类，包括节令活动、人生礼仪等民俗生活中的年画、窗花、布画、杂画、室内装饰品以及民众自身装饰的剪纸花样、鞋样等。

3. 娱玩教化类

民间戏曲文化传播中涉及的面具、脸谱、皮影、木偶、相关戏文艺术品，以及形式多样、材质各异、分布广泛、具有启蒙教育、开发智力又饱含审美功能的民间玩具等。

4. 游艺竞技类

民众在游艺民俗活动中所使用的舞具、道具、乐器、彩灯及其他杂艺品。

而民间工艺则分为以下几类[③]：

1. 穿戴服饰类

民间具有一定实用功能的穿戴服饰形式，包括服装、饰品、鞋帽、印

① 《张道一文集》，安徽教育出版社 1999 年版，第 529 页。

② 分类观点参见潘鲁生等《民艺学概论》，山东教育出版社 2002 年版，第 27 页。

③ 同上。

染、刺绣、挑花、织锦等相关工艺和服饰用品。

2. 宅居陈设类

宅居陈设类，主指民众居住的宅舍及与生活相关的其他建筑物，其中包括建筑构件的各种砖、木、石雕以及室内家具和陈设等。

3. 生产劳作类

民众在日常劳动中所创造和使用的各种农具、渔猎养殖具、交通运输具、手工业工具及其他加工工具等。

4. 生活起居类

生活起居类，包括民众在日常生活中创造和使用的各种餐饮厨炊用具、起居用品及其他生活用品等。

第三节　反刍与复归——建立中国民艺学学科的呼吁

张道一先生虽立足于文化复兴的理想，倾心于民间传统的研究，但却并不一味盲从过去，他有所甄择，有所去取，其目的始终是从文化的角度发展中国民艺，建立独具特色的中国民艺学。尽管研究中难免涉及往昔诸多文化现象，有些甚至濒临消亡，貌似陈旧和没落，然而这却是文化研究中经常出现的进道若踡，是一种“反刍”和“复归”，它并非简单的周而复始，实则是以现代研究方法和视角对过去的重新考究，可谓文化层次上的再提高。按张道一先生自己的话说，这叫“张果老倒骑驴”，意即民间文化的研究，势必回望过去，但总体趋势却始终向前，其指归是更好地使民艺在现时和未来中取得更大的发展，从而上升到理论研究的学科地位。

一、探讨现代语境下民艺的利用、转化与创新

“早在20世纪80年代初，美国著名学者约翰·奈斯比特就指出，现代社会电子技术和民俗文化艺术的发展是并行不悖的。这是全球化发展中的一个必然趋势。美国、日本等发达国家曾经这样发展过来，今天中国也走到了这一步。”[①] 但同样需要看到的是，中国传统民间文化现在的发展可谓“内外交困”。一方面，自20世纪“五四”新文化运动荡涤旧的思想体系始，民族文化自身便面临转型及新旧衔接的问题。旧式民族文化形态体

① 陈勤建：《民间文化遗产保护和开发的若干问题》，《江西社会科学》2005年第2期。

现的是千百年来中国内在的文化机制和心理条件，与人们的风俗习惯交融难分，既为历史积淀，又深植于民众之中。然而，当一系列社会动荡、政治运动接踵而至时，人们的道德观念、价值取向急剧变化，甚至有与原有文化格格不入之势态，文化中的传统因子遭遇被丢弃的可能。作为传统文化中最基础部分的民间文化，也由内因使然，发展缓慢。另一方面，迫于青黄不接，在生产、生活方式以及精神领域发生重大变化的过程中，文化的选择上难免会偏好异己或外来的文化。而对外来文化的引入、热衷，甚至崇拜，却会在一定程度上转移对传统文化、民间文化诉求的注意，这便是民间文化之所以陷入困顿的外因。当然，外来文化中不乏优秀的成果和精华，但在中外文化“对流”的旋涡中，中国民间文化的地位几经起伏，始终难以被提升到一定高度。

作为生长于民间社会背景之上和承载民间文化内蕴的民间艺术，由于丧失或改变了生存的土壤，也日益衰落或蜕变。不难发现，民间艺术的市场日渐缩小，在“农耕文明”的自然经济环境中，最基层的广大民众可以通过自己的劳动，创造大部分生产和生活所需，自给自足，自得其乐。其民间艺术也在这种语境下既满足当时的精神需求，又适于彼时的物质需要。但是，当经济基础骤变，生产方式改头换面后，民间艺术便由原来广大民众构筑的市场逐渐缩小到以农民为主体的市场。又由于西方生活用品的大量输入，中国民众生活习俗的改变，一些实用的民间工艺更受到冲击和排挤。功能价值和经济价值渐次从民间艺术中剥离开来，剩下更多的是与民俗生活、节令活动等相依的形式内容，人们对民间艺术的认识开始转向。这也使得民间艺术的创作方式和创作观念难以跟上时代的脚步。以往民间艺术的创作多采取父子师徒或家族世代相继的传承方式，其技艺和风格具有一定程式化特征。但经济的发展和生产力的进步，将很多劳动力从土地上解放出来从事新的生产活动后，无暇顾及原与生活密切相关的民间艺术，能掌握传统民间艺术创作方式的劳动力逐渐萎缩。剩下的创作主体和观念也多限于以往的题材、样式、材料、工艺，难以创新。

如此说来，民间艺术难道没有发展前景可言，抑或到此为止，寿终正寝，只能被博物馆收藏吗？事实上，正是由于目睹了民间艺术的困境，才引发了大批有识之士对其抢救和保护的呼声。尤其是近些年，伴随国家对“非物质文化遗产”的关注，以及“民俗热”“民间美术热”“回归寻根热”等社会思潮的涌现，民间艺术今后的发展成为众多学者研究的课题。如何在现代与传统之间相互沟通，使二者共生共存，是民间文化、民间艺术现状的要求，只有理论认识提高，才可避免盲目或偏激。对此，任何一位关心中国未来文化前途的学者，都须做出思考，而张道一先生的思考是明确的。他本着利用、转化和再创造的思想，认为民间文化应是长流不息的水，而非凝固的冰，即便一时冻结，也会有解冻之时。

在张先生的眼中，民艺欲图发展，首先须懂得的是“利用”和“借鉴”。他曾说过，“对于已经形成的民间文化，特别是像民间美术、民歌小调和戏曲唱腔等，它虽然是在过去的条件下产生，但在今天仍然有不少人喜闻乐见。人们对于艺术的欣赏和兴趣，是不受时空限制的。在现代生活中，客厅里陈设一件古代的文物，或是张挂一幅古代的字画，即使是复制品，也会感到古雅，甚至发出‘思古之幽情’”[①]。同样，民间的艺术品，诸如陶瓷、泥塑、刺绣、年画或剪纸，也会使人产生怀乡恋土之情。它的民族、民间、原发性风貌，足以令人感受淳风之美。因此，将民艺视为“富矿”，对其利用开发并不为过。换个角度说，艺术创作中对民间元素的利用，实是学习、借鉴、吸收的过程，是文化的升华，一方面推动自身艺术形式的发展，另一方面必将导致民艺的飞跃。而在此过程中，可通过两种方式进行“利用”：其一是整体性的运用，意即原封不动地保留民艺的形式、内容（或功能）技艺等，使之实用与审美结合。这在民间工艺中多有体现，譬如一些民间的瓷碗、瓷盆，陶质的缸、盆、罐壶等（图5–25），在现代化的生活中，既体现民间风貌的审美意趣，又有原来所具备的实用功能。其二是传统民间技艺和现代审美取向的结合，此即用现代审美意识对传统民间工艺的利用，使之与现代生活相适应。例如，现代剪纸的技法和工艺可能完全源于传统，而表现的形式则体现一定的现代感（图5–26）；农民画（图5–27）、年画也是如此，其表现技法和创作方式都保留原初状态，但题材和形式皆为现代。

另外，张先生还抱着“转化”的态度来对待民艺今后的发展。他认为：“一种文化的发生、发展与消亡，固然有其直接的原因，尤其是那些具有特殊功能的东西，一旦生活方式发生变化，它也就难以存在。可是它的‘消亡’，又不会不留下痕迹。这便是转化。”[②]从另一个角度可以这样理解，民间艺术事实上并非真正意义上的消亡，而是随着生活的变化而变化，逐渐从以往的发展形式转化为适应现代语境的发展形式。诚如张先生所举之例，现代生活机制日趋便捷和安适，工作节奏大大加快。人们在穿着上出现了国际型特点，然而民族服装并未因此消失。日本人上班虽西装革履，但回到家中却依旧换成宽松的和服。中国的少数民族服装，尤

① 《张道一文集》，安徽教育出版社1999年版，第489页。

② 同上书，第490页。

其是女性服装，虽有特色，但嫌烦琐，它也将转化为节日礼仪的礼服（图5-28）。未来的民族节日，伴随对民族文化的回溯情绪，只会愈加繁荣，不会轻易消失。各地的庙会等民俗活动，在宗教色彩或腐朽思想观念有所淡薄的情况下，渐进形成文化娱乐和经济交流的集会活动。因而那些称为“土宜”的民间工艺品和乡土玩具等民间艺术形式，定将受到格外的欢迎。[1]

图 5-25　清康熙民窑青花三国人物纹瓶

图 5-26　现代剪纸建筑风景

图 5-27　江苏淮安博里农民画

图 5-28　羌族婚礼服饰（张犇：《四川茂汶理羌族设计的文化生态研究》，博士学位论文，苏州大学，2007 年，指导教师：诸葛铠教授）

① 参见《张道一文集》，安徽教育出版社 1999 年版，第 490 页。

只有利用和转化依然不够，张先生始终强调民艺今后发展的“创新”。创新的阶段在他看来不仅在物质生活上已得到高度满足，而且在精神生活上要有相当的素养，是为实现自己的志趣、爱好、理想而从事创造性的文化活动。但他同时指出，这只是就一般的逻辑性发展而论，其中存在特殊的情况。譬如，中国农村妇女，在几千年“男耕女织”的文化背景下，当她们仍挣扎在“温饱线”上时，便从事“女红”文化的创造了。她们自己纺纱织布，缝衣绣花，不仅装点和打扮丈夫、老人和孩子，也美化了自己的生活环境。因此，张先生相信，这种创新的传统已扎根民众心灵深处，一旦有了适合的条件，必将复苏起来。[①] 尽管任何人都不能准确地预测未来民艺的真实面容，但张先生的思考使人们有理由相信创新定会成为民艺发展的永恒主题。由近些年来渐而形成的“民艺新作”现象中，不难窥察出这一规律。民艺新作首先是以传统民艺为源泉的创新，它是形成在张先生谓之“利用”的基础上。须强调的是，民艺新作不可丢弃传统，否则实难谈及创新。民艺的传统是乡土文化积淀的结果，是民间生活、民族心理和审美反映的共同要求，也是文明赖以延续和升华的基础。但还须说明的是，民艺新作从严格意义上讲，并非原汁原味的“原生态”民间艺术，而是通过上述三种利用方式形成的创新，它应该比一般民间艺术更趋完美。

由上述阐析可知，“利用”“转化”和“创新”三者在现代民艺发展中是相互联系、密不可分、缺一不可的，利用是基础，转化是适应的过程，创新则是发展的方向。在现今生产力和经济产生根本性变化的时代中，民艺也随之巨变，并逐渐呈多元发展态势。就其类属和应用的总体情况来说，一部分民艺可能会被生活淘汰，这是毋庸讳言的，而遗留的可能仅成为研究的对象；而另一部分将会由实际应用转向装饰欣赏，渐渐成为城市生活的艺术品或旅游的纪念品（图 5–29）；当然，还有一部分仍会在民众中继续流传，只是观念、形式或创作方法等方面发生着不同的改变。

图 5–29　因文化场所渐变而转化为其他用途的江苏邳州纸塑狮子头

① 参见《张道一文集》，安徽教育出版社 1999 年版，第 492 页。

二、对民艺学学科的进一步定位以及构筑民艺学学科的设想

对民艺的利用、转化与创新，最终目的是使民艺能真正摆脱困境，能真正发展成独立的人文性学科，从而受到广泛的关注和深入的研究。中国民艺的研究虽起步尚早，但碍于某些历史的原因，常呈现时断时续的状态，一直难以被提升到一定高度。上文已述，中国近代民间文化、民俗和民艺的研究缘于欧美民俗学研究及日本民俗学、民艺运动的兴起。事实上，日本追索民间文化、民俗和民艺的脚步，早在19世纪后半叶受到英国“艺术与手工艺运动”的启示时就已展开。20世纪初，日本著名的民艺理论家柳宗悦先生以宗教哲学的视野对本国和朝鲜的民艺进行广泛的收集、整理和研究，成为日本民艺运动的倡导者。而在中国，包括大量民艺在内的风俗探讨自古有之，只不过未成体系。近代以来，特别是20世纪初新文化运动的代表人物，诸如蔡元培、鲁迅、刘半农、沈尹默、顾颉刚、周作人等，都曾为民俗研究的兴起做出重要贡献。20世纪20年代，北京大学、厦门大学、中山大学、浙江大学等成立了民俗学会或风俗陈列室，但此时期还是以收集、整理和研究民艺品为主要方向。[①]真正将民艺作为一门学问提升到人文学科的角度，还要到20世纪80年代。张道一先生曾在1988年“中国民艺学理论研讨会”上发表了《中国民艺学发想》这篇具有开拓性的民艺理论论文，第一次比较全面地提出民艺的学科建设问题[②]，从而为民艺学科的构架和建设奠定了基础、指明了方向。

张先生在研究时注意到，日本的民艺，尤其是上文所述柳宗悦先生举出的民艺五个特点的论断，实际与中国“民艺”有着一定差异。日本民艺多集中为实用艺术的领域，忽视了那些以精神活动为主的民间艺术品。如此一来，像日本的浮世绘、莳绘和中国的民间年画、窗花、皮影等艺术形式，便不能被日本所谓的民艺范围囊括。与此同时，日本又常把“民艺”和“民具”“民俗”并列，这样尽管研究对象具体了，但其范围则更为缩小。至于欧美诸国，也多是将民艺作为民俗学的一部分予以考察，并不视为独立的学科。而在中国，建立独立的“民艺学”既要体现民艺学的共性，又要突出中国的特色，以区分于其他国家的民艺学。张先生曾就此做过精要的说明：“学者，道术也，觉悟所未知也，学其不能也。因此，必须在‘学’字上下些功夫。既要弄清民艺学的一般概念，又得探寻中国民艺的独特之处。要做到这一点并不容易，需要有大量的充分的第一手材料

① 参见孙建君、潘鲁生主编《张道一研究》，山东美术出版社2000年版，第192页。

② 参见潘鲁生等《民艺学概论》，山东教育出版社2002年版，第4页。

为依据，还要有较高的综合与辨识、判断的能力，力图从个别上升到一般。否则，仅仅凭着个人的某些感受，个体的一得之见，便以点概全，难免不陷入偏颇和拘虚。”[①]

对民艺学的研究，上文述及，在张先生看来并非必须从定义出发去考察和判断问题。他认为，民艺学的建构尚属起步，很多问题和现象才开始被纳入思考范围，须充分调查研究，厘清一些局部、历史和各层次、各方面的概念，作知识和经验的积累，理论提高之后，方可透彻地认识民艺的定义。如若过早做出论断，列出规定性的框架，要么便易陷入不切实际的窠臼，要么就易导致简单化、概念化的研究，从而形成思想的羁绊，束缚自己的发展。但同时，他亦指出，不从定义出发，并不意味着没有理论指导，而这就是辩证唯物论和历史唯物论。在理论思维的过程中，任何科学的推测、假说和设想都须建立在这两种理论基础之上，并且还要依靠周密的思考和充实的论证。对于民艺学研究而言，一些诉诸视觉形象的资料，从表面的形式排比而言，并不一定存在内在联系，而合乎逻辑的联想与随意的想象也定然有别。

从严格意义上讲，中国的民艺学实为一门社会学科，它带有边缘学科的性质，必然要与社会学、民俗学、艺术学、美学、历史学、考古学、心理学等互联、互渗。也就是说，民艺学必须具备以上各学科的基本知识方能完备和周全。张先生主张，民艺研究的根基要打得扎实，要基于各方面相关的学术研究来构筑它的骨架。这一主张正是当代学科分类模糊而不是趋于明晰，注重综合性、联系性，同时又在联系的基础上趋于专业化、独立性发展的先见之明。然而，须做出说明的是，尽管张先生强调民艺学的边缘性质，但正如上文所述，它与民俗学却不尽相同。毋庸置疑，民艺学与民俗学有着千丝万缕、难以割舍的联系。一方面，民艺可谓为民俗的表现形式，在民俗的研究中难免涉及大量的民艺成分；而另一方面，民艺又以民俗为基础和源泉，其自身的丰富与充实也是对民俗发展的补益。但从本质来看，“民艺学并不等于民俗学，同样，民间艺术也不完全是民俗艺术。即使研究的对象相同，其研究的角度也有差异，况且还有的不带有民俗性”[②]。譬如，一些农村出现的新剪纸，或是新的农民画，不论从形式内容，还是创作目的而言，很多都已失去民俗色彩，有些纯粹是为了自娱自乐。而像“剪花娘子”库淑兰大师的剪纸作品（图 5-30），更多的是她自

① 《张道一文集》，安徽教育出版社 1999 年版，第 525 页。

② 同上书，第 530 页。

图 5-30 “剪花娘子”库淑兰与她的剪纸作品

身精神上的满足，或可谓为“精神支柱”。[①]

至于民艺学学科的建设，张先生主张以下几个问题须着重解决：

第一是民艺学的研究对象。主要指那些与大众生活和艺术有关的方方面面，包括生活日用、装饰陈设、传统节日、人生礼仪、体育娱乐、生产劳动等民艺内容。并且，应同时梳理民艺的来龙去脉，对其历史和现在的关系予以廓清。这也正是民艺学研究超越艺术学、美学领域而走向综合整体的发展趋势。不仅如此，张先生还在深入研究的过程中认识到，民艺学研究应避免“见物不见人”，民艺创作的主体及其生产和生活方式，构筑了民艺品类的生活底蕴和文化内涵。

第二是民艺学的研究宗旨。此便是民艺学研究的目的、性质和特点，以及民艺与专业艺术的关系等。可以说，张先生提出民艺学研究的宗旨，正是为了在民族文化的整体建构上去具体探究民间艺术的规律，这不仅包括其发生、发展的脉络，还包括它自身性质与定位、功能与作用、流布与传承、种类与风格、成就与特点，以及与专门艺术家创作的关系。

第三是民艺的分类。一般而言，从艺术学角度，立足民俗事象和艺术风格进行综合分类的方法，应是合理的。这样既强调了民艺的人文特性，又兼顾民艺的观念、用途和样式等方面，使其更具综合学科的特点。当然，学科的分类具有一定的主观性成分，因此张先生申明，对它的分类方法，要实事求是地从实际情况出发，不可硬套既成的分类法。因而必须“从内容到形式，从材料到制作，从构想到应用，从形态到审美，分别归

① 参见张道一《燕尾裁春——民间剪纸与艺人》，湖北美术出版社 2003 年版，第 119 页。

类，探索其合理的结构”[①]。

第四是民艺的成就。无须赘言，民间艺术的成就自然是劳动人民智慧的结晶，是物质文明与精神文明的完美交融，其表现形式多具普遍性和程式化，可谓为一种群众喜闻乐见的艺术类别。对其传承性、创新性、地域性和乡土性的研究，应该成为关注民间艺术成就的重点。但在对待民间艺术成就的态度上，张先生指出，有两种错误观念须防微杜渐。其一是认为民间艺术既是历史的产物，就多属腐朽和没落，主观臆断它定会随社会发展，丧失生存基础，从而步入消亡；其二是陷入将民艺品视为古代文化“活化石”的误区，此种态度并未着眼于民艺今日的形态和未来的发展。更有甚者，误将今天民间艺术的成就完全归因于旅游业的刺激，其传承和创新仅是为了迎合游客的猎奇，与人们的实际生活毫无干系。[②]事实上，有关民间艺术的成就，正确的研究态度，应该把它当作民族文化的基础，不是“活化石”，而是“活生生”的文化现象。

第五是民艺学的研究方法。这是民艺学建设中最为关键的问题之一，关涉到民艺中应如何做调查工作，发掘、了解、收集、记录和整理，以及如何做研究工作，如综合研究、分类研究、比较研究和专题研究等方面问题。张先生分析，现阶段中国民艺学的局部调查虽成绩明显，但放置于全国范围的整体视野下，则尚属沧海一粟，且很不平衡。他说：“全国 2000 多个县，各县都有独具的东西，如果以县为单位，一县介绍出一样或几样，便看出我们的工作远远不够。如果说以往的调查工作多侧重于民间木版年画、剪纸、蓝印花布、十字桃花，近年来又括及泥玩具、手绘年画、刺绣、面具和少数民族的蜡染、线织锦等。那么，对于民间的日用品，特别是所谓‘无装饰’的用具及至工具等，我们几乎还没有触及。”[③]（图 5-31）尽管该段论述是张先生对 20 世纪 80 年代研究现状的阐析，但就目前状况来看，民艺的调查工作依旧对无明显审美价值的日用品物关注甚少。这样会导致在民艺研究中无法全面了解劳动者的多元创造，无从解决民间文化的一些本质性问题。至于研究工作，张道一先生所提出的综合、分类、比较和专题研究路径无疑具有一定的开拓性。综合研究是在哲学思考的基础之上，规划民艺学研究的方向和基础内容。它利于打破交叉学科间的人为限定，使民艺学科自身构架得到充实和巩固。而分类研究，当然首先须掌握研究民艺整体与个别之间关系的方法，然后根据研究

① 《张道一文集》，安徽教育出版社 1999 年版，第 532 页。

② 参见潘鲁生《民艺学论纲》，北京工艺美术出版社 1998 年版，第 6 页。

③ 同注①，第 534 页。

图 5-31　无明显审美价值的民间生产工具——龙骨水车（台湾）

对象，可分为若干层次："一是在调查的基础上进行系统整理，排比分类，写出调查报告；二是依据若干第一手或第二手材料，写出单项的研究论文，或侧重于某一类属，或侧重于某一地区，或侧重于某一问题；三是在更高的层次上作大的综合思考，探讨其原理、规律，及其他具有共性的问题。"[①] 对于比较研究而言，一般包括对比和类比两种基本形式，以及纵向比较和横向比较两种基本方法。在民艺学的研究中，无论现代的还是古代的，此地的还是彼地的，此类的还是彼类的，都存在一定的可比性。张先生强调，尤其是民艺与其他文化现象，汉族与兄弟民族、中国与外国、流传的来龙去脉和相互交流、影响与融合等各种关系是比较的重点，这些需在深化研究中得到解决。可以看出，张先生有关比较研究的主张不仅可以解决很多难以处理的问题，培养研究者从正反两方面分析和解决问题的能力，且利于学科的分类、学科概念的确立、学科与学科间的比较。而专题研究则包含两层含义，其一是针对研究对象的专题，例如剪纸研究、面花研究等；其二是借助其他学科的专门研究，比如借助美学的民间艺术美学特征研究等。

张道一先生首倡创立民艺学学科的设想以及对其构建的身体力行对今后该学科的建设无疑起到了奠基的作用。虽然民艺学作为一门综合且独立的学科尚属起步阶段，但张先生从文化角度的眺望，使原先将民艺视为难登大雅之堂的误解涣然冰释，从真正意义上恢复了民艺的面貌，并逐渐将其提升到人文学科的视野下予以观照。

① 《张道一文集》，安徽教育出版社 1999 年版，第 535 页。

第六章　走向“尚美之路”——有关美术学的建构与美学的研究

回望20世纪之初，中国教育历经“废科举、兴学堂”的大改革，彼时“中学为体，西学为用”之口号落实到教育之中，就已然逐步引入“美育”的某些内容。而蔡元培先生则为将美育写入国家教育方针做出了不朽的贡献，当他与王国维力倡“以美育代宗教”时曾申释：“纯粹之美育，所以陶养吾人之感情，使有高尚纯洁之习惯，而使人我之见，利己损人之思念，以渐消沮者也。盖以美为普遍性，决无人我差别之见能参入其中。”[①]尽管此时的美育思想与动荡岁月中倡导改造国民性、唤醒自主意识的启蒙思潮相融合，但从蔡元培先生的观念中依然能窥察出传统道德及美育的人文精神与人格意识。可以说“五四”新文化运动的先驱，在反对封建君权至上和政教独尊的同时，亦整合了中西文化精华，从而引领了以铸造新型国民人格为宗旨的美育思潮。而作为杰出的工艺美术家、美术教育家和国画家的陈之佛先生也正是在这样的环境中，逐步踏上他的“尚美之路”的。“尚美之路”乃张道一先生为纪念恩师诞辰一百周年所撰之文的标题。陈先生于1923年，在其学成回国后的教学之余，独立筹资创办了中国第一所从事图案设计的事务所以及培养专业人才的教学实践机构——“尚美图案馆”。尽管陈先生这一创举仅维持了4年时间，然其影响却已近一个世纪，甚至还将更为深远。陈先生始终致力于以审美教育升华民众情操的理想，无论是从事图案和工艺美术，还是工笔花鸟创作和美术教育，他总是怀着一颗“崇尚审美”的纯洁之心，欲以“真、善、美”去沟通道德和认知，促进人的全面发展。作为陈先生的高足，

图6-1　考察美术史迹：仰韶文化

① 《蔡元培美学文选》，北京大学出版社1983年版，第70页。

张道一先生亦不断追法于“尚美”的理念，他所倾心的美术学建构和美学研究实是对恩师精神的阐扬。尤其自20世纪七八十年代以来，中国美术教育氤氲在新老交替、人心思变的气氛中，人们价值观念和道德取向都发生着变化。张先生认为这时应倡导科学的美术学研究，以便高屋建瓴，找出规律和原理，以合理的框架和科学的结构去指引人们塑造全面的修养，以及对美术领域的整体把握。与此同时，在美学领域的理性思考，也是张先生对“崇尚审美”不断追求的表现之一。不妨说，走向“尚美之路”亦可算作他之于陈之佛先生的衣钵师承。

第一节　“跛者不踊”——对美术学理论研究中偏颇现象的批判

图6-2 《美术长短录》封面

在中国，尽管人们对“美术”似乎都有着或多或少的认知，然却对“美术学”甚感陌生。日本著名美学家竹内敏雄早于20世纪60年代就在《美学百科辞典》一书中设有“美术学部”的专论，并指出“美术学”是总称造型艺术的科学研究，可分两类：“探讨造型艺术一般的本质和意义，阐明造型艺术一般的本质和意义，阐明造型艺术各种类的特性、范围、相互关系的‘体系美术学’，以研究造型艺术的历史过程为目的的‘美术史’。同美术史相关的原理论、方法论或样式论，与体系研究有直接、深厚的关系。”①但无论何种类属，美术学始终是一种理论性的研究。而中国美术学的前身是美术发展历史及其理论研究，简称“美术史论”，后在张道一和邓福星等先生的倡导下，1990年经国务院学位委员会专业目录调整会议决定将其更名为“美术学”。②可见，中国美术学亦脱胎于理论研究。毋庸置疑，美术创作是一种实践活动，而理论研究则属社会科学。然而，美术界在认识论方面一直存在着厚此薄彼之现象，理论在实践面前总是显得那么软弱无力。

① ［日］竹内敏雄主编：《美学百科辞典》，刘晓路等译，湖南人民出版社1988年版，第246页。

② 参见陈池瑜主编《美术学研究》第一集，长江文艺出版社1997年版，第1页。

张道一先生曾就这一现象指摘道："长期以来，不少人误解了'实践出理论'这句名言，以为实践多了、层次高了，也就会产生理论，好像大艺术家也自然是大理论家。一方面，我们必须承认实践的高层次有助于理论的提高，大艺术家确实有其独到的心得、见解和经验；他们的一些话语和言论真可说如金似玉，不同程度地或在某一方面揭示了艺术的真谛，弥足珍贵。然而，理论是由个别到一般地上升，它要进入人文学科的境界，没有更大的提炼和概括是不可能的。"[①] 虽然中国一个世纪以来的美术史论研究成绩明显，且若干具体问题的探讨水平较高，然而在对待美术整体结构的认知上，显然缺乏宏观和全面的观照。当然，张道一先生强调，这里的"美术"范畴应为大的概念，既包括绘画、雕塑和建筑，也包括工艺和书法。所以，他主张以"美术学"来系统构筑这一体系。如此，理论研究便上升至重要地位，它应与实践相辅相成，以实践为基础，并对其做出相应的导向。而单就理论研究而言，它又具有多层次的递进关系。

一、对理论研究三种层面的思考

根据张道一先生的思考，美术学的理论研究应囊括三个层面——最基础的应为"技法性的理论"，"如初学者怎样画素描，怎样涂颜色，透视和解剖，以及构图学、基础图案学、雕塑法，书法用笔、国画笔墨等"[②]；第二层面即"创造性的理论"，"要研究创作的方法，充实知识，提高修养和启悟灵性"[③]；最高层面应是"原理性的理论"，"从小到大，从某一专业到整个美术，哪些是个性，哪些是共性、原理、法则和规律"[④]。（图 6–3）从原则上讲，张先生谓之的三个层面在整个美术学理论研究体系中应层层递进，彼此承接，是由浅入深的动态过程。并且，无论是何层面，都应指向主观和客观的互渗，理论和实践的辩证统一。理论的上升有赖于抽象性的提高，否则便难以由个别进入一般，形成观念和观点的体系。

然而，现阶段的美术学理论研究，对于三种层面的关注程度难免存在厚此薄彼之现象。显然，最基础的"技法性"理论似乎是研究的切入点，因为其事象和评价易于获得，"创造性"理论也有所涉及，而"原理性"的研究却依然裹足不前。诚如张先生指出的那样，环顾周围现状便不

① 《张道一文集》，安徽教育出版社 1999 年版，第 3—4 页。

② 张道一：《美术长短录》，山东美术出版社 1992 年版，第 20 页。

③ 同上。

④ 同上。

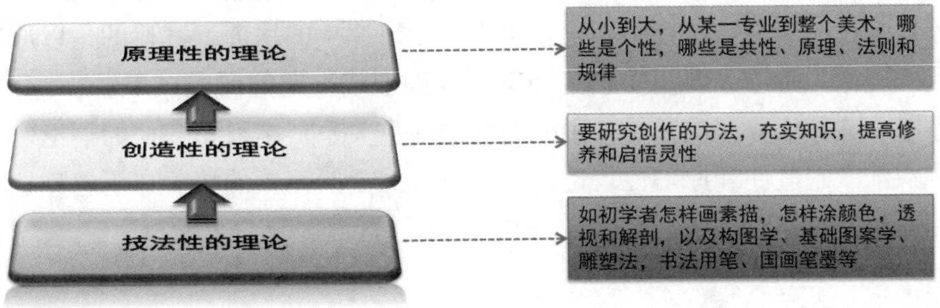

图 6-3　美术学理论研究的三个层面

难发现，理论研究多为就事论事，真正深刻的理论思维可谓缺乏。毋庸赘言，美术技法理论不容忽视。但这里须保持一个正确的认识态度，研究技法性的理论并非美术学的最终目的，美术品创作的主体和欣赏的主体本身并非企盼仅囿于技术层次的感知和体验，更多关切的应是探讨和揭示技术形态包裹下的多元化风格、创造性思维、观念价值，以及关乎深层精神意义的生命观、道德观、价值观等内蕴。因之，美术学理论必然应上升至“创造性”研究的视野下予以考察。因为，根据张道一先生的观念可知，创造性的理论包括观念创新、风格创新等方面的规律和方法，以及派生出的诸多边缘学科，所以这个层面的研究会在一定程度上丰富和充实技法研究难以升华的范畴。但还须指出的是，无论“技法性”抑或“创造性”的理论，应避免以纯粹个体经验重复与传播为研究对象的误区。所以，张先生将“原理性”的理论研究列为美术学的重中之重。毕竟，原理性理论包含概念、观念、本质、美学、思维学、风格学等共同的规律，且往往与历史研究紧密联系，除中外美术史论外，还在一定程度上吸收了历史研究成果，如美术观念的沿革、风格的演进、创新与历史的对比等，从纵向和横向、广度和深度上提升美术现象和规律的人文性质，以抽象的普遍性来描述、评价、分析、归纳具象个别的美术现象和美术性行为。

与此同时，三个层面的研究又密不可分，缺一不可。如若没有对美术实践、技法的探究和经验总结，就无所谓考察和归纳观念、风格的规律，更谈不上对历史的沿革和美学意义的分析。一般来说，技法性理论的水平与后二者的研究水平成正比，基础理论水平陷入低谷，创造性理论和原理性理论也难有提高的可能。因而，根据美术学理论层次的递进，在涉及人才培养上也势必有个层次目标。大致来说，这种层次培养基本形成金字塔状结构，位于“塔基”的是本科、专科美术学人才，主要围绕“三基本”展开，即基本理论、基本知识、基本技能；处于“塔身”部分的是美术学硕士研究生，其培养应在本科生的基础上对实践和创造性理论研究有所侧重；而在“塔尖”位置的则是美术学博士研究生的培养，其目的是以原理性的理论为指导，对历史研究或某一课题形成一定的研究成果。（图 6–4）当然，这种培养层次只是一种概略性的递进关系，本科、专科的理论研究并不排斥创造性和原理性理论，而硕士、博士研究生的培养亦不忽略技法性理论的研究。

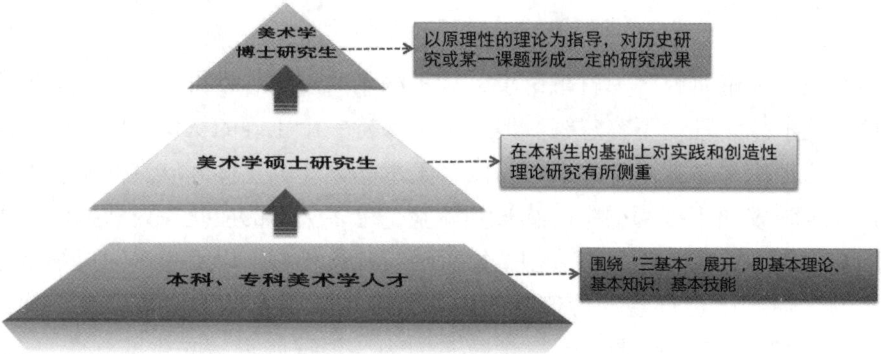

图 6–4　美术学人才培养的层次目标

二、对美术史承传关系客观性的质疑以及对史论研究中四种倾向的批判

美术史论的研究可谓美术学理论研究领域极为重要的方面。中华民族自古便有以史为鉴的优良传统，因而在史学研究中，综往昭来、承前启后是一个引人注目的特点。以司马迁肇其端绪，撢稽成败兴坏之理，亿探古今变化之道，这种精神对于中国当下美术史的研究也诚可借鉴。美术史研究的重要意义在于科学地概括和梳理美术历史发展脉络，以实事求是的原则详尽分析史料，揭示美术发展的历史规律，总结经验教训，本着“古为今用”的理念来启迪当代中国美术的进退。诚如张道一先生所言：“我们的确应该深入研究自己的美术史，不仅要熟悉它所发展的轨迹，了解各个时代的作品和作者，比较他们的成就，而且应该在这历史的长河中，探一探哪里水深，哪里水浅；哪里缓流，哪里湍急；甚至哪里可一往直前，哪里有暗礁险滩。历史的经验虽已过时，不能比附，但却经过了验证，仍然是可贵的参照系。对于一个民族来说，具有五千年的文明史，是一份值得珍视的财富，不单是为了炫耀。如果真正找到了它的真谛，把握住了规

律，认识了自己的长短，再去放眼全世界，有比较、有鉴别的看人家，学人家，将是另一番情景，不致陷入盲目。”[①]

可见，张先生本人十分重视对美术史论的探究，自20世纪50年代以来，就先后聆听过九家美术史课程，并翻阅过诸多相关论著。他在研究中发现，大凡提到美术传统，不论是当行的议论，还是见之于著述，都习惯将其穿成一条线。“从原始彩陶到商周青铜器，以后是晚周帛画，秦砖汉石，再以后卷轴兴起，分宗列派，如此而已。历史的具体事实是存在的，但在承传的关系上是否客观，便值得怀疑。”[②]在中国，美术史的开卷往往始于美丽的原始彩陶，紧随其后的便是青铜器，而两者间承前启后、传统相继的因果关系却易被忽视，这便是所谓单线型的“正统观”在作祟。[③]谈及这里，不免要回述到上一章所涉的民间文化之上。张先生始终坚信，民间文化具有“母型性”，是所有文化类型的基原，具体到美术发展中亦难逃此规律。如若说，美术在原始社会尚具全民性的话，那么至夏商之后，其在阶级性的作用下便开始分成两个相异的系统，即统治阶级与贵族的，以及奴隶和普通民众的。张道一先生认为，宗教自汉唐兴起后，加上文人士大夫对美术的参与，中国传统社会的美术便形成四条主线：其一，以王公贵胄为主体的宫廷美术；其二，以文人士大夫为主体的文人美术；其三，以佛教、道教以及民间信仰为主体的宗教美术；其四，以农民为主体的民间美术。而在其中，民间美术却是其他一切美术的基础。换言之，其他美术是以它为根底而派生出的形态。四条主线总体趋势是并列发展，但更有互渗、交错、杂糅的现象存在。可以说，这个规律是捋顺和梳理中国美术史脉络的关键所在，但遗憾的是它却在研究中受到漠视甚至忽略。

究其原因，无外乎是思想的偏颇导致认识的局限。张先生深切体会到，美术史论研究中至少有四种偏隘的认知[④]。

其一，以汉族为中心，忽视其他少数民族。中华传统文化在漫长的发展过程中，存在片面夸大中原及汉族文化，忽视乃至敌视区域及少数民族文化的倾向，因而一直有着所谓“华夷之辨”的论题。尽管诸夏先人

---

① 张道一：《美术长短录》，山东美术出版社1992年版，第21页。
② 同上书，第22页。
③ 依据：笔者2006年6月7日采访张道一先生于南京时的录音资料。
④ 同注①，第23—26页。

对“四夷”被发、文身、衣皮毛、穴居、吃生食[①]的描述尚属客观，并无贬义，但其后在文化建构中，赋予自身极好的定位，却终受一种排他和贬低其他民族群体的观念左右。从赵武灵王欲胡服骑射，而赵公子成上谏时的态度中，便能看出上述观念——“中国者，聪明睿知之所居也，万物财用之所聚也，贤圣之所教也，仁义之所施也，诗书礼乐之所用也，异敏技艺之所试也，远方之所观赴也，蛮夷之所义行也。今王释此，而袭远方之服，变古之教，易古之道，逆人之心，叛学者，离中国，臣愿大王图之。”[②]尤其是在管仲提出“尊王攘夷”之口号后，夷夏文化间似乎便划上一道人为的鸿沟，这在一定程度上几乎成了一种文化和政治的原则，其目的自然是以华夏为正统而占据中原。对此种观念和态度的因袭，甚至导致有关中华文化起源的研究偏囿于黄河流域，从而构成了一种“墨渍发散式”的一元文化发生学模式，狭隘地认为中华文化首先从黄河流域中游萌生，而后才向四周扩散，在其影响和带动下，其他地域文化方得滋长。然而，从近年来的考古研究中不难发现，中华文化的发源绝非仅局限在黄河中游狭小之地，它实际正如苏秉琦先生所认为的那样，似满天星斗，散布在数百万平方公里的辽阔版图上，熠熠生辉。[③]具体到美术领域也是如此。上文所述美术史研究中的“正统观”亦隐隐透射出“华夷之辨”的影子。张道一先生对此种现象一针见血地予以批驳，认为这是致使美术史研究缺乏宏观和全面的根本性原因。他曾就自己对少数民族美术的切身认识而慨发道：“当我们自称是炎黄子孙的时候，我经常想到五百多万苗族兄弟，他们可能是蚩尤的后代，并一直保持着自己的文化传统。在刺绣和蜡染方面，便是显著的例子。唐代诗人刘禹锡所吟咏的‘蛮语钩辀音，蛮衣斑斓布’，就是对此的描写。”[④]（图 6–5）他同时列举美术研究的错误认识，指出中西美术交流的焦点应该在新疆，而以往总将其归于敦煌。

其二，以中原为中心，忽视周边区域。这一偏狭的认识倾向实则与上点同源。张先生强调，虽然以黄河流域为中心的地区确然有着璀璨的美术传统，但周边的创造并不等于暗淡无光。“近数年来，在东北出土了五千年前的等人高的泥塑，在四川出土了三千多年前的巨大的青铜人像，在山

---

① 《礼记 · 王制篇》载：“中国夷狄，五方之民，皆有性也，不可推移。东方曰夷，被发文身，有不火食者矣；南方曰蛮，雕题交趾，有不火食者矣；西方曰戎，被发衣皮，有不粒食者矣；北方曰狄，衣羽毛穴居，有不粒食者矣。”参见（汉）郑玄注，（唐）孔颖达等正义《礼记正义》，上海古籍出版社 1990 年版，第 246—247 页。

② （西汉）刘向集录：《战国策》，上海古籍出版社 1985 年版，第 656 页。

③ 参见冯天瑜等《中华文化史》，上海人民出版社 1990 年版，第 296 页。

④ 张道一：《美术长短录》，山东美术出版社 1992 年版，第 23 页。

东龙山城子崖出土了四千年前的薄如蛋壳的黑陶高脚杯。这些为美术史大开篇章的辉煌成就，都是出在边远地区，很值得我们深思。”①（图 6–6）正因如此，张先生力倡在美术史研究中须摆正中原和四边的文化关系，因为这是寻求科学解释的基础。

图 6–5　贵州丹寨苗族妇女传统民族服饰

图 6–6　龙山文化蛋壳黑陶高脚杯

其三，以文人为中心，忽视民间美术。有关民间美术的阐析，前文多有述及。实际上，它应该是艺术分类学上的一种层面，而并不是美术中的某一类别。从真正意义上来看，尽管文人美术对民间美术有所提升和凝练，然而却不能作为重前者而轻后者的理由，民间美术始终具有“母型性”特征。张先生曾分析，正是因为以往研究存在此种偏颇认知，从而形成了某种程度的尊卑观念，认为民间美术难登大雅之堂，甚至不值一提。他不无感慨道：“在美术史上，有不少画家的事迹只见于文字记载，作品已失传，后来的著录家却你抄我，我抄他，对这些失传的画家津津乐道。但是对知道姓名的民间画家，并且有优秀的作品传世，却不列经传。譬如山东嘉祥的汉代武梁祠画像石，人们赞叹它的艺术，却很少提起它的作者卫改。这是很不公平的。”②

其四，以绘画为中心，忽视了其他美术。其实，这种观念也是由来已久。以绘画和雕塑为例，从历史上看，此二者都曾摆脱实用的羁绊，跻身于所谓“纯艺术”行列。但这并不意味着在美术史中就对雕塑尤为重视，

① 张道一：《美术长短录》，山东美术出版社 1992 年版，第 24 页。

② 同上。

雕塑家之境遇似乎远不及画家。根据张先生的思考，这很可能是中国文化发展不平衡现象所致。在他看来，往往纯然的绘画多掌握在少数文人手中，而文人不但会画，且能写，善“吹”，更多的还常兼有一官半职，因而在当时“重道轻器”的思想浸染下，绘画和画家便能从“末技”走向“坐而论道”，成为“形而上者”。而其他的美术则也因此被逐渐忽视，成为“形而下者”，从而被鄙薄，遭冷遇。但是，这种现象至今仍未曾有本质的改善，张先生认为，在实际中绘画仍旧高于一切，社会上甚至有“美术即画画”的观念存在。在如此偏隘的视野下进行美术史研究，势必难逃将美术史等视于绘画史的误区。张先生严厉地批判道：“且看我国第一部美术辞书（《美术简明辞典》），青铜器竟然属于绘画类；在第二部美术辞书（《中国美术辞典》）中，工艺美术和雕塑竟然成了‘画种’。有人专注地考证：中国画的线描从彩陶起；花鸟画从彩陶起；连篆刻史也是从彩陶起。至于篆刻之‘以刀代笔’，刺绣之‘以针代笔’，剪纸之‘以剪代笔’，在高攀绘画的同时，真担心失去了自己。”[①]（图 6–7）

图 6–7　苏州刺绣工艺美术大师任曙闲（1916—2003）乱针绣作品《齐白石像》

张道一先生所提出的上述四种错误在一定程度上是相互联系的，其结果定然会造成美术史论研究中的“肢体不全”和支离破碎，如若长此以往，对系统美术研究的发展毫无益处。即使在某个专题和专项研究中有所成就，但没有宏观视野的观照，依旧是局部和个体的，实难构筑整体、全面和完整的结构。诚如张先生所言：“古人说：跛者不踊。一条腿的运动员是难以跳得远的，我以为应该引以为戒。”[②]

第二节　“九连环”——美术学理论的进一步思考

对于美术学理论框架的设计与运行而言，吸纳和借鉴西方既有成果

① 张道一：《美术长短录》，山东美术出版社 1992 年版，第 26 页。

② 同上。

和模式自然无可厚非，但一味地照搬照套，甚至对中国独有的美术事象都试图以西方的视角和价值观切入研究，并以此作为构建和评价中国美术学的圭臬，则难免牵强。其结果，非但事倍功半，难寻真正意义上的理论突破，更为严重的是将会迷失前进的方向。如何建立和完善独具中国特色的美术学理论框架，不仅是亟待解决的问题，而且是艺术理论学者最为关注的重要课题，同时也从一个侧面体现着研究者对研究对象整体把握的水准。张道一先生便有着这样宏观的视野，高屋建瓴地将美术学进行综合性的整合，甚至将一些交叉的边缘学科也包容进来，从而形成他谓之的“九连环”。

一、有关“九连环”的独到阐释

“九连环”者，是张道一先生根据中国美术理论的现状思考出的整体框架体系，即将美术横向贯通，做分支性的研究，其中包括美术理论、美术史、美术美学、美术评论、比较美术、美术分类、美术技法、美术经济学、民间美术学等九个方面。（图 6–8）当然，“九连环”之名意在强调上述方面环环相扣、互为作用、不可硬性分割的特性。至于“九”这个数字，则以言其多，并非死板之定数，它会随着认识的深化和实践的发展，不断变化。“譬如，美术教育学、美术心理学、宗教美术学等，以及种种有待开拓的若干边缘学科和交叉学科，将会使研究的范围无限扩大。”[①]

图 6–8　“九连环”美术学理论研究框架

① 《张道一文集》，安徽教育出版社 1999 年版，第 8 页。

可以说，“九连环”的结构框架非常简洁明了，形成了历史研究、理论研究、现状研究三大块，大体上将美术学研究的领域都包括了进来。现就对张先生的这一思考做进一步阐析。

（一）美术理论

张先生十分重视美术理论的研究，并始终坚信它不仅是对相关实践的理性升华，更是美术创作欣欣向荣的发酵剂。只有当理论研究成为基础，学科发展方能长久，并形成体系，否则便难以提升至科学的高度去讨论和研究。张先生认为，以往的“美术史论”充其量只是美术的历史和与历史相关的理论，从严格意义上讲则有失全面。其实，诸多带有边缘性的问题也应囊括在研究范围之内，譬如，绘画美学、工艺美学、美术心理学和消费心理学等。而美术理论的来源则有两个渠道：一是总结历史经验，二是归纳提炼现代实践规律。对于学科横向关联而言，理论研究还会遇到诸多相关问题，这应该通过理性的研究来探寻准确的诠释。

（二）美术史

张先生在思考这个问题时曾指出，当下一些美术史的研究尽管材料翔实，条理清晰，表述严谨，且仁者见仁，智者见智，但是，其中用唯物史观统辖治史的方法须以理性来对待。他说：“历史唯物论不是挂在口头上就能奏效的，要努力同美术的历史现象结合起来，在这一点上，便显得很薄弱。”[①] 例如，在对待古人“画论”的问题上，虽然它甚为珍贵，且能被视为某些作品的注释，在不同程度上还记录了作者的观点和心态。然而，它毕竟只是研究的素材，创作的借鉴，却不可作为法古人的标准。真正意义上的美术史研究，在张先生看来应该分为三个阶段或三个层次，即“首先是罗列历史事实，排类作品，作系统的介绍；进而是在此基础上，作具体的分析和比较研究，说明各个时代、各类作品的艺术成就，并作综合性评述；最后是上升到一般，得出历史发展规律的结论”[②]。当然，此三个阶段并非硬性划分，在具体研究中完全可结合起来进行。

（三）美术美学

很显然，美术学作为一种研究美术事象审美特征、艺术实践，并指导

---

① 张道一：《美术长短录》，山东美术出版社 1992 年版，第 22 页。

② 张道一：《张道一美术序跋集》，未出版文集，东南大学艺术学系，2001 年，第 176 页。

审美的学问，应该被细分为绘画、雕塑、书法、建筑、工艺等方向，并有各自对应的美学研究。毋庸赘述，就审美特征来说，前三者明显属于鉴赏性艺术，而后两者则属于实用性艺术，而这也是构成社会性审美的两大支柱。二者既在一定程度上并行发展，又同时相互紧密联系，可谓具有基础与上层的关系，发挥着迥异的社会功能。值得注意的是，那些对于基础性的实用艺术妄论长短，将其视为“次要艺术”并产生主观漠视和鄙薄的行为和现象，显然只是一叶障目，片面地否认了人与社会需要层级的复杂性和丰富性，终将导致形而上学的错误。鉴于此，张先生极其强调实用性艺术在美学上的研究和分析。经过探寻自然美、社会美、艺术美、生活美等美的客观存在与美学特征后，他提出实用性艺术的综合之美，尤以工艺美术为典型并分析之：“纵观人类文明的发展，工艺美术不仅是人们审美活动的一种主要表现形式，而且是历史最早的一种形式。它的实用和审美、物质和精神、经济和文化的双重性质，决定了它在审美上的综合性。”①可以说，“综合美的提出为确立实用性艺术的美学意义和价值判断，改变以往的偏向，作出了理论上的贡献”②。

（四）美术评论

美术评论，也可称其为“美术批评”，一般是由哲学家或美学家，批评学家，艺术评论家以及美术学家等学者，通过一定的方法和原则来评价或评判美术作品的风格样式、创作语言、表现形式以及题材内容等，从中揭示相关艺术与思想方面的价值，抑或是分析评论与美术有关的事象、思潮、人物、流派、活动等，并在其中探寻美术的内在规律与发展方向。很显然，创作实践与美术评论须臾不可分开。作为美术评论家应该要参与各类美术活动，及时掌握美术创作的意向，推进创作活动的发展。而美术批评学的出现，则是立足理论研究的角度探讨美术批评的观念、方法、标准与规律，又或是以历史研究的视角梳理归纳美术评论研究的成果，建构批评学科的理论框架。张道一先生对美术评论的现状甚感焦虑，他指出时下诸多评论只是描述现象，很少能从既深刻又有指导性的理性角度展开客观评述。③因此，发展美术批评，是促进美术创作的关键，如何将美术批评提高至理性和科学的境地，有赖于美术理论研究的深化，这也是对美术批评价值的验证以及对美术评论研究者抉择的考验。

① 张道一：《造物的艺术论》，福建美术出版社1989年版，第66页。

② 孙建君、潘鲁生主编：《张道一研究》，山东美术出版社2000年版，第38页。

③ 依据：笔者2006年6月7日采访张道一先生于南京时的录音资料。

（五）比较美术

比较美术，此亦即“美术比较”，包括纵向与横向两个方面。前者是指从时间角度来比较不同时期的中国美术；后者则是从地域或民族角度在不同类别的美术中做比较。美术比较之优点在于比较的双方互为参照，通过探析二者异同，不仅可以更好地了解中国现代美术及国外美术，且能从新的视角重审和借鉴古代美术之精要。甚至有些貌似属性或本质完全不同的美术事象，例如不同国度美术作品中的审美意识、题材、表现方式、色彩理念等，却可以通过比较而获得语言与情感的共鸣，在一定程度上还能推动它们之间的共融与交流。此外，张先生提出首先是对本民族文化传统的了然，而后方可放眼世界进行比较，同时还要秉持着客观的态度，不可盲目尾随。“在美术上我们之所以往往论古而崇古，学洋而崇洋，就是因为没有自己的位置。带着这种思想去研究东西方的‘比较美术’，也只能越比较越菲薄自己。”[①] 张先生此观念的主旨是，在比较视野下须以继承发扬民族传统文化特征为基，然后找规律、看本质、抓主流，不可简单机械地持否定或肯定态度，而应视具体情况来区别对待共性与个性，整体与局部，一般与特殊的关系。

（六）美术分类

在 20 世纪初期，尤其是五四运动之时，“美术”与“艺术”常是混称，甚至还将“文学”的概念包括其中。在认识不断发展的过程中，文学与艺术逐渐分开，而美术也渐次有了清晰的界定。张先生曾就此将其分为五个部类：绘画、雕塑、建筑、工艺、书艺（如若将摄影包含在内，便是“六部”）。[②] 不仅如此，他还通过历史唯物主义的方法和观点，科学地分析论证了历史上美术各部的发展序列与现实社会中的并列关系，令它们共性明显，个性突出，同时匡正历史上形成的错误观念，指驳对艺术强分尊卑的行为和态度。此举无疑将美术各部间的相互关系梳理清晰，从而使其更加接近历史的真实和客观发展的规律。

（七）美术技法

创造性和原理性的理论研究诚然关键，但技法理论在中国现代美术理论中亦是重要的组成部分。尤其是随着各类层次美术教育的不断进步以及西洋画在中国的广泛传播，对美术技法的介绍、探讨和创新已成必然。张

---

① 张道一：《造物的艺术论》，福建美术出版社 1989 年版，第 5 页。

② 参见《张道一文集》，安徽教育出版社 1999 年版，第 7 页。

先生曾将美术技法理论称为理论研究的基础，其中所探究之内容应囊括透视学、艺用解剖学、色彩学、构图学、素描画法、水彩画法以及油画入门等方面。对此项理论的研究，不仅可满足美术作者和爱好者的需求，也丰富了美术学的理论，为更高层次的研究工作提供基础依据。可以说，近些年美术技法的研究越发深入，对各个专项画种的研究也有所展开，诸如油画、静物画、人物画、风景画、版画、水彩画等领域都成果颇丰。这些研究成果的共同特点是将各个画种创作技法同艺术形式、审美特点结合研究，此亦是说，在各个画种技法研究的基础上对其艺术特征、形式与风格进行更为深入的探讨，其理论价值较高。

（八）美术经济学

张先生提出应注重美术经济学研究的论断显然具有极强的现实意义。中国的美术研究从自身学科角度讲，尽管存在着一定不足，但却业已积累了丰富的经验，并取得了丰硕的成果。但是，随着知识经济的来临，科学技术、生产方式的不断转换，以及新时期审美要求的多元倾向，美术研究势必应紧跟时代的步伐，从与之相关的边缘学科中寻绎出创新的方法和途径。尤其是中国无论从文化还是经济上都日益形成国际交流的态势，面对种种新的挑战与冲击，要求美术与经济应相互联系的呼声也越来越高涨。同时，创作方式的现代化和美术事业本身的发展也着实需要以新的眼光去考察与对待。总之，客观形势迫使美术研究不得不与边缘学科进行交叉，从而获得更高层次的理性思索和深入探究。

（九）民间美术学

美术冠以“民间”二字，并非代表它即是美术的一个门类，事实上它应为美术整体框架中的一个层次，并且从历史上看还是其他“非民间”美术的根底。研究任何艺术，都不可试图构筑一成不变的模式去生搬硬套。特别是民间美术，其浩繁的样式和广泛的实用性，造就了独具特色的个性。因此张先生认为，它应被视为一种独特的研究对象而进行专门的研究。就历史传统而言，民间美术自成体系，积淀无数文化遗存；对现状分析，民众也从未中断过对它的创造和革新；从未来趋势看，随着工业和科技的发展，它还会以更大的情感容量进入更高层次，成为民族文化的复归。因而，张先生的观点是：“我们对于民间美术的重视和研究，是将它看作中华民族的基础文化之一，它与社会学、经济学、人文学、民族学、民俗学、文艺学、美学、心理学、考古学等，都不同程度地联系着，是研究本民族物质文化和精神文化的重要对象。”[①]有鉴于此，深刻地考察民间美术，对于以造型艺术为对象的美术理论研究而言意义重大，理解了民间美术的基础，就可以进一步认清绘画、雕塑、实用和装饰艺术等领域的发展。

二、对美术学理论研究的深虑

上文已略述了张道一先生对美术学理论与实践关系的思考，这里则进一步阐述其关于如何对待美术学理论的妙义。

恩格斯曾精辟地论述道，“一个民族想要站在科学的最高峰，就一刻也不能没有理论思维”[②]，美术学亦然。但是一直以来，无论是美术界还是整个艺术领域，轻研究、重技法，轻理论、重实践的现象明显，艺术学院中尤其如此。曾有观点认为，理论是灰色的，唯生命之树常青。对于此，张先生觉得该论断只能说明重视美术实践并非等于理论应该落后于实践。恰恰相反，理论实则应走在实践之前。美术学的建设如若要升华至人文学科的殿堂，仅靠实践的精进势必难为，理论的滞后显然对美术学的研究无益。尽管常言道“实践出理论”，但张先生的见解是这只能说明实践是理论之基，仅仅是原料，“出理论”还需要过程。就如同铁矿可以出铁，但未经冶炼则永远只能是矿石。此亦可理解为，从实践到理论是一个质的飞跃，而并不只是量的累积。当然，同时亦不否认有美术家兼为理论家，或理论家从事美术创作的现象。但这只能证明两者间的沟通更有助于理论与实践的深化，并不能将此二者间直接以等号画之。

而针对美术家从事理论研究的现象，张道一先生给予了辩证的考析。他认为，美术家的创作经验和认识诚然可贵，但即便其艺术成就再高，也只是凭体验、灵感、悟性、修养和勤奋去创造，在宏观的理论面前仍有可能知其然而不知其所以然。譬如，中国的传统绘画在实践过程中往往以“口诀”的形式师徒相承，这一方面可补缺文字文化的不足，另一方面也是技艺的点窍，或艺术处理的归纳，甚至在一定程度上接近美术的一般理论；另外，现代画家多数也有写“画语录”的习惯，将其创作过程中的感触及心得记录下来，以资借鉴和推敲。毋庸置疑，这些口诀和画语录确有精辟之处，且无不流露出智慧的火花。然而，最为优秀的经验总结也只能算作理论研究的素材，因其毕竟只属于个人的经验，尚未由个别上升到一

① 张道一：《美术长短录》，山东美术出版社 1992 年版，第 255 页。

② 《马克思恩格斯选集》第三卷，人民出版社 1972 年版，第 467 页。

般，更难谈及完整的体系。正如上文所述，美术理论的研究易陷入以纯粹个体经验重复与传播的误区，这实需警戒。但是，从另一角度来看，一旦美术家能脱离个体经验，由特殊的认知上升到普遍的理论，探究出一定的理性规律，则可以说这的确是真正意义上的美术学理论研究，并且这种研究对其自身及相关实践者而言都具有指导作用。

尽管从原理上讲，美术理论确然应该指导实践的进程，但是，在现实情况下，中国的美术理论依旧有滞后于实践的情况存在。张先生经研究后发现，中国美术理论在某一门类、某一领域，或某一方面的研究可谓造诣极深，但整体的水平却并不高。此亦是说，美术学的理论缺乏整体而宏观的系统，各专题间又少有横向的联系。分门别类固然重要，但要在整合的观念下进行，否则必会出现研究的真空领域。与此同时，张先生还指出，造成上述现象的另一原因是理论的“名声”不佳。从事实践的人常错误地认为理论研究并无用处，因而不愿亲近，甚至认为它过于主观，人为因素较多，很难对现实起到指导作用。“这种扭曲了的现实，不但降低了理论应有的尊严，失去了理论的战斗力，并且造成了艺术思想的混乱，于事业不利。而解决的办法，只有靠理论本身的建设来纠正。”①

美术理论滞后于实践的事实，在久而久之中便形成了另一不容忽视的局面，即理论与实践脱节，实践者不好理论，理论者不喜实践，二者似乎皆各自为政，缺乏互补和互动。张先生清楚地看到，过分强调个性特征和重视技艺方法可能是其根源之一。因为美术创作在很长一段时期中多是以师傅为中心，对师承、法门、流派尤为看重。同时，美术实践往往又以风格、个性、特点见长，这便自然形成了迥异的路数，虽都精益求精，却难免有意无意地产生了排他的思想意识。而且，美术门类中存在一定高下和雅俗，技艺水平在其中有时起到关键作用，因而也就无暇顾及普遍、一般的美术规律。而理论研究者也是只对某一专项或专题深入探讨，缺乏综合的研究体系。并且，理论中还涉及一个美学领域。西方学者将美学称作“艺术哲学”，系为哲学之派生，并非直接由美术实践抽象所得。而美学著作动辄涉及思辨、审美属性、主体与客体、唯物与唯心等哲学命题，实践者实难理解。诚如李泽厚先生（图 6-9）在《美学四讲》中指出的那样：“认为美学不可能成立，认为艺术不可能或不应该成为科学研究的对象，仍然在一般人（特别在作家、艺术家们）中间流行。好些作家、艺术家不高兴人们用思辨或逻辑去闯入或过问那本来他们自己也不知其所以然

① 张道一：《心灵之扉——张道一论艺术》，山东美术出版社 2001 年版，第 68 页。

图 6-9 李泽厚［三联作者，生活·读书·新知三联书店（http://www.sdxjpc.com_zz_）］

的创作天地。"[①]所以，上述两种情况的合力，便导致实践者认为理论抽象，无法具体联系和解决实际问题；而理论人员又以为美术活动过于具体，缺少概括，技艺性太强。张先生明白，实践和理论，包括美学的研究，其对象和目的是一致的，理应有共同的志趣和语言，甚至可相互配合、协作共进。因此，他曾提出一个"下来，上去"的观点，这是针对美术理论中美学研究而论，意即从事美学理论研究的人，应从书斋中走"下来"，下到艺术实践中，深入研究，而后再"上去"，带着艺术的实际回到哲学中去。如此一下一上，无疑会有质的变化。[②]

总而言之，张道一先生对于美术学理论的态度就是科学理论应经得起实践和历史的检验，因为其产生和发展的源泉和动力是由人类创造和需求的丰富性决定的，是"人的本质力量的新的显现和人的存在的新的充实"[③]。科学的美术学理论既然体现了美术的规律，也就必然能对美术的实践进行指导。但是此"指导"只能在原理、方向、原则上进行，并不能代替实践，更不可扮演指导技术的角色。即使美术理论有所专攻，也必须像"树枝"般"长"在整体的美术学之树上，而不可游离于树干之外，"何况是一木为'树'，双木为'林'，三木为'森'呢"！[④]

第三节　美之造物——关于造物中蕴含审美要素的分析

美学作为独立的学科，在中国起步较晚。中文的"美学"二字于 20 世纪初取道日本，乃西文"Aesthetics"一词的翻译。而西方使用该词的滥觞则缘于 18 世纪的鲍姆嘉通（A. G. Baumgarten，1714—1762），他把这

① 李泽厚:《美学四讲》，天津社会科学院出版社 2001 年版，第 9—10 页。
② 依据: 2007 年 4 月 5 日，张道一先生给 2006 级苏州大学艺术学院设计学博士生上课的录音资料。
③《马克思 1844 年经济学哲学手稿》，刘丕坤译，人民出版社 1979 年版，第 85 页。
④ 张道一:《心灵之扉——张道一论艺术》，山东美术出版社 2001 年版，第 73 页。

个本指感觉的希腊字转用在指感性认识的学科。所以，如若用更为准确的中文翻译，“美学”一词应是“审美学”，指研究人们认识美、感知美的学科。[①]但无论名称如何界定，有一点毋庸置疑，即美学的研究必关乎于“美”。而艺术又是美的集中体现者之一，因此，对于作为担任过中华全国美学学会副会长、江苏省美学学会副会长的艺术理论家张道一先生而言，美学领域的研究亦是探寻艺术之道的必由之路。他以独特的视角切入美学的天地，以自己对艺术的热忱和理性的思辨阐析“美”的真谛，并将抽象的理论与艺术现象结合起来探究，颇具独到的见解。

一、对“美”的理解

张道一先生曾经思考过如是问题：“究竟什么是美？”[②]西方对此已探究数百年，中国亦研讨过许多年，回溯前人的言论，从诸子百家至近代学者，学者们的著作浩如烟海，各学派林立，然而尽管始终聚讼纷纭，却难以获得一个圆满的解释。从字源看，许慎的《说文解字》曾曰：“美，甘也。从羊，从大。羊在六畜主给膳也。美与善同意。”[③]清段玉裁对其注为：“甘部曰：美也。甘者，五味之一，而五味之美皆曰甘，引申之凡好皆谓之美。羊大则肥美。无鄙切，十五部。《周礼》：膳用六牲。始养之曰六畜，将用之曰六牲：马、牛、羊、豖、犬、鸡也。膳之言善也。羊者，祥也。故美从羊。此说从羊之意。”[④]张先生表示，这显然是就字面训诂。所谓“羊大则美”，除了为“膳”之表意外，实际与古人以财富而论有关。汉及其之前，常以羊之肥大和数量来衡量财富，此乃彼时的生产力与生活方式所决定。但从张先生的分析中可以窥察一点，即美之概念在古人心目中与具体事物紧密联系。换言之，与美直接关联的是人的感性存在、感性需求与享受，甚至感官（例如吃的感官）等方面。譬如，汉语中称美貌女子为“美人”，美妙的文章为“美文”，美好的言辞为“美言”，善意和好意为“美意”，高尚的品德为“美德”，快意、满足和圆满为“美满”，等等。

事实上，古之“美”常与“善”或“好”混在一起，意思雷同。《论

---

① 参见李泽厚《美学四讲》，天津社会科学院出版社 2001 年版，第 17—18 页。

② 《张道一文集》，安徽教育出版社 1999 年版，第 220 页。

③ （汉）许慎：《说文解字》，天津市古籍书店 1991 年版，第 78 页。

④ （清）段玉裁注：《说文解字注》，上海古籍出版社 1981 年版，第 146 页。

语》中孔子曾说："里仁为美。择不处仁，焉得知？"[①]另外，《论语》又讲："子张曰：'何谓五美？'子曰：'君子惠而不费，劳而不怨，欲而不贪，泰而不骄，威而不猛。'"[②]这里所言之"美"，意思都是"善"。李泽厚先生说："据有人统计，《论语》中讲'美'字十四次，其中十次是'善''好'的意思。"[③]因而，张先生提出，"美"与"好"连称，实在是衡量事物不可分的。他从《考工记》所言"材美工巧"角度分析之，认为其"巧"字自然包含"美"，但"材美"的"美"实则为"好"。并且，他指出："'美好'一词在中国人的观念中，确实是难解难分。孔子把'中和之美'视为最高审美理想，主张'文质彬彬'，内容美与形式美的统一。老子看到美与好有统一的一面，又有矛盾的一面，提出'美恶相生'，'信言不美，美言不信'。孟子提出'充实之谓美'。这些都是从社会功利的角度来谈论美，并没有将'美'孤立起来。"[④]谈及至此，不免要牵涉有关"美"字的另一种解释。正如张先生思索的那样，先秦诸子多从社会功利的角度论"美"，也就是说，"美"本身具有社会的意义和内容，与人的群体和理性相连。所以，"美"的另一种看法是"羊人为美"（图6-10）。有观点认为，从原始艺术图腾舞蹈的材料看，人戴着羊头跳舞才是"美"字的起源，"美"字与"舞""巫"最早同为一个字（图6-11）。这说明，"美"与原始的巫术礼仪活动有关，具有某种社会含义。[⑤]如若将"羊大则美"与"羊人为美"统一起来，便可看出"美"实则包含两方面内容：其一是具体物质的感性存在，其二又极具社会性。

图6-10　甲骨文、金文的"美"字

① （汉）郑玄、（清）刘宝楠注：《论语正义》，上海书店1986年版，第74页。
② 同上书，第417页。
③ 李泽厚：《美学四讲》，天津社会科学院出版社2001年版，第63页。
④ 《张道一文集》，安徽教育出版社1999年版，第220—221页。
⑤ 同注③，第61页。

图 6-11　甲骨文的“舞”字

因此，张道一先生对“美”做了理性的分析——“美”是属于精神的，也是属于物质的，它为人类所专有。由此可以理解为，“美”之根源在于“自然的人化”。换言之，“美”的存在离不开人的存在，其本质源于实践，也正因如此，一些客观事物的性能、形式才具有审美属性，最终成为审美对象。近世哲学有“真、善、美”的提法，三者相互关系密切，张先生谓之“豪华的三驾马车”。事实上，“真”与“善”的统一即是从“自然的人化”中探索美的本质或根源，也就是合规律性与合目的性的统一。而外在自然事物之所以为“美”，并非因其在人类产生之前便有美的存在，也不是由于审美主体感知它，对他投射美的情感，更不是因为它与人类生理的同构造成的“美感”。关键在于它跟人类客观物质性的社会实践以及合乎规律的性能、形式相对应才产生“美”。“美”实则出自人类主体以使用、制造工具的现实物质活动，是改造自然活动的一种派生。正如张先生所言，“美”是人类历史经验所形成的结果[①]，所以也是文化历史的产物。

二、对审美形态的思考以及造物“综合之美”的阐释

既然“美”无处不在，无事不有，那么人的审美对象势必就具有广泛性、丰富性和多样性的特征。美学上将审美对象称为审美客体，它须与审美主体相互作用方可构成人对现实的审美关系。而正因有了审美对象，人们才会从不同角度将美分为各类形态。譬如，古希腊的柏拉图（Plato）有形体美、心灵美、知识美、理念美之说；英国的哈奇生（Francis Hutcheson，1694—1747）将美分为绝对的（本原的）与相对的（比较的）；法国的狄德罗（Denis Diderot，1713—1784）则把美视为“真实的美”与“相对的美”两类；德国的康德（Immanuel Kant，1724—

① 参见《张道一文集》，安徽教育出版社 1999 年版，第 221 页。

1804）认为美可分成“自由美”和“附庸美”；德国的黑格尔（G. W. F. Hegel，1770—1831）以“自然美”和“艺术美”对美进行划分；英国的鲍桑葵（Bernard Bosanquet，1848—1923）将美分成“浅易的美”与“艰奥的美”[①]；等等。除此之外，现代美学还从认识论上根据美的产生、特征及人的创造来划分美的形态，或依据美的事物所激发出不同审美经验为标准划分。

可以说，上述分类具有描述和厘定各种不同美感的经验意义，其区划范围和方式极难穷尽。虽然他们都存在着一定道理，但张道一先生指出：“问题在于，人们的审美活动并非按照分类进行的；恰恰相反，是先有了审美活动，再进行理论的综合与概括。如果从审美现象作深入的观察与思考，便不难发现，有些关系是不易分得开的。”[②]换言之，美学定义中的各类审美形态，在现实生活中往往十分含混，甚至有互相渗透的现象，如若不是为了研究需要而人为地理性区分，实在难以从中硬性抽象出各种类别。例如，现代时装，在满足实用功能之外，其显著特点便是审美性，因而也要求注重款式、面料、剪裁、缝纫，以及流行和时尚性。（图 6–12、图 6–13）其中，它所具备生活美的属性毋庸置疑，但难道不也混合着一定程度的艺术美和社会美吗？又如，与人们生活休戚相关的日常餐具、茶具、家具等品物（图 6–14），其美的因素已为现代美学所公认，并无时无刻不在以潜移默化的方式影响着人们的情感、兴趣、素养，甚至生活方式，但它们的美又究竟属于何种形态呢？

图 6–12　玛丽·奎恩特（Mary Quant，1934—　）英国时装设计师，被誉为“迷你裙之母”

图 6–13　玛丽·奎恩特设计的 20 世纪 60 年代在欧美颇为流行的“迷你裙”

① 参见《张道一文集》，安徽教育出版社 1999 年版，第 222 页。

② 同上书，第 223 页。

图 6-14　日本茶具设计大师、人间国宝龟井味乐的作品

由此可见，客观事物的"美"如若仅从单一的形态考察，不可能见其详。于是，张道一先生提出了"综合之美"的论题。古人很早便对"美"的综合性质有过相关认识，《国语·郑语》中记周太史伯曰："声一无听，物一无文，味一无果，物一不讲。"[①] 刘勰的《文心雕龙》中也载："五色杂而成黼黻，五音比而成韶夏，五情发而为辞章，神理之数也。"[②] 当然，古圣先贤所言"美"的综合，只是从"美"因子的多样性角度出发。而张道一先生的"综合之美"则是从审美对象具有多重审美形态的视点切入，且其审美对象主要指向实际生活应用，或具有一定实用价值的范畴，而这往往是"书斋式"美学研究易忽视之处，因而"综合之美"研究的范围显得更宽。

张先生曾分析，艺术质的造物，因其有着各种诸如实用与审美、物质与精神，以及经济与文化等方面的属性，故必然具备综合性的审美形态，既包括自然美、社会美、艺术美等方面的综合，亦包含快感与美感的综合。[③] 因之，"综合之美"有着双重含义，首先是单指生理愉悦升华了的综合形式。这层含义比较易于理解，也相对简单。因其"美"不仅体现在视觉领域，还延展至触觉、听觉、嗅觉等方面快感的升华，所以谓之"综合"。尽管经典美学向来将快感排斥于美感之外，但在艺术性的造物之中，快感往往与美感混合交织，难分难解，美感的获得通常建立在快感基础之上。例如服装制品，其面料所产生优良的触觉效果无疑给人一种快感体验。但它同时亦与服装形式、色彩等视觉快感一道为人所感知，甚至还与穿着舒适的感觉相联系，从而共同形成"美"的体验，这便是一种"综合"。（图 6-15、图 6-16）快感来自生存需求，具有生理性，美感来自文化需求，除生理外还具有社会性。二者虽层次上有别，但皆属于人本质需求的体现。尤其是实用性造物，在被使用的过程中，各种感官整体投

① 《郑语》,《国语》卷十六，上海书店 1987 年版，第 186 页。

② （南朝·梁）刘勰:《情采第三十一》,《文心雕龙》卷七，上海古籍出版社 1984 年版，第 133 页。

③ 依据：笔者 2007 年 4 月 4 日采访张道一先生于苏州东吴饭店时的录音资料。

入，各种感觉相互交织，产生“联觉”，形成“通感”，这也使得美感更加充实和具体，因而造物的美感不单囿于静观体验，而且是与动觉综合的整体感受。

图 6-15　日本著名的服装设计大师三宅一生（Issey Miyake，1938—　），擅长运用褶皱，并能通过各种方式表现服装综合之美

图 6-16　三宅一生的设计作品［A Look into Modern Issey Miyake, The Rosenrot(http：//the-rosenrot.com）］

其次是实由“本元文化”的特性决定。物质与精神的高度统一，是艺术造物的本质规律，这也是致使其具有实用和审美功能的根本原因。人为了实用的目的而造物，但同时在该过程中也孕育了审美的诉求。在享受实用功能所赋予的愉悦时，艺术造物中蕴含的那部分鉴赏性的审美因子也伴随其中。虽然使用价值与审美价值不能相互取代，但使用价值可以通过转化形成一种愉悦，并渐次升华为美感。而转化实际便是“好用”的功能性体验与“好看”或“好听”的知觉体验浑然一体的过程，即功能美与艺术美的综合。譬如，木质家具以“清水”涂饰，显露纹理，无疑体现一种“功能美”。（图 6-17）其本意在于好用，并不是为了美而

图 6-17　日本住友集团的“森林系”作品“House of Suki”（杉本博司摄），体现简洁、理性的功能之美［House Vision, Kenya Hara, Design Applause（http://designapplause.com/editors-pick/house-vision-kenya-hara/36053/）］

美，属无目的之美，就和“自然美”一样，完全是因人的主观感受而成为的美。但它同时亦具有一定的艺术风格，是设计者别具匠心的体现，作为陈设给予人们精神上的享受，因而又具备“艺术美”。此外，它还是社会实践的产物，受一定社会生产力发展和审美心理历史内容的牵引，其美具有社会性。在这里，“美”的内容直接体现着对实践的肯定，“美”的形式直接表现为合目的合规律的实践形式。因此，“本元文化”的特性必然造就“综合之美”。

从上述阐析中可以发现，“综合之美”应具有三方面特点：其一是“悦感”，即视、听、味、触、嗅觉等快感混合升华或转化的体验，属于感性范畴的综合；其二是“悦心”或“悦意”，即“综合之美”通过“悦感”而走向内在心灵，达到精神层面，唤起心意境界的内容，具有一定精神性和社会性，主要是对不同年龄、经历、修养、文化、性格、气质等人群精神情感的满足；其三是较高层级的特点——“悦志”或“怡神”，即从前两个特点逐步上升为合目的性的道德理念的追求和满足，简单来说即潜移默化地陶冶情操，引导积极向上的精神。总之，造物的“综合之美”不容忽视，“它不仅是认识各类审美对象的一把钥匙，而且可以从中了解到各种审美对象之间的关系”①。

第四节　“美在民间”——民间美术美学特征的分析

民间美术的璀璨无须赘言，其形式的姹紫嫣红，内容的光彩夺目，构筑起自身非凡的艺术世界。它的主题，几乎无不出于对生命追求的动机。无论何地、何种材质、什么形式、哪种工艺，作为原始文化直接嫡传的民间美术，都始终强烈地彰显着生命繁荣的审美理想。而这个源自民族与群体基本追求的审美理想，亦可被视作民间美术与其他“非民间”美术的根本区别之一。因为此中既充满了乐观、坚定的信念，又饱含着质朴、纯真的意蕴，是融真善美于一体的审美创造。与此同时，正是基于原发性“母体型”文化特征，从美学角度说，它应为人类美学史的实录，是民族群体情感的凝聚，具有永恒的魅力。它直接体现了艺术和美的本质，其世代相继的规范引导和滋养着历代艺术和美学的发展。因而，对它美学特征的训解和显发，无疑是张道一先生在美学领域的理论贡献之一。

---

① 《张道一文集》，安徽教育出版社 1999 年版，第 223 页。

一、对民间美术内容和形式、风格与特色中审美特点的分述

张道一先生对民间美术做过美学上的探究，认为有其特异之处，他精练地概括为八个字：真、全、艳、健、粗、俗、野、土。如果说前四个特点是对民间美术内容和形式的描述和总结，那么后四个则是对其风格与特色的提炼与分析。

所谓“真”，便是“真实，真诚，纯真，也包括了如童年的天真”①。民间美术诚然是一种民众感性形式的存在，非但如是，它还具有极大的情感内容。当作用于精神内核或深层领域的时候，民间美术显然能影响人的情感活动和认知过程。无论是姑娘荷包上的刺绣莲花，还是年画里的财神，抑或是剪纸中的龙凤呈祥，无不透着一股真切之情。（图 6–18、图 6–19）在这里，根本看不见装腔作势、哗众取宠、矫揉造作、无病呻吟的身影。可以说，民间美术作品不仅寄托创作主体的深情，同时也唤起欣赏者的情感共鸣，并能宣泄和充实生活中的情感内容。有位陕北民歌手说：“有话不说闷得慌，憋在肚里要生疮；站在高坡唱两声，心里才亮堂。”这同样也道出民间美术的特点。当然，尽管是真实的情感，但还是有别于生活中的现实情感。它毕竟是经过艺术升华了的审美情感，在此间可以窥察出民众对福禄寿喜、趋吉避凶、五谷丰登、风调雨顺、人丁兴旺等内容的向往和企盼。

图 6–18　清代盘金绣荷包

图 6–19　山东杨家埠年画财神

① 《张道一文集》，安徽教育出版社 1999 年版，第 594 页。

图 6–20　民间美术“连生贵子”所体现“全”的审美特点

至于“全”，其意为“完全，全面”[①]。首先表现为一种“尚全忌缺”的心理。“尚全忌缺”是中国传统的精神内蕴之一，与中国长期的农业文明及稳定的民族血缘关系有关。而在民间美术中，这种以广大民众作为创作主体，具有典型集体表象特征的艺术形式，尤能体现此特点。如鸟成对，鱼成双，花并蒂，喜成双等皆追求一种周全和圆满。此外，民间美术的“全”还体现在艺术形式上。它在构图上讲求全然，在表现方法上力求完整。最为突出的要数莲花，无论是“连生贵子”还是“连年有余”，皆为“莲”谐音的延伸创作。而有关“莲”的表现方式，不仅将露于水外的部分，诸如莲花、莲叶、莲蓬、莲枝悉数画出，甚至水中的藕及藕的根须也都表示了出来。（图 6–20）

民间美术的“艳”，不言而喻，指的是“美艳，艳丽，鲜明，丰满”[②]。如前所述，民间美术包含着坚定乐观的信念，它与“非民间”美术迥异。现代美术中经常流露出一些艺术家的忧虑和悲伤，或者渗透着神经质与玩世不恭的情绪。而民间美术由于其真实的感情和积极的态度，总能赋予人们天真和乐观的情感色彩。因而，在用色上以鲜亮、明快见长，有些还颇具“火辣辣”的韵味。“用色彩学的术语说，则是侧重于使用‘补色对比’，‘明度’和‘彩度’都加强了，很少使用灰色调，更少见‘阴惨惨’的画面。”[③]譬如，民间美术中的“过门笺”（图 6–21），又有“门笺”“挂笺”“挂钱”“纸帘”之称，春节时挂于门前，该习俗最晚应始于唐代。其色彩丰富有序，稚拙庄重，但又不失喜庆热烈。其中还包含这一色彩规律，即“头红二绿三黄的，四小红，五了（紫）登科”。张先生经过分析体悟出，这实际在很大程度上与大众生活和审美习惯相联系。因为农民的生活条件相对简陋，一些美术作品如若张挂于采光较暗的居室，显然不宜过于素雅、灰沉。所以，像年画一类的作品喜用大红大绿，人们节日着装也异常鲜艳。并且，还有很多配色口诀在民间艺人中间流传。如“红花绿叶扶，配色不能污”；“红配黄，亮堂堂；红配紫，恶心死”；“色色爆，

① 《张道一文集》，安徽教育出版社 1999 年版，第 595 页。

② 同上书，第 596 页。

③ 同上。

色色满”等，都是民间美术色彩上的经验总结。

图 6-21　过门笺（于红创作，山东，现代）

而“健”之意，则代表“健康，健美，刚强有力，敏速绝甚”[①]。这既表现在民间美术的内容上，亦反映于形式上。艺术中本就有“刚阳之美”，《论语》载：“刚、毅、木、讷，近仁。”[②]《礼记》云：“粗厉、猛起、奋末、广贲之音作，而民刚毅。”[③]张先生认为，民间美术中那种“刚毅”“健硕”之美不胜枚举，像民间剪纸、年画雄健和宏大的审美意蕴便是典型，尤其是画“门神”一类的武将猛士更显特色。甚至有专事于此的创作口诀：“金盔金甲淡黄袍，五股攒成绊甲绦；护心宝镜放光毫，狮蛮腰带扎得牢；鲨鱼鳎尾护裆口，战裙来把膝盖罩；红甲上衣绣云朵，五彩战靴足下套；描金箭壶挂中腰，金锏一把逞英豪；威风凛凛杀气高，妖魔愁来鬼见逃；脸如敷粉白面貌（脸如锅底黑面貌），天庭阔来地阁饱；通天鼻梁颧骨高（蒜头鼻子火盆口），剑眉凤目威严好（竖眉豹眼威严好）；五绺墨髯挂嘴梢（虬髯满腮如笤帚）。”[④]（图 6-22）可以说，民间画门神和故事中的“刀马人”，在造型上已成程式，是“刚阳之美”的结晶。

与此同时，张先生还在风格与特色上总结了民间美术之“美”的特点。首先是“粗”，即“粗放，粗犷，豪爽，简约”[⑤]。民间美术的制作，求细者不多，很少有精雕细刻、刻意求功的作品，更多的则是大刀阔斧和洋洋洒洒的力度和气势。实际仍是出于“真”，所以民间美术在创作上丝毫

① 《张道一文集》，安徽教育出版社 1999 年版，第 597 页。

② （汉）郑玄、（清）刘宝楠注：《论语正义》，上海书店 1986 年版，第 298 页。

③ （汉）郑玄注，（唐）孔颖达等正义：《礼记正义》，上海古籍出版社 1990 年版，第 246—247 页。

④ 该口诀是针对门神秦叔宝和尉迟敬德进行创作的程式，括号中是对尉迟敬德形象的总结，与秦叔宝有些微差异，其他基本一致。

⑤ 同注①，第 598 页。

不做作，也不力求过分修饰，以本色示人，有着运斤如风的气魄。张先生的观点是就其主流而言，民间美术实为粗中见细，诚如老子所云：“大直若屈，大巧若拙。”[①]表面上看其作品似乎并无“专业”艺术的精巧和细腻，亦似乎无太多章法可循，很多属自娱自乐之作。但事实上却恰好符合“无营”的境界，即没有刻意营算的创作方式。其技法的表现完全出于自然，出于天真，出于对生活和生命的热爱和追求。因此，正因为“粗”，从另一个角度更加证实民间美术的“真”。

图 6-22　门神画（秦叔宝与尉迟敬德，陕西省凤翔县。王树村：《中国门神画》，天津人民出版社 2005 年版，第 74—75 页）

与“粗”如影随形的便是“俗”，即“通俗，习俗，风气”[②]。因“粗”而“俗”，由“俗”而映“粗”。因为民间美术毕竟是大众的艺术，必然随世俗而生，因俗缘而长。它无须像阳春白雪那般形成曲高和寡的境界。但张先生强调，尽管它很通俗，但不流于庸俗，或俗不可耐。民间美术的“俗”并非低下，只是与“雅”相对而已。正因有着“俗”的气质，它才更接近普通民众，其创作主体和欣赏主体之间更易沟通，更能产生情感共鸣。而且，民间美术品经常与节令风俗密不可分，很多具有民俗的性质，可谓集体情感的物化表征之一，因而在创作上也必须做到“俗”这一点。

民间美术风格的第七个特点是“野”，也就是“乡野，乡土，民间，朴野”[③]，但却与“粗鲁”截然不同。该特点实际与上述“粗”与“俗”是一个整体，因为是最广大民众的集体创造，因而便显现出非“专业”的风格。若与“官方”或“文人”的风格相比照，其乡野、朴拙自成一派。张道一先生如是评论：“孔子说：‘质胜文则野，文胜质则史’（《论语·雍也篇》）……孔子主张做人要使文与质结合起来，即所谓‘文质彬彬，然后君子’。但是，这原则用到文艺上来，很难恰当处理。民间美术的创作，虽也有自身的理法，但不同于文人艺术的法式。在‘有法’与‘无法’的关系上，自古以来，连文人之间也是有争议的，而民间美术恰恰是倾向于

① （魏）王弼注：《老子》第四十五章，上海古籍出版社 1989 年版，第 11 页。

② 《张道一文集》，安徽教育出版社 1999 年版，第 599 页。

③ 同上书，第 600 页。

后者。”[①]

最后是“土”，意为“乡土，土气，土宜，土仪，土风”[②]。张先生指出：“由于民间美术带有鲜明的地域性，为一方人和一片土的产物，所以常称作‘土生土长’‘土里土气’。”[③]可见，本土化和地域性是民间美术的属性之一，也因此造就其“土”的气息。民间美术的作者很多来自农村，所以其作品也在一定程度上反映出“土风”的特点。但“土风”亦是本色，与“粗”“俗”“野”相得益彰，共同体现民间美术的“真”。其不卑不亢、我行我素、顺其自然反而与人为雕饰的作品形成鲜明对比，从另一个角度丰富了艺术的内涵。

二、对民间美术寓意手法中审美心理的分析

审美心理既是个人审美经验的积淀，亦是历史性和集体性的积淀。它所反映的感觉、情感和思维，甚至包括想象，都具有时代延续性，只要有一定民族和群体的存在，就会无限传递下去。因而，由此引发的艺术表现也必然与社会的集体意识有着密切联系，是一定社会形态和时代所赋予的集体心理表征，并非个人随心所欲的杜撰。民间美术亦是如此，其表现手法尽管种类繁多，但以“托物寓意”和“以物寄情”最为突出，也最为普遍。民众一贯的好恶和传统的审美取向，总是通过一定寓意手法在直觉与非直觉统一的过程中被显露出来。在张道一先生看来，这是值得探究的。

民间美术寓意手法无外乎三种，其一是“表号”，其二为“谐音”，其三曰“象征”。而张先生对此三种手法及其背后的审美心理做过分析。第一种寓意手法，他认为：“表号，就是将物象简化，类似符号，以代表所要表达的事物或概念。”[④]譬如，将古代挠痒的用具只表现其上端，便称作“如意”；将简化了的古琴、棋盘、书函、卷轴组合在一起叫作“琴棋书画”；以八仙手持法宝组成画面，称为“暗八仙”（图 6-23）等。张先生指出，曾有观点将这一方法视作“象征”，其实不然。它应是民众对自己审美取向以一种间接性、概括性的符号系统来传递信息的过程。原始先民在认识发生的最初阶段，感知映象在他们心里，内化为相应的心理表象，并经过类化而产生各种符号。与之类似，作为秉承原始文化衣钵的民间美

① 《张道一文集》，安徽教育出版社 1999 年版，第 600 页。

② 同上。

③ 同上。

④ 同上书，第 601 页。

术，亦通过图形符号，将心理表象抽绎和简化出来，并以经验的形式代代连接，传承下去，最终形成一种具体的表现手法。张先生由此还将该手法联系到传统戏曲的模拟表现，认为二者有类似之处。戏曲中常有举一条马鞭以示骑马奔走，或扶两面画有车轮的小旗以示坐在车上的手法。可以看出张先生的观点是，该手法实为民众在实践过程中不断形成的一种以象表意、直觉领悟、提炼概括的思维形式。但有一点须做说明的是，这种表号手法毕竟在很大程度上依靠具体的形象进行思维，它的间接性其实建立在直观感知的基础上，它的概括性也不是纯粹的抽象行为，更多的是意象和直觉符号，比较接近感性认识。然也正因如此，表号的寓意手法才能体现出民间美术纯真、质朴的美学特点。

图 6-23　清代珊瑚红釉粉彩暗八仙盘

而第二种寓意手法，张先生总结为“谐音”，即“借此物之读音以指物，特别是表示一些抽象的概念”[①]。譬如，蝙蝠的“蝠”与“福”同音，因而在画“五福同寿”“万福云集”之类的吉祥作品时，蝙蝠便成为必不可缺的构成元素之一（图 6-24）。又如喜鹊，在民间传说中可以兆喜，就以其谐音为“喜”来创作吉祥主题，像喜鹊登梅，便寓“喜上眉梢”（图 6-25）。但张先生同时亦指出，这一手法所体现的审美心理只是中国传统民众集体意识的反映，只符合中国人的审美习惯。还是蝙蝠，但在《伊索寓言》中却受到奚落，甚至欧洲人视其为不祥的“夜游神”。同是喜鹊，在欧洲人心目中却代表“长舌妇”，是不正派女人的象征。由此可见，运用谐音的方式其实是在特定族群中一种内在和模式化的文化约定，并不会因为时间和地点的变易而改变，同时被那些熟悉本体与喻体间特定联系的人们不断地重复使用着，以此来表达祈愿和追寻美好生活的心绪。简言之，民间美术的谐音寓意与广大民众审美的内在精神追求是一致的。

① 《张道一文集》，安徽教育出版社 1999 年版，第 602 页。

图 6-24　清光绪五福捧寿白铜双环手炉

图 6-25　清代沉香木雕喜上眉梢酒斗

“象征”可谓张先生总结出的民间美术的第三个常用寓意手法。他认为民间美术的“象征”就是“以具体的形象代表某一个抽象的概念，或创造一个抽象的符号用来表示”。譬如，以桃或松柏象征长寿，以莲花象征纯洁，以牡丹象征富贵，以鸳鸯象征婚姻或爱情等。总之，民间美术中的象征手法似乎都有着一个共通之处，便是依托吉祥物来寄寓心理愿望，并以此来表达祈福和辟邪的吉祥情感。因为广大民众的审美情趣、价值取向以及人生追求，在很大程度上与朴素的生命观和生存观密不可分，而原初的生命观和生存观无非需要得到的结果是驱灾避祸和祈福纳吉。象征正好在一定程度上满足了民众这一需求，因而成为极具生命力的寓意手法之一。张先生分析，象征是一种较高的思维，它以联想为基础，或是借助于形象的某一方面性质和特征来比附另一事象，因而具有一时一地、约定俗成的特点。这也与谐音相似，同样有着地域性和民族性，都是民众集体观念的物化反映。

据上述阐析可以看出，民间美术寓意手法的内容都趋向吉祥，张先生将它们所体现的民众审美心理归结为对“福、禄、寿、财、喜、吉、和、安、养、全”的诉求。虽然这不是民间美术全部的审美心理，但是正因寓意手法在其中扮演的重要角色，使得这些特点在歌颂生活和追求吉祥幸福方面，体现得曲折隐喻，耐人寻味，趣味隽永。

第七章　“学术为公，学理图明”——对艺术学的探索

图 7-1　张先生在东南大学（1996）

艺术是人类在漫长的生产活动和社会活动中形成和创造的结晶，是一种审美形态，借此人们可以完善自身的审美诉求，并以物质形式和情感中介表达艺术家的思想和意识，反映一定时期的社会生活。而“艺术”一词在西方中世纪和文艺复兴时期，原指某种手艺或技巧。“一般说来，它是为了有效地完成一定生活目的，加工制作某种材料，生产出客观成果或产品的能力或作为活动的‘技术’的总称，即使今天也仍在这种广泛意义上使用。”[①] 在中国，“艺术”二字的连用较早载于《后汉书》之中——“永和元年，诏无忌与议郎黄景校定中书《五经》、诸子百家、艺术。”[②] 当然，这里的“艺术”分指书、数、射、御和医家、巫师之流。孔子很早就提出“六艺”的概念（礼、乐、射、御、书、数），而此“艺”显然要比今天的“艺术”概念宽泛，也多与技艺或技巧有关。直至 18 世纪，如前所述，德国鲍姆嘉通率先提出“美学”一词，从而把情感和审美因素突出出来。此时的艺术，显然除技巧之外更涵盖了审美层面的特性，因此从一般技术中分解出来，成为“美的技术”。但是，19 世纪下半叶，自然科学领域取得长足进步，一般社会科学领域也随之出现了实证主义与经验主义的趋势，艺术领域亦向着自然主义及写实主义方向推进，乃至有突破“艺术即美”这一古典主义艺术观的趋向，故而欲将“艺术学”从美学中分离出来的呼声也开始兴起。“以后被誉为艺术学之祖的费德勒（Konrad Fiedler，1841—1895）（图 7-2），首先在理论上分为美和艺术的问

① ［日］竹内敏雄主编：《美学百科辞典》，刘晓路等译，湖南人民出版社 1988 年版，第 163 页。

② （南朝・宋）范晔：《后汉书》卷二十六，岳麓书社 1994 年版，第 388 页。

图 7-2　康拉德・费德勒（Konrad Fiedler，1841—1895）

题。”[①]尽管他并未提出“艺术学”的名称，但其“不朽的功绩，在于他对于艺术学的独立，首先给予科学的依据，规定艺术学所应解决的一般的问题”[②]。此后，德国的格罗塞（Emst Grosse，1862—1927）主张从方法论上建立艺术学科，并在《艺术学研究》中提倡从社会学、人类学、民族学等多方面对艺术学和艺术史进行研究。自20世纪以来，德国学者德苏瓦尔（或有译为德索，Max Dessoir，1867—1947）及其追随者乌迪茨（Emil Utitz，1883—1956）和哈曼（Rihard Hamann）努力倡导一般艺术学研究，并著书立说，逐渐在欧洲和德国确立了艺术学的学科地位。

20世纪上半叶，在西方美学、艺术科学的影响下，中国艺术学研究亦开始萌动。较早具备“艺术学”概念的著述应为1920年5月蔡元培先生在《新潮》第2卷第4期发表的《美术的起源》一文。蔡先生提出：“美术有狭义的，广义的。狭义的，是专指建筑、造像（雕刻）图画与工艺美术（包装饰品等）等。广义的，是于上列各种美术外，又包含文学、音乐、舞蹈等。西洋人著的美术史，用狭义；美学或美术学，用广义。现在所讲的也用广义。”[③]尽管当时“美术”与“艺术”的名称并未截然区分，但从蔡先生的论述中不难发现，当时广义美术概念相当于现在的艺术概念，而彼时美术学则基本相当于当下的艺术学。与此同时，宗白华先生（图7–3）在德国留学的时候受到德苏瓦尔（德索）的影响，所以学成归国后就在1926—1928年于东南大学——中央大学开设“艺术学”课程。此外，20世纪30年代，中国学者已着手致力于艺术学学科的建设，这应以1931年林文铮先生出版的《何为艺术》及1933年张泽厚先生出版的《艺术学大纲》为标志。到了40年代，蔡仪先生出版了《新艺术论》，试图建立与西方和日本迥异的新艺术论体系，而马采、陈中凡、岑家梧等先生也分别论述了艺术学及艺术社会学的研究方法、对象及其在西方国家的

① ［日］竹内敏雄主编：《美学百科辞典》，刘晓路等译，湖南人民出版社1988年版，第83页。

② 马采：《艺术学与艺术史文集》，中山大学出版社1997年版，第4页。

③ 《蔡元培美学文选》，北京大学出版社1983年版，第86页。

发展历程。这些贡献诚可谓为中国现代艺术学学科的建设奠定了一定的理论基石。尽管20世纪中期中国艺术学学科建设陷入困顿，但自80年代始，由于对西方学者美学及艺术学理论著作的大量引进，使得艺术学理论在一定程度上开阔了视野。

图7-3　宗白华先生（1897—1986）青年时代于南京（宗白华：《西洋哲学史》，江苏教育出版社2005年版，第1页）

而到了20世纪90年代初，张道一先生接过艺术学学科建设的大旗，并从此为其摇旗呐喊。长期以来，他始终怀揣着创立艺术学学科的构想，终在1994年6月达成夙愿——在东南大学创立了中国首个艺术学系。其后他发表的《应该建立“艺术学”》一文，应可视为中国现代艺术学学科建立的宣言，而1998年张先生于东南大学建立首个中国艺术学博士点则预示着中国艺术学研究已经步入了一个全新阶段。鉴于张先生对于中国艺术学学科创立和建设的汗马之功，本章试图对其在艺术学范畴中的探索和思考进行梳理和阐发。

第一节　精神的美食——对“艺术”的研讨

图7-4　丰子恺（1898—1975）

丰子恺先生（图7-4）曾说：“世间一切美术的建设与企图，无非为了追求视觉的慰藉。视觉的需要慰藉，同口的需要食物一样，故美术可说是视觉的粮食。人类得到了饱食暖衣，物质的感觉满足以后，自然会进而追求精神的感觉——视觉——的快适。故从文化上看，人类不妨说是‘饱暖思美术’的动物。”[①] 确然，美术之于人，可谓“视觉食粮”。推而广之，

① 丰华瞻等编：《丰子恺论艺术》，复旦大学出版社1985年版，第17页。

艺术之于人也可算作“精神的粮食”了。张道一先生十分赞同丰子恺先生的见解，并将音乐、舞蹈、戏剧、电影、电视等一切艺术形式都视为“精神的美食”，同时他认为人类在对物质的需求达到相对高度时，势必会对精神层面有所诉求。而艺术在一定程度上能对人的精神世界给予慰藉，因此也正像“粮食”能填饱肚子一样，成为人类不可或缺的重要文化活动和财富。艺术学作为研究艺术实践、艺术现象和艺术规律的专门学问，带有理论性和学术性特征，应为系统研究艺术知识的人文学科，因而自开宗始，便不可不围绕“艺术”问题进行探究。但诸如究竟艺术是什么，它是如何产生和发展的，它包括哪些种类，有何作用等一系列有关艺术自身的基本问题却反而易在艺术学专题研究中被忽略，或是在研究中脱逸了初衷。所以，对“艺术”自身问题的相关思索，成为张先生之所以极力倡导“艺术学”学科建立的理论基点。

一、有关“人与艺术”的思考

关于“艺术”的产生，历史上众说纷纭，学说林立，诸如劳动说、图腾说、巫术说、游戏说、符号说等，不一而足。不可否认，这些学说皆存在一定客观性，都以独特的视角得到了有关艺术起源的某些认识，并展现了艺术在不同阶段和条件下产生和发展的情景。然而，真正艺术的产生，须以人类审美意识的觉醒为标志，且是有意识地创造可以辨认、具有审美价值形象的过程。而此过程的发生，距今只有很短的历史。但是，可以肯定的是，审美意识的觉醒并非一蹴而就，是人类漫长发展历程中的重要阶段，而它却有着很长的时间。按张道一先生的意思是需从人之所以为人说起。

从人类最早的历史看，艺术不可能从人猿相揖别的那一刹那便伴随其间。张先生说：“从猿到人经历了漫长的岁月，由直立行走到锻炼了手的灵活并带动了脑的发达，进而开始了复杂的造物活动。如果说动物所有的特点人也会有，可是人所特有的则是动物所无，如思维和创造，特别是按照理想和不同的需要而创造。”[①]（图 7–5）因此，人类首先需要制造工具。最早的工具是“石器”，原始先民将坚硬的石头打击成各种形状便于使用。尽管在现代人的眼光中它们甚为粗陋，但却已然与“造物主”赋予的自然物间存在质的区别，因其的确蕴含了人类的情感、想象和创造意识。为了

① 《张道一文集》，安徽教育出版社 1999 年版，第 18—19 页。

合于手的用途，很多石器在制作上需符合原始的“功能”性，因而逐渐引发了先民对规整形式，尤其是对称形的关注。张先生举例分析道：“在山西阳高县的许家窑村，发现了1000多个大小不同的石球，表面虽不光滑，可是十分圆整，是10万年前的原始人用来狩猎的投掷武器。石球中最大的直径达100毫米以上，重量超过1500克；最小的在50毫米以下，不到50克。根据民族学资料推测，较小的石球可能是狩猎工具‘飞石索’的弹丸……从艺术的角度看，这些石器固然不能说就是艺术品，但值得注意的是，人们对于对称形和圆形的认识和把握，却是对艺术形式美的法则与运用铸造了一把钥匙。这把钥匙的铸造，经历了数十万年。”①（图7–6）

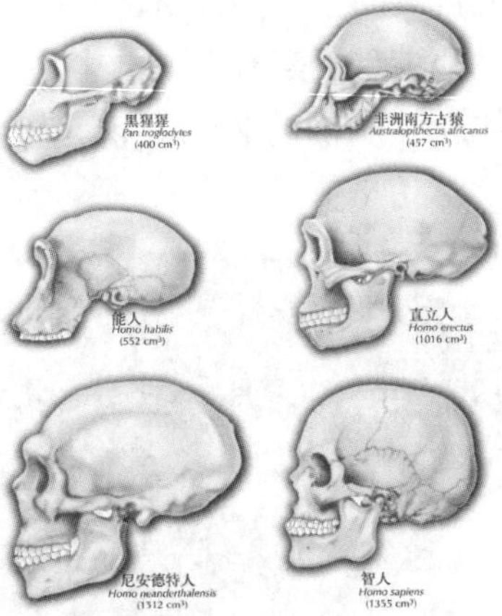

图7–5　从猿到人脑容量的变化图

此亦是说，人类开始锻炼感受形式美的眼睛和训练创造形式美的双手便是孕育艺术的阶段，也是艺术伴随人类思维和劳动的发展而产生的过程。张先生曾这样论述：“人类还处在茹毛饮血的时候，是谈不到艺术的创造的。在人类自身发展的过程中，与动物的距离拉得越远，意识和文化也会发展得越高。”②而艺术也正是人类在与动物的距离越来越远的情况下逐渐形成的。距今3万年至4万年的旧石器时期晚期，人类在制作工具的过程中，视觉和触觉官能逐步形成相对独立的心理因素，对形式感的主动诉求已相对明显。这时，便是美术史上公认的史前艺术之发轫。而到了距今4000年至8000年的时间，各种磨制石器已经相当细致和规范，此时的经济形态也由依赖自然进行采集、渔猎的攫取式经济过渡到主动改

图7–6　山西省阳高县许家窑村出土的石球（旧石器时期）

① 张道一：《心灵之扉——张道一论艺术》，山东美术出版社2001年版，第45—46页。
② 同上书，第46页。

造自然的生产型经济。制陶、冶玉和纺织等手工艺的出现与发展，不但极大地满足了当时人们的生活状况，而且揭示了农业与手工业的分工，同时体现了明确的装饰意识。譬如，原始陶器的发明及其形制、功能和装饰纹样的独特性，在原始艺术中独占鳌头。青海大通县上孙家寨出土的舞蹈人纹彩陶盆（图7–7），五人一组，手拉手面向一致，翩然起舞。这非但说明原始舞蹈艺术的发达，且从陶盆自身角度能窥察出相对独立的审美意义。因而张先生明确认定，这一时期，艺术不但产生和发展，并且门类和样式也已趋于多样化。

图7–7 舞蹈人纹彩陶盆（新石器时期，马家窑文化，青海大通县上孙家寨出土）

艺术形式的多样性从另一个侧面也反映出人类需求的多样性和丰富性。正是有了需要，人类才会去主动改造自然，才会产生劳动，因此也促成艺术的产生和发展。张先生理性地归纳道："实际上，艺术是伴随着劳动和生活而发展起来的，按艺术发生学的序列看，是实用先于审美。从各种艺术产生的序列看，可能是语言在前，其后是舞蹈和音乐，最后是造型艺术。也有可能出现派生现象和交叉现象，并且相距的时间不会太长。某种艺术既经产生，便与其他艺术相并列，有的会产生结合"[①]，"人为了自己的需要创造了艺术，艺术又反过来给人以鼓舞。不论是纯精神的艺术，还是与实用结合的艺术，都是为了人的自身的利益"[②]。他也由此清晰地推衍出，艺术的产生不仅是心灵之美的抒发，还势必要与一定的科技发展同步。因为，科技亦是满足和完善人类需求的方式之一，尽管与艺术在形式和手段上有异，然目的确乎一致，甚至可以说是"做着同一件工作"[③]。例如，在手工业时代，制陶工艺之于陶器，青铜冶炼之于青铜器，纺织技艺之于锦缎，髹漆术之于漆器等都说明科技与艺术的孪生关系。这也足资印证高尔基谓之创造"第二自然界"三类人群（科学家、艺术家和工人）的观点。

既然艺术品不是自然物，是依据人的需要创造出来的，那么不妨说，

① 张道一：《心灵之扉——张道一论艺术》，山东美术出版社2001年版，第47页。
② 同上书，第49页。
③《张道一文集》，安徽教育出版社1999年版，第21页。

这便是艺术必然摆脱不了的“功利性”。艺术在原始社会的产生，从根本上是为了实用，为了满足需要。无论是出于物质性抑或源自精神性，似乎都与现代所谓“纯艺术”只重精神因素的特性有别。但事实上，即便是今天的艺术形式，在创造活动及接受过程中也定会涉及“功利”的存在。张先生表明：“既然艺术是人造物，人为需要而做，那么，什么样的需要不就是什么样的功利吗？”① 虽然，对于“功利”的阐释聚讼纷纭，但总的来说便是在其中是否能显现一定的意义或作用。依张先生的观点看，功利问题并不是对其存在的承认与否，关键焦点应置于获取功利的过程及其性质。倘若该过程和性质是高尚、积极甚至是众望所求，那便益于身心健康、怡神适情。同理，在艺术的接受过程中，功利亦在其中。艺术既被誉为“精神的美食”，那么它最大的功利便是对人精神世界的慰藉。

二、对艺术社会作用及种类的阐析

谈及“功利”，未免还要涉及“功能”一词。1988年商务印书馆出版的《辞源》对“功利”的解释为“功效利益”，而“功能”则为“效能”。② 可见，在汉语的内容上二者较为近似，它们也经常被使用在艺术领域，只不过程度上有所不同。一般来说，纯鉴赏性的艺术用“功利”较多，实用性的艺术则用“功能”较多。但无论二者如何使用，皆是对实际效益的某种考量。对于艺术而言，还需要立足社会和人生的不同角度来衡量它的积极效应。而张道一先生对艺术社会作用的思考可归纳为以下几个方面。

第一，认识的作用。人从牙牙学语到耄耋之年一直都在不断地认识世界、认识生活，张先生认为，艺术在其中起到的作用可谓具有全方位的覆盖性和多层面的渗透性。的确，艺术品尽皆以生动感人的形象来反映生活。从创作者的角度考察，优秀的作品之所以能唤起人们精神的共鸣，并借助典型可感的艺术塑造和细节来展现生活各种层面的实质，关键就在于对“生活”认知的相对深入，或者独具“慧眼”。丹纳（Hippolyte Adolphe Taine，1828—1893）（图7-8）曾在《艺术哲学》一书中阐明艺术品并非孤立的观点，他认为艺术大家庭本身还包括在一个更大的总体之内，这便是其周围与之趣味一致的社会，艺术总是风俗习惯与时代精神的映现。③ 换言之，每一位创作者自身的艺术创造，也是在不断对周围的环境、文化背

① 依据：笔者2007年4月4日采访张道一先生于苏州东吴饭店时的录音资料。

② 参见《辞源》，商务印书馆1988年版，第202页。

③ 参见［法］丹纳《艺术哲学》，傅雷译，人民文学出版社1963年版，第5—6页。

图 7-8 伊波利特·阿道尔夫·丹纳（Hippolyte Adolphe Taine，1828—1893）

景、民族、群体等深化认识的过程，所以其作品总能在不同程度上反映它所依托的地域性文化特色。譬如东西文化的差异，势必造成文艺作品艺术效果的不同，中国的《红楼梦》和法国的《人间喜剧》在时代背景、社会风貌、人物关系和日常生活等各方面定会有迥异的描绘，这也体现了艺术家自身的认识。与此同时，对于欣赏者来说，赏析各种艺术形式、艺术作品和解读各类艺术家的过程，本身就是其认识的拓展和开阔，是以间接经验来完善对社会生活多元性和丰富性认知的重要方式。尽管社会生活的点滴表象，似乎相对分散，甚至"支离破碎"，偶然性和独立性几乎成为其典型特征。但是，对艺术品而言，那些看似偶然和独立的情节却能在整个欣赏的过程中被人们的认识"串联"起来，形成完整而必然的体验。在以个体为单位的现实中，为物质生产而终日忙碌的现象几乎占据所有的生活空间，"无暇顾及"日益成为人们忽略认识周围世界的托词。好在艺术的出现，能让人们氤氲在相对平静欣适的氛围之中，如若能徜徉于艺术的浩海，更能使人们暂时排弃困扰已久的嘈杂和喧嚣，并平心静气地随着艺术形象和情节的展开而发挥自己的想象，形成一系列的判断，从内心挖掘对事物好恶的认识。

第二，教育的作用。艺术主要是通过艺术形象、情节等方面的塑造，使欣赏者从中体悟一定的是非观念，秉持一定的道德规范，或者坚定某种不屈的信念，具有感化和教化的功效。中国很早便有关于"艺术功利"性中"教育功能"的论断，《尚书·虞书·舜典》载："诗言志，歌永言，声依永，律和声。八音克谐，无相夺伦，神人以和。"[①]《论语·泰伯》载："子曰：'兴于诗，立于礼，成于乐。'"[②]《礼记·乐记》直接指出："乐者，通伦理者也。"[③]沿着这样的思路，唐代张彦远便在《历代名画记》中

① （汉）孔安国传，（唐）孔颖达等正义：《尚书正义》，上海古籍出版社 1990 年版，第 44 页。

② （汉）郑玄、（清）刘宝楠注：《论语正义》，上海书店 1986 年版，第 160 页。

③ （汉）郑玄注，（唐）孔颖达等正义：《礼记正义》，上海古籍出版社 1990 年版，第 663 页。

谈道，“夫画者，成教化，助人伦，穷神变，测幽微，与六籍同功，四时并运，发于天然，非繇述作”[①]，非但如此，他还进一步将绘画与记传和赋颂作比而论及其“教育功能”之长：“记传所以叙其事，不能载其容；赋颂有以咏其美，不能备其象。图画之制，所以兼之也。”[②]当然，张先生表示，古圣先贤所论的观点及内容可能与现代的情况并不完全一致，然而其所强调的艺术之教育功能则大体相似。而艺术之所以能具备“教育功能”，主要是由于创作者将社会生活中各种价值观念、道德标准等情感内容以形象塑造的方式予以体现，使“美”的抽象概念形象化，从而感染和教化欣赏者，达到对某些本质内容的理解。尤其是净化心灵和驱恶向善的潜移默化，更能令欣赏者在心理上产生对美好事物的“趋向性”，使艺术作品成为真正有声有色的“教科书”。

第三，审美的作用。毋庸置疑，艺术的作用不论性质如何，皆离不开审美。“审美即人的审美活动，也即通常所说的欣赏，在美学上有的使用‘观照’一词。审美是在欣赏和创造美的过程中，人们感受、体验、评价美的复杂的心理活动。它以客观存在的美作为对象和来源，依据人的主观条件——一定的审美观点、审美能力、审美态度等，通过感官，在生理上和心理上发挥作用。因此，从生动直观的感性形象到理性思维，从非功利的实用性到隐伏着的内在的目的性，不断完善和统一。”[③]由此可见，艺术审美作用的存在基础是“人”及其特殊的生理机能，譬如感受形式美的眼睛，欣赏和收听乐音的耳朵，判断是非、美丑、善恶的大脑等。与此同时，审美的存在还是人与自然、社会相互关系的反映，是“人化自然”的产物，亦是艺术活动的目的和中介。通过它，艺术可以让人获得审美愉悦和享受，实现内心精神世界的升华，并帮助人们更进一步地按照美的规律创造世界。因而，审美作用是艺术最基本的特性，是艺术区别于哲学、宗教、道德和科学等文化形态的关键所在。事实上，艺术其他的社会功能始终以审美价值为核心，只有审美的实现，其他功能方可进一步满足人的多重需求。而艺术审美作用的产生是双方面反向的过程。首先是艺术家创作的情感酝酿，将现实生活典型的现象进行提炼和概括，注入自身鲜明的感受，渐而形成构思，并用自己的艺术语言表现出来。而欣赏者则恰恰相反，首先从体验艺术作品的形象和情节，或者说从艺术形式入手，而后由

---

① （唐）张彦远撰，周晓薇校点：《历代名画记》卷第一，辽宁教育出版社 2001 年版，第 1 页。

② 同上书，第 2 页。

③ 《张道一文集》，安徽教育出版社 1999 年版，第 33 页。

表及里，渐次推敲和解读作品的思想、意境、情调等内蕴。因此，审美的发生也体现在两方面，其一是形式，其二是内容。

第四，娱乐的作用。艺术尽管有着鲜明的教育作用，但并非所有的艺术作品都须“寓教于乐”。诚如张先生所言：“‘寓教于乐’当然是一种可取的形式，却不能把艺术搞成一个模式。因为艺术是应该多样化的。艺术的社会作用虽然分成若干方面，但对具体作品来说，却不一定面面俱到，必然有所侧重。也就是说，有的作品可以侧重于教育的意义，也有的作品则以娱乐为主。”① 可见，艺术应当给予人们适当的快感，令人悦耳悦目，畅神益智，从而舒缓精神压力，得到身心的愉快与休憩。亚里士多德曾如是说：“消遣是为着休息，休息当然是愉快的，因为它可以消除劳苦工作所产生的困倦。精神方面的享受是大家公认为不仅含有美的因素，而且含有愉快的因素，幸福正在于这两个因素的结合，人们都承认音乐是一种最愉快的东西，无论是否伴着歌词。缪苏斯说得好，‘对凡人来说最快乐的事是歌唱’，人们聚会娱乐时，总是要弄音乐，这是很有道理的，它的确使人心畅神怡。”② 人们一直谈论对艺术审美的观照，或者欣赏，事实上，欣赏的过程也是“娱乐”的表现。譬如民间艺术作品，不可否认它自身确然带有明显的“教育功能”和“认识功能”，像《二十四孝图》（图 7–9）、《三娘训子图》（图 7–10）、《九九消寒图》（图 7–11）等皆是如此。但是，更多的则具有较为纯粹的“娱乐”性质，大量的戏剧、戏曲年画就是显例。此外在欣赏民艺中节俗性的表演，诸如耍龙灯、踩高跷、扭秧歌、民间说唱时，对于广大民众而言，都属娱乐活动。因为人是有情感的，且情感要求的层级是多方面的，尤其是普通民众，其物质需求达到自身要求后，必然寻求精神“休息”，娱乐在一定程度上便能给予人们怡然的精神释劳。尽管娱乐的方式不单囿于艺术一种，但艺术至少能满足某些层级的情感诉求，并随着时代和社会的进步不断丰富其娱乐的形式，拓展娱乐的范围。此外，艺术的娱乐功能还体现在两个方面，其一是“娱他”，其二是“自娱”。这主要是从艺术创作主体或演绎主体的角度来说，一般情况下，“娱他”的同时本身便带有一定的“自娱”性，而“自娱”却不一定都能“娱他”。例如，歌唱表演艺术家在演绎作品之际，不但给欣赏者带来娱乐之功效，其自身也在表演过程中获得精神的释然，得到一定的自我愉悦。但陕北农民在牧羊之时，随口哼出的小调、小曲，则显然是一种自

① 《张道一文集》，安徽教育出版社 1999 年版，第 34—35 页。

② 北京大学哲学系美学教研室编：《西方美学家论美和美感》，商务印书馆 1980 年版，第 45 页。

图 7-9《二十四孝图》(中披，彩色套印，上海，清末)(上海图书馆近代文献部、《清末年画汇萃》编委会编:《清末年画汇萃：上海图书馆馆藏精选》，人民美术出版社 2000 年版，第 189 页)

图 7-10《三娘训子图》(河南朱仙镇木版年画)(张继中、中原文化研究中心编著:《朱仙镇木版年画：珍藏本》，大象出版社 2002 年版，第 94 页)

图 7-11《九九消寒图》(晚清，天津杨柳青)

娱自乐的形式，是在劳动过程中的一种休憩。

艺术的社会功能和作用能在不同程度和层级上体现人类需求的丰富性和多样性特征，也正因这种需求的多样与丰富，使得人类对艺术门类和形式的创造趋于多样。张道一先生认为：“人类社会的文化积淀至少已有数千年的历史，人们对于艺术的需要并非从一个角度出发，而创造艺术更不是使用一种模式；加之东西方的文化背景不同，艺术便显得种类多样，形式纷繁。”[①] 西方有着“八大艺术”之说，即文学、音乐、绘画、演剧、建

① 《张道一文集》，安徽教育出版社 1999 年版，第 23 页。

筑、雕刻、舞蹈和电影。而中国直至“五四”新文化运动以后，整体和系统的艺术概念才逐渐产生，艺术的分类也相应形成。事实上，对于艺术的分类，至今没有定型的方法，从一个角度去考量的尝试恐怕难以明晰，甚至会导致以偏概全。与此同时，所有艺术分类的方法本身都是相对的，相邻的艺术之间肯定有着较多的一致性与内在联系，存在着一定的沟通与互通规律。譬如，中国古代艺术理论家强调“诗中有画”“画中有诗”，西方理论家则把音乐称为“流动的建筑”，将建筑称为“凝固的音乐”，等等。然而，从另一角度看，艺术门类间毕竟是有差别的，对其进行一定的区分有益于认识和研究中凸显艺术的体系与性状。因为对艺术类型认知的角度与原则有所别然，故近代以来相关研究中有着多样的分类方法，其中较为主要的有：以艺术作品的存在方式为依据的划分；以对作品的感知方式为依据的划分；以艺术作品对客体世界的反映方式为依据的划分；以艺术作品的物化形式为依据的划分等。而张先生在参考这些划分方式后，根据自己多年对艺术研究和思考的结果，从艺术学理论视角切入，将艺术分类的方法归纳为五类。

第一类，依作者而分。这一角度的划分，实是以艺术类型学纵向层次关系为坐标，因为在张先生看来，艺术出现之初，乃有感而发，没有专事于斯的“艺术家”之说。直至出现分工，艺术方有了若干专项，而从事这些专项的人，起先被称为“匠人”“艺人”，后来便被誉为“艺术家”。因此，按照类型学的角度、从事艺术创造的人群不同可分为不同的情况：

1. 专门艺术与民间艺术，二者间虽有区分，但却关系紧密。前文述及，民间文化具有“母型”文化特征，是民族文化的基点，亦是专门艺术精炼和萃取养料的“富矿”。一般情况下，此二者的划分在于从事于此的人群不同，“专门艺术家经过了长期的严格的专业训练，并以此为社会工作，专门从事艺术的创作、设计、表演、演奏，其艺术是带有娱他性的，个人的风格特点也较强。民间艺术则是带有民族性的群众艺术，在我国主要是农民的艺术（以及牧民和部分手工业者），他们从事艺术活动是在农闲时候，多数是为了自娱，只有少数当作副业”[①]。

2. 专门艺术与业余艺术，二者应属于层次上的差异。关于前者，上文有所述及，而后者的创作主体则主要指那些对艺术怀有浓厚兴趣的群体，例如城市或农村的其他职业者，退休老人，非艺术专业的学生，等等。值得一提的是，张先生认为从某种意义上讲，民间艺术亦有业余性，只是它

① 《张道一文集》，安徽教育出版社 1999 年版，第 25 页。

在流传和形式上与其他业余艺术有异，所以特区别为二。

3. 高雅艺术与通俗艺术，此二者分别隶属不同的“文化圈”，并在层次上存在差异。前者也能被称为“精致艺术”，相对而言，在性质上较为严肃，比如西洋的歌剧，中国的京剧、昆曲等（图 7–12）。而通俗艺术则接近于流行或大众艺术，其特点是喜闻乐见、简单明了、通俗易懂、易于风靡，能为普罗大众所认可。譬如民国时期的月份牌（图 7–13）、传统年画、传统相声、通俗歌曲、喜剧小品等。但与此同时，张先生强调，通俗艺术不等于庸俗，艺术的创作和接受需要有积极的引导方向，切不可流于庸俗化，否则会产生负面效应。

图 7–12　白先勇制作昆曲青春版《牡丹亭》宣传海报

图 7–13　民国十三年（1924）美丰公司仕女月份牌广告画（作者：郑曼陀）

第二类，依用途而分。张先生主要从精神与物质的角度对此予以阐释，他明确指出，艺术的具体用途有两个不同的方面：其一是鉴赏性的艺术，其二是实用性的艺术。[①] 显而易见，前者主要倾向于精神领域，在欣赏或鉴赏的过程中孕育着精神的熏陶、感染、慰藉，从而能引导人们培养积极健康的道德准则、价值观和人生观，塑造高尚的情操。而实用性艺术则趋于物质方面，它体现在生活点滴之中，几乎涵盖了衣食住行用等各个

① 参见《张道一文集》，安徽教育出版社 1999 年版，第 26 页。

领域。人们一方面从中获得物质的使用价值，但另一方面又在精神上获得陶冶和慰藉。

第三类，依生理官能而分。此角度是从人自身的生理官能考察的，人类感官的进化，正是艺术发展的生理基础，因此可分为：

1. 视觉艺术，如绘画、雕塑等。其艺术的表现主要诉诸视觉，通过眼睛进入心灵，从原始时代起便发展成为最为普及的艺术形式之一。（图 7–14）

图 7–14　石灰石雕像《奥林多夫的维纳斯》（奥地利出土，旧石器时代，公元前 2.8 万—前 2.5 万年）

2. 听觉艺术，如音乐。它的悦耳、动听、和谐是通过器乐或声乐作用于听觉器官，在感受音乐旋律和节奏的过程中发挥想象，在脑中形成相应的艺术形象。

3. 动作艺术，如舞蹈。这是肢体官能表现艺术性的典型，是身体的律动，借此可使舞者在自身获得生命真实感的同时，感染观众，从而引发精神上，甚至身体上的共鸣。

4. 综合艺术，如戏剧、戏曲、电影、电视等。其艺术的表现不仅诉诸视觉，还与听觉等发生关系，因而是一种综合性的艺术形态，它的特点是容量很大，足以反映整个社会，揭示全部人生。

第四类，依时空而分。作为艺术形态，有以声响占有时间见长，有以造型占有空间见长，还有以二者皆占见长，因此可分为：

1. 时间艺术，主指音乐，因为声音是无形的，但却有着时间性。

2. 空间艺术，主指造型艺术，因为它有具体可感的实体形，占有一定空间。

3. 综合艺术，主指戏剧、戏曲、电影、电视，还有舞蹈。尽管舞蹈也有造型，但同时其艺术表现的过程同样占有时间性。

第五类，通常的分类。张先生认为，在现实生活中，人们往往接触的是具体个别的艺术形态，所以也就约定俗成地将它们并列起来从而形成通常的分类方法。

1. 美术，其中包括绘画、雕塑、建筑、工艺、书艺和摄影。而各个美术种类又下分很多形式：

（1）绘画有中国画、油画、水彩画、水粉画、粉画、丙烯画、版画、年画、连环画、宣传画、壁画、漫画等。

（2）雕塑有雕刻和泥塑。又分圆雕和浮雕。在材料上有泥塑、彩塑、石雕、木雕、铸铜和不锈钢等。在体积和用途上则有案头雕塑、建筑装饰雕塑、纪念碑雕塑等。

（3）建筑有纪念物建筑（图 7–15）、公共建筑、民居建筑、园林、城市规划设计、小区设计、环境设计等。

图 7–15　南京中山陵建筑

（4）工艺有现代工艺、传统手工艺，及与其相关的工业艺术设计等。

（5）书艺有书法和印章。包括大篆、小篆、隶书、楷书、行书、草书、魏碑等。

（6）摄影有人像摄影、风景摄影、空中摄影等。

2. 音乐，主要分为声乐和器乐两大部。声乐又包括独唱、对唱、重唱、齐唱、领唱、合唱等。器乐包括弦乐、管乐、打击乐、键盘乐等。在演奏方式上还分为独奏、齐奏、重奏、合奏，以及歌唱、舞蹈的伴奏等。此外，交响乐是音乐中规模最大的一种乐曲形式，以管弦乐为主，也配合其他乐器，有时还加用合唱形式。音乐如与诗歌、戏剧、舞蹈等结合，便成为歌剧、舞剧、戏曲等。

3. 舞蹈，又分独舞、双人舞、集体舞、舞剧等。在形式特点上还有古典舞、民间舞、芭蕾舞、抒情舞、交谊舞等。

4. 戏剧（戏曲），一般的戏剧主指话剧，按作品性质可分为悲剧、喜剧、正剧等；按体裁则可分为诗剧、哑剧、街头剧、活报剧、秧歌剧、广播剧、戏剧小品等。而戏曲是中国传统的戏剧形式，以歌、舞、剧三者有机结合为表现手段，其综合性很强，除京剧外，尚有300多种地方戏。

5. 电影、电视，此二者是现代科技的产物，且具有复制之特点，其片种很多，并随着时代和科技的进步不断拓展，目前二者一般有故事片、纪录片、文献片、科教片、美术片等形式。

6. 曲艺、杂技，曲艺是各种说唱艺术的总称，中国各民族、各地区共有300多种，但主要形式有评书、相声、快书、弹词、大鼓、琴书等。而杂技则是杂耍、技艺表演的总称，其形式也多种多样，主要有蹬技、手技、顶技、口技、踩技、车技等，一般情况下，戏法、魔术、马戏和驯兽也属其中。

尽管张道一先生表示，以上六大类，尚不能全部囊括当下一切艺术类型，只是举要者列之。但由上述分类也足以看出，艺术活动确乎是一个整体的系统，具有典型的多样性特征，从各个层面和角度都极大地充实与丰富着人类的生活。对艺术类型和种类的划分和研究，将有助于艺术学深入地探讨和揭示艺术发展的一般规律和各类艺术自身的特性，同时可以对各艺术类型或种类之间的差异与联系予以科学的认知，从而更加自由地把握各门艺术的审美特征和美学实质，而此举又会反过来促进艺术学的长足进步。

第二节　高屋建瓴——从人文学科角度提升对艺术学学科的宏观构建

任何学科的建立和研究，皆有着自身的目的和意义。艺术学既然将美术、音乐、舞蹈、戏曲、戏剧、电影、电视、杂艺等各种艺术类别及其发生的艺术现象纳入视野，那么势必就应以它们作为审视和研究的基点，并从理论高度分析和探讨之，由个别上升至一般，寻绎不同门类间共通的规律和性质。然而，问题在于尽管上述艺术类别都麇集于“艺术”之大旗下，但有关它们本质问题的探究却并未成为重点。以往的艺术理论，多着眼于分散的现象或个别的门类，纵向挖掘可谓深入，横向联系却十分薄弱，细化型的技法理论、批评研究似乎得到格外的瞩目。虽然，艺术实践层面的理论总结并不被排斥在艺术学之外，但是艺术学建立的最终目的是进入人文学科的殿堂。因而，对各艺术间最深基础和本质规律的眷顾是艺术学研究的价值。而力求明晰艺术学学科萃聚与整合的理论特征，则成为张道一先生探索建立现代艺术学学科的第一要务。

一、强调艺术学学科萃聚与整合的理论特征

张道一先生曾敏锐地洞察出艺术门类及其发生的现象与艺术学的关系，他说：“没有艺术的活动和实践固然谈不到艺术的学问；但若只有艺术的创作、设计、表演和演奏，也不能等同于艺术学的建立。”[①]言外之意，艺术学的建立，所涉之广并非仅凭对个别艺术分项研究，或只注重艺术的实践即可奏效。系统研究各门艺术的性质，综合考量其共性，立足探寻规律性问题，从完整体系上思考艺术自身的分支，以及与其他学科的结合和交叉才是艺术学建立的指归。简言之，艺术学自身带有显著的综合性和整合性特征。这也同时体现出张先生对艺术学建立的初衷，即着眼于整体人类文化以及艺术学具体的研究对象，剖析所有的艺术事象，从中萃取、升华艺术的总体规律。不妨说，艺术学所置身之天地已然带有浓厚的“形而上”色彩。

“一个世纪以来，中国学者在对美术理论和美学的探讨中已经涉及到了艺术学的研究，但最初注意力更多的放在对艺术本质特征的讨论上，不太注重学科的建设。后来又被美学越俎代庖或置于文艺学之中，艺术学一直未能在我国确立起自己的学科地位。”[②]回溯“五四”新文化运动时期，当时艺术之中若干分类名词尚未界定清晰，更谈不上对艺术学的整合研究。蔡元培先生在《北京大学画法研究会旨趣书》一文中写道：“科学美术，同为新教育之要纲，而大学设科，偏者学理，势不能编入具体之技术，以侵专门美术学校之范围。然使性之所近，而无实际练习之机会，则甚违提倡美育之本意。于是由教员与学生各以所嗜特别组织之，为文学会、音乐会、书法研究会等，既次第成立矣。”[③]尽管当时强调艺术实践的重要性，但彼时所建学科甚多，唯独没有“偏者学理”的“艺术学”。如若对照中国近现代教育发展的历程便不难发现，在蔡先生为“偏者学理”所虑，并以各种艺术研究会相辅时，可能只注意到其“为一种助进文化之利器”[④]的特性，而忽略了对这一“利器”之理的建设。张道一先生指出，

---

① 《张道一文集》，安徽教育出版社 1999 年版，第 3 页。

② 李立新：《通往艺术学的桥梁——读〈张道一文集〉》，《苏州丝绸工学院学报》2001 年第 2 期。

③ 《蔡元培美学文选》，北京大学出版社 1983 年版，第 76 页。

④ 同上。

这一历史现象的产生可能一方面源自条件的缺欠，另一方面由于关注度不够。而在时代不断发展中，此二者又相互作用，时间既久，形成了恶性循环。近一个世纪的经验证明，艺术的实践和理论严重脱节，甚至大有只实践无理论，只分类无综合的态势，似乎艺术就等于画画、唱歌、演戏、跳舞，而根本与“艺术科学”无关。甚至在20世纪90年代中期之前，国家社会科学的规划项目中也将“艺术学”编入另册。于是，这便造成艺术的原理和规律无从用科学的方法去揭示和阐发，而只能挂靠和依赖美学和文学。艺术领域有着独具个性的研究对象，本身便应有相关的理论探讨。但在文学和美学规律代替艺术规律的现实下，艺术学的发展必然出现某些谬误和倒置，严重者则导致艺术现象的扭曲。因此，需要在整合、综合的视野下对艺术学进行构建。

但是，萃聚与整合并不意味着艺术学就是一个大“拼盘”。从张道一先生有关艺术学构想的著述中不难发现，艺术学学科的建立蕴含了一个“下”与“上”的理念。独立的艺术作品诚然需要凸显个性，有个性才会有特点，千篇一律和千人一面是难以打动和感染欣赏者的。但艺术理论却与之相异，它的任务是归纳、综合，研寻共性。既然如此，那么艺术学研究往下应指引实践创造，往上须升入人文学科的境界。所以，其系统的研究构架切不可胡乱拼凑，确立自身的研究范围和体系显然异常重要。张先生的见地是应该明晰纵横相交的两个“三大块”体系，犹如经纬线共同交织着艺术学这块“锦缎”。[①] 如前所述，艺术中的分科已经形成，如美术、音乐、舞蹈、戏剧、戏曲、影视、杂技、曲艺等都有着各自的分支研究。在这些门类中，考其性质，又有单一和综合之别。这便形成纵向或“经线”似的三大块研究，即对音乐、美术、舞蹈的重点探究，或者说是对听觉艺术、视觉艺术和人体动作艺术的探讨。照理说，其中还应涵盖语言艺术，然而文学门类早已成立，基本能将其囊括在内，故不再单独列之。在张道一先生看来，以上述三大块作为基础的研究将对戏剧、戏曲、影视、杂技、曲艺等艺术研究形成较大的补益。而横向或“纬线”似的三大块研究，则主指艺术历史、艺术原理、艺术美学。此三者横向串联起艺术的各个门类，揭示艺术的本质。（图7–16）

可以看出，张道一先生在艺术学学科建立之初便始终有着整体而宏观的思索，其中体现出三个显著的特点：一是将目别汇分的艺术研究和综合性的艺术研究并进；二是将艺术与相关的学科交叉研究和艺术本体的研

① 依据：2007年10月14日在张道一苏州家中谈话录音资料。

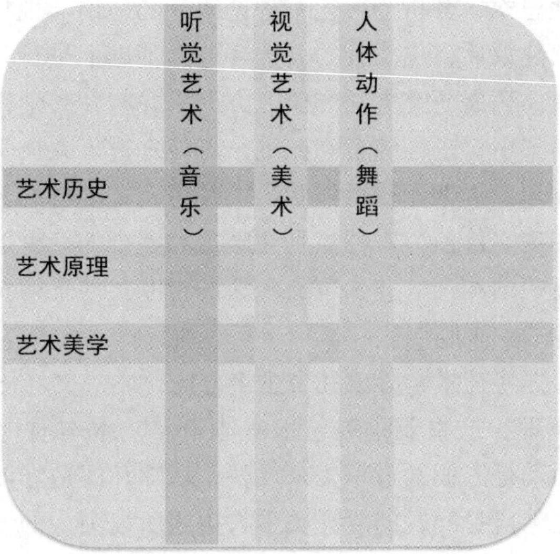

图 7-16　艺术学研究纵横相交的两个“三大块”体系

究并进；三是将本土艺术特性研究与整体艺术的共性研究并进。然而，张先生也意识到，要做到艺术学萃聚与整合的理论特征并非易事。某一个别门类艺术的理论原理兴许能被普遍认同，并行之有效，但对其他门类而言便难以放置四海皆准，因而形成“隔行如隔山”的局面。而真正的艺术学所遵循之路应是“隔行不隔理”，因此张先生十分强调在艺术中对无数个性的综合与归纳，并在 20 世纪 90 年代中期明确提出艺术学学科群的构建设想。然而，就现阶段来看，艺术学整合研究的成果并不明显，依然存在“拼盘”现象，即分门别类的纵向研究十分繁荣，而横向考察和归纳还很薄弱。张先生谓之为“单木不成林”，他说：“辩证法告诉我们，没有‘单木’哪有‘树林’呢？这是问题的关键。关键是单木不能单，要成为树林的一分子。做学问也是如此，孤立的学问做得再大，依然是孤立的；唯有成为整体的一部分，才能使整体强大起来。这种整体的观念，确实需要深切思考，认真对待。”①

二、总结作为人文学科所包含的主要研究方向

张道一先生对艺术学学科群的构建实是源自对美术学的考量。前文已述，他在设想美术学理论框架时曾阐释过“九连环”的独到见解。但通

① 张道一：《艺术学不是“拼盘”》，《艺术学研究》2007 年第 1 卷。

过多年的理性思索，分析当代艺术理论研究的地位与现状，以及广泛听取师长和同人的建议后，决意在“九连环”的基础上进行升华，深挖理论研究的治学之道，拓展研究方法和研究方向，并将新兴学科包容进来，以期纳入艺术大框架中，进而综合和归纳出能使之进入人文学科殿堂的本质规律。与美术学理论框架相较可以看出，作为人文学科的艺术学研究方向更具指导意义和现实价值，其特点是在宏观和整合的视野下有专项和细致的探究，且立足中国本土的艺术现象和活动，以共性来解析原理，以科学的方法替代感性的主观臆测。

张先生首先将艺术学分成九个主干方向：

1. 艺术原理。这主要是对艺术本体论及艺术本质规律的探究。无须赘言，艺术活动是人们通过审美来反映、认知和改造客体世界的方式与过程，因而对艺术自身问题的寻绎关乎人类之所以为人的特征和性质。艺术本体的研究聚焦之处多在“艺术是什么样的存在”“艺术如何存在”“艺术与其他存在的联系”等基础性问题之上。因之，张道一先生把有关艺术的起源、本质及其发展归在艺术原理的研究范畴之中，此外它还包括艺术在社会生活中的位置与功能、艺术与生产生活之间的联系、艺术的内容与形式、艺术语言与风格流派、艺术创作的过程、艺术的传承与创新等方面的内容。

2. 中外艺术史。显而易见，艺术史主指对艺术发展历程的研究。倘若以粗线条的方式来看，它可被划分为中国艺术史与外国艺术史两大块，而如果要细致划分，它则可以依据“文化圈”的地域性被分成如东方艺术史与西方艺术史，抑或欧洲艺术史、美洲艺术史、亚洲艺术史、非洲艺术史等。当然，其中必然还有关于艺术史分类、断代或专题性的研究。

3. 艺术美学。美学是哲学的分支之一，是哲学的派生研究。因为它是以艺术为主要研究对象，是对艺术规律整体性的观照，故又被称为“艺术哲学”。然而张先生认为，审美并不是艺术的全部，它只不过是其中的某个方面，哲学范畴的“美”与艺术创作中的“美”也不是完全等同，二者在层次上有所区别：前者抽象，而后者则具体。由此可推，艺术美学主要是从艺术自身的作品、现象以及活动中研究艺术美的规律和原理，而不应挂靠纯粹的哲学美学研究之中，被其统辖。故此，艺术美学的探讨需要关注艺术与美学的关系，以及艺术美学与哲学美学的关系。非但如是，该研究方向还应包括艺术美学的分类与层次、艺术的接受美学、与艺术相关的审美现象、中国的审美特征、中国的审美思想历程以及艺术美学史等内容。

4. 艺术评论。张先生将其研究对象指向文化圈和艺术接受群体、艺术家与作品、艺术鉴赏与评论的范畴，并强调此方向的研究还应特别注重欣赏、创作与批评的关系，以及评论者的社会责任与使命、艺术批评标准、艺术批评的趋势与导向等重要问题。

5. 艺术分类学。分类意味着对对象本质的把握，人类创造了多样的艺术世界，欲试图认清这个世界的本来面目，那么分类研究在所难免。可以说，大凡想从整体性角度去探讨艺术的研究者，都对艺术的分类问题有着独到的见解，张道一先生亦是如此。他认为，艺术分类学方向主要探究的是艺术的各类形态、艺术的交叉衍生与横向融合、艺术的多样性、艺术形式的模仿、移植与借鉴，甚至包括感官的综合效应与单一效应等内容，并且其中还涉及各种角度的分类法以及综合分类法。

6. 比较艺术学。此研究方向主要针对艺术现象、活动以及艺术家、艺术作品鉴别和比较，通过分析互相比较的前提和可能性，探寻共性，比照个性。其中既有中国与外国的比较，亦有中国古代与现当代的比较，还有各个艺术门类之间的比较。

7. 艺术文献学。“艺术文献，就是记录有艺术各门类知识的一切载体，包括造型艺术、音乐、舞蹈、戏剧、曲艺、电影、电视等艺术门类的作品、论著、资料等。”① 它有四大构成要素：（1）记录艺术信息的载体；（2）文字语言、艺术语言；（3）文献载体及记录形式；（4）艺术文献的内容。② 其特殊性表现在：（1）记录手段的多样；（2）载体的多样；（3）自身价值的经久性；（4）艺术作品本身便具有文献属性，且传达信息具有多学科性；（5）与其他学科研究成功存在密切关系。③ 因而，该研究领域对艺术学学科的建设与发展而言至关重要，不容忽视。张先生提出，特别是那些先秦时代诸子百家的著述中所包含的艺术思想、各代艺术理论、历代笔记中的相关文献、近代以来的官方文献与艺术论著等应该被作为重点研究的对象。

8. 艺术教育学。艺术最大之优点便在于陶冶和净化人的心灵，极具教育功效，因而美育自20世纪初以来一直为教育界所关注。在张先生看来，研究中应该明确艺术教育的功能与意义，并以此为基，勾勒出艺术教育的整体框架。总的来说，艺术教育学基本包括学前艺术教育、中小学艺术教育、普通大学艺术教育、高等和中等专门艺术教育、社会艺术教育

① 潘树广主编：《艺术文献检索与利用》，浙江美术学院出版社1989年版，第2页。

② 参见董占军《艺术文献学论纲》，清华大学出版社2006年版，第6页。

③ 同上书，第6—7页。

等方面。

9. 民间艺术学。有关民间艺术的重要性，本研究已多次述及。张先生对民间艺术学在艺术学学科中的地位给予了特别的肯定。他曾指出目前中国的艺术学应该重视“抓两头”——民间艺术及艺术原理，前者在下，后者在上。这样一来不仅能有效建立本土艺术研究的体系，凸显特点与个性，还能与国外艺术研究进行比较，探究艺术的共性，以便共同推动整个人类的艺术发展。[①] 因此，民间艺术学最先要回答有关概念与范畴的问题，然后是相关的层次与分类，与此同时还需关注民间艺术对民族文化的影响与作用，民间艺术各门类间的相互关系，以及民间艺术与民俗学的关系等研究。

上述九项分支构成了艺术学学科的内涵，且它们之间相互联系，密不可分，既可作为教学的方向，设置成课程或讲座，又可立为最基础的学科群而聚合为艺术学的核心。但是，张道一先生并未就此止步，他相信艺术学研究的展开，还有赖于与其他学科的横向交叉。“从近几十年各种事业的发展来看，事物之间的横向联系，不仅是最活跃的因素，也是无限开拓的重要条件。它将意味着交叉学科、边缘学科的产生，艺术学也不例外。”[②] 因此，张先生又将艺术学的外延延展至十一个方面，即中国艺术思维学、艺术文化学、艺术社会学、艺术心理学、艺术伦理学、宗教艺术学、艺术考古学、艺术经济学、艺术市场学、工业艺术学、环境艺术学。这一疏举与阐析，不仅在艺术学框架中创设了交叉和边缘的学科，使艺术学逐渐丰满，而且深化与拓宽了艺术学自身与其周边各类问题之间的关系，进而更加丰富和完善了艺术学的构架，使之更为合理与完备。若将张先生有关艺术学学科方向的探索以图的形式展现（图 7–17），那么显而易见，艺术学的内核是由九个互相联系的子系统构成，囊括了人类艺术进程及本质功能、研究对象、基本规律，以及艺术教育、艺术

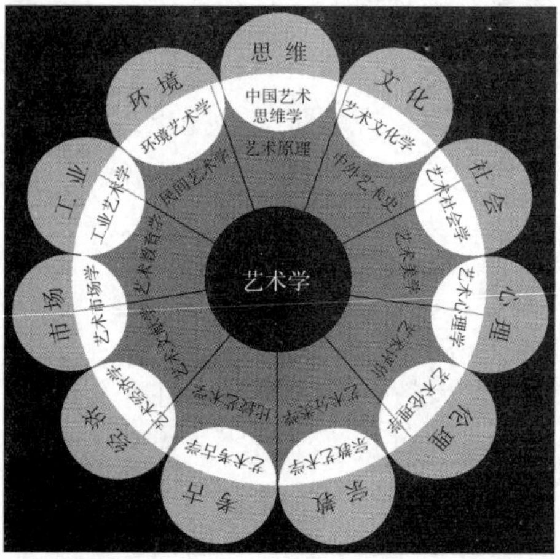

图 7–17　艺术学学科构建图示

① 参见《张道一文集》，安徽教育出版社 1999 年版，第 10 页。

② 同上书，第 14 页。

批评等有关艺术本身的研究方向。而在九项分支的周围又有着与其他学科领域的相互交叉，如艺术与市场、经济、环境之间的关系，并关联到艺术的文化、宗教、社会、伦理、心理、思维等更加复杂的范畴。九项主体元素与周边十一项交叉元素共同构成了对艺术世界完整而系统的研究。换言之，艺术学的九项内涵可被视为狭义的艺术科学，而加上交叉的十一项则成为广义的艺术科学。

第三节 学术为公——系统的艺术教育观

虽然张道一先生不断探赜的艺术学具有一定的人文学科性质和理论意义，但需要承认的是，这其实是对长期艺术实践的凝华，是对指导和解决艺术实践中现实问题的求索。张先生所构建的艺术理论研究，其目的便是要沿着艺术自身的发展方向，服务于现实生活中的文化与艺术教育。因此，张先生之所以选择东南大学来实现艺术学建立的夙愿，便有其自身合理而颇具历史感喟的苦心思量。这不仅因为东南大学历经百年沧桑，还缘于它是中国现代艺术教育的发祥地。早在1906年，李瑞清（1867—1920）（图7-18）便于此特设“图画手工科”，并将其与国画、西洋画并列为艺术教育的几个专业方向。百年之前所提倡“美育”救国的理念，如今又被张先生发扬为建立在艺术学理论基础上，以对国民的陶冶和对民族文化塑造为责任的系统艺术教育观。诚如他自己所言：“建立艺术学科，应着眼于中华民族的文化提高和社会主义的文化繁荣，要有更多的人参加。”[①] 因此，关键在于教育。一方面，艺术教育在发展过程中为艺术理论研究提出新的课题；而另一方面，艺术理论的长足进步，又能在艺术教育中被广泛接受并发扬

图7-18 李瑞清（1867—1920）像［贞与：《〈清道人画像〉背后的张大千创作秘密》，贞与的博客（http://blog.sina.com.cn/s/blog_77132ebc0101avmq.html）］

① 《张道一文集》，安徽教育出版社1999年版，第18页。

光大。可以看出，无论张先生对艺术学学科的建设，还是对艺术教育的关注，都出于对此二者相辅相成之关系的思索。正确的理论可以在教育中被推行和精进，教育的好坏又同时验证着艺术学学科建立的合理与完善。张先生极力提升艺术学的人文学科性质，其用意也在于此。对张先生之于艺术学和艺术教育的贡献，有评介曰："像张先生那样既从艺术的局部——民间艺术——研究，自觉升华到艺术宏观整体的研究高度，又能在艺术的学科群的理论性研究基础上，把艺术理论转换为身体力行的实在探索实践——创建了中国跨越21世纪的第一个高等艺术学系，并形成了一套完整教育观和独有教育模式——的人，在中国是唯一的——至少在目前。"①

一、对艺术教育现状、功能及方法的考量

在中国，有关艺术研究的主体力量多集中于高等学府之中。但在现阶段，高等学府的艺术教学所关注之焦点似与社会上的艺术团体有雷同之处，即都十分强调艺术实践的作用，学校甚至多以其作为培养创作、设计、表演、演奏等方面人才的终极目标。早在1940年，丰子恺先生便于《卅年来艺术教育之回顾》一文中分析道："艺术科何以如此不见长进？这是因为师资缺乏，教学法不良，一向偏重艺术的末技而忽略艺术的精神的原故。"②可见，只重技艺的偏颇在艺术教育中由来已久。丰先生还曾具体申说："三十余年来，别的各科都向着合理的教育宗旨而迈进，到现今都已渐近完全之域。只有艺术科，图画和音乐，老不长进，一向是只求直接的效果而不求间接的效果；只知技法传授而不知精神修养。……图画科之主旨，原是要使学生赏识自然与艺术之美，应用其美以改善生活方式，感化其美而陶冶高尚的精神（主目的）；并不是但求学生都能描画（副目的）而已。……音乐科之主旨，原是要使学生赏识声音之美，应用其美以增加生活的趣味，感化其美而长养和爱的精神（主目的）；并不是但求学生都能唱歌（副目的）而已。"③

几十年过去了，这种重技轻理的局面依然未得到彻底改善。张道一先生有感于此，对当代艺术教育的现状尖锐地批评道："在我们回顾历史、

① 孙建君、潘鲁生主编：《张道一研究》，山东美术出版社2000年版，第63页。

② 丰陈宝等编：《丰子恺文集》艺术卷四，浙江文艺出版社、浙江教育出版社1990年版，第56页。

③ 同上书，第57—58页。

肯定成绩、总结经验的同时，不难看出，艺术教育结构上的一个缺陷，即在实践和理论这一对关系上，艺术理论研究和理论教育的不足。……对于艺术的宏观考察，整体研究，综合地探讨它的共性和规律，作为人文科学的一部分进行配列设施，在艺术教学中则一直阙如。”[①]可见，张先生认为中国艺术教育在培养目标的设立上已入误区，出现“名实难符”之现象。譬如，高等师范院校的艺术教育，名曰“教育”，实则却以培养“画家”“音乐家”“舞蹈家”为目的，甚至成为专门艺术学院的“跟班”。艺术实践的重要性固然无须赘言，但对艺术理论的轻视，势必会造成人文精神的缺失。从这一点上，也着实可以理解张先生亟须创立高等艺术学系，并力求使之进入人文学科境界的原因。由此推衍，不妨说，艺术学学科的建立，貌似只关乎学科设置问题，实际却是艺术教育的一项改革措施，是在思想根源上匡正学科等级观念的创举。“艺术学学科的建立就是要打破艺术与其他学科的等级制，以及各门艺术之间的等级界限，消除在艺术上强分尊卑的偏见，从人文学科的角度进行艺术学的研究，形成多角度、多学科的交叉研究局面。在此思想下，艺术与文学、艺术与哲学、艺术与经济学、艺术与法学等都具有同等重要的地位，艺术教育也超出了艺术技能教育的范畴，上升到人文精神教育的境界。”[②]

张道一先生对中国当代艺术教育现状的思考，还表现在对艺术教育动机的剖析上。首先，艺术院校、系科的生员在考前辅导教育时普遍存在烧“敲门砖”的现象。张先生曾以美术院校考试招生为例指出，现在一些考前辅导教师，纯粹以应试为目的，似乎已“吃透”美术院校考试的模式，放弃其他貌似无关宏旨的方面，仅抓一点或几点关键。譬如，画素描，只练习明暗胸像，且千人一面，只存在唯一的模式，表面很老练，但当考试改成全身素描，便难以驾驭。“在这里，美术的意旨没有了，更谈不上什么美育。就像投机商人之买东卖西，在他的脑子里不存在国家利益和人民需要，只是为了谋财而已。”[③]其次，从事艺术学习的师生存在“走捷径”的错误认识。“仅以每年参加美术高考的学生为例，拥有以实现自己的梦想、从事艺术创造以降幅于民众和促进艺术发展之观念的考生，不足 50%”[④]，而剩下的 50%，则多抱有艺术专业易于录取的功利心态，以为文化课功底薄弱便可去学习艺术。殊不知，学艺术不仅要有兴趣和抱负，

---

① 《张道一文集》，安徽教育出版社 1999 年版，第 8 页。

② 喻仲文：《张道一艺术教育思想研究》，《设计艺术》2005 年第 2 期。

③ 同注①，第 106—107 页。

④ 孙建君、潘鲁生主编：《张道一研究》，山东美术出版社 2000 年版，第 77 页。

悟性和天分也在其中扮演重要角色。于是乎有些中学为了追求纯粹的升学率，将文化课不好的考生聚集至一起而令其学习艺术，甚至还美其名曰“特长班”。而这又恰与上述烧“敲门砖”的固定模式相互作用，形成恶性循环。张先生指出，造成这一现象的主要原因在于艺术类考试录取时对文化课要求的降格。他慨然喟叹道：“试想，一个在国民基本文化上不及格的人，而未来从事专业的文化工作，‘站在人类文化的最高峰’，将会意味着什么！”[①] 这便是张先生谓之的“高等教育中的文化侏儒”。

那么，当代艺术教育究竟应该以何种目的和作用而存在呢？张道一先生对该问题的思忖首先反映在对美育的强调上。众所周知，美育应是艺术教育最主要的构成部分，而实施后者又是保障前者的主要方式与有效路径。张先生曾说：“美学即审美之学，将审美实施于教育，也就是美育。”[②] 确实，所谓“美育”便是结合“美感”，有意识地以审美实践来推动培养人们的审美能力，并使其得到全面发展的教育。而艺术教育的审美功能就是通过审美观照来满足审美诉求，引发审美愉悦。至于审美观照则可以锻炼、培养、提升人们的审美能力，使人们能够自由地把控感官，感悟心灵。很多著名的思想家和教育家都将“美育”视为塑造健全人格和高尚情操的重要内容与路径。前文有所述及，蔡元培先生是现代艺术教育的倡导者和先驱，其“以美育代宗教”的著名观点可谓对艺术教育的发展影响巨大。此外，蔡先生还主张家庭、学校、社会全面实施“全民美育观”，此点深得张道一先生之赞同。他认为，学校所设的美术、音乐课程，无疑最能集中体现美育的特点。非但如此，它还与德育类似，渗透至学校教育的一切活动之中。与此同时，张先生还厘清美育与美术的关系，他的见解是二者尽管存在密切关联，甚至后者是前者的重要手段和形式，但毕竟不可等同。“同是对于美的创造和追求，美育在‘育’，是培养人的品格，情操，育化一种精神文明；美术在‘术’，除了前者之外，要花很大工夫训练一种技能。明乎此，也就容易理解两者的相同与相异，不至于产生倾向性的偏差。”[③] 由此亦可推知，美育与艺术之间确乎也是如此的关系。

艺术教育对于提高全民族的素质可谓功不可没，这也是张道一先生尤其强调的必要功能之一。素质，原指人的先天生理特点，主要表现于感觉器官和神经系统等方面，是人们心理发展的基础性生理条件。但它毕竟只是一种前提，不能完全决定心理的内容及其发展水平。人的心理与精

① 《张道一文集》，安徽教育出版社 1999 年版，第 108 页。

② 同上书，第 101 页。

③ 同上。

神方面的素质实是源于社会实践，在社会实践中不断成熟和完善。换言之，素质是可以通过实践和学习获得补偿和提高，而教育便在其中扮演重要的角色。中国的教育方针早已由原来的“德、智、体等全面发展”转向了“德、智、体、美”的全面发展。可见对美育和艺术教育的强调已然成为国家教育的侧重点，这同时也标志文化与文明的进步。张先生认为，其实将艺术教育归入素质教育的举措古已有之，从孔夫子办学堂起，便规定了“礼、乐、射、御、书、数”的科目，尽管内容与今有别，但在当时足能体现全面提高人们文化素质的教育理念。现代教育更是如此，张先生相信，艺术教育作为人们全面素质教育的一部分，须与全面修养有机结合才能得以完善。他看到，在现实生活中，从事专门艺术活动的人群还是占少数，但并不意味着那些占大多数的非艺术人群就与艺术无缘。人们在社会生活中经常会接触艺术、欣赏艺术。然而，对于欣赏，如果仅仅是看看或听听，甚至无动于衷，根本无益于整体素质的提高，所以，艺术教育应以培养接受与欣赏过程中双向交流的心灵“共鸣”为己任，“只有深入于受教育者的心灵之中，成为他的整体素质的一部分，才是真正发挥了作用”①。

不仅如此，张道一先生还认为艺术教育存在着一个思维层次的作用，并明确指出这是艺术教育的最高层次，不同于修养和情操的培养，其目的性直接指向对人的思维方式和创造性才智的激发和锻炼，因而有助于发展人的全面思维，培养创新精神。艺术教育之最大优势和特点是对形象思维的培育，张先生认为它之“贵”便在于既能使艺术类学生从中获益，又能使非艺术类学生掌握这种思维方式，并与抽象思维结合，最终有效地应用于自己的专业和本职工作之中。事实上，不但张先生持此观点，很多著名的科学家也如是认为。钱学森先生（1911—2009）（图 7-19）就说过，“形象思维不但文艺工作者使用，其他人包括自然科学家、工程师也经常使用”②，并从对艺术的赏析中，他深切感受到“这些艺术里所包含的诗情画意和对人生的深刻的理解，使得我丰富了对世界的认识，学会了艺术的广阔思维方法。或者说，正因为我受到这些艺术方面的熏陶，所以我才能够避免死心眼，避免机械唯物论，想问题能够更宽一点、活一点”③。由此可见，艺术教育足以拓展人类思维的能力，在一定程度上培养人们的想象力、判断力、感悟力，且能把逻辑思维与形象思维、科学思维与艺术思维有机结合起来，从而有益于形成高质量、高素质的健全性思维。但在此须

① 张道一：《心灵之扉——张道一论艺术》，山东美术出版社 2001 年版，第 112 页。
② 钱学森：《科学的艺术与艺术的科学》，人民文学出版社 1994 年版，第 10 页。
③ 同上书，第 288 页。

图 7-19　钱学森（1911—2009）像

申白的一点是，尽管张先生十分注重艺术教育对形象思维的培养，却并未机械和硬性地将它与逻辑思维割裂。张先生认为，在实际的艺术教育过程中，此二者相辅相成，难以分开，不仅互为启发、相互补充，而且共同构成创造发明和艺术创作的源泉。他说："试看世界上哪一个大科学家在自己的生活和工作中不喜爱艺术，并从中得到有益的启示；哪一个大艺术家不重视整体的思考，艺术的大结构、大框架及其相互关系，是离不开逻辑思维的。"①

鉴于艺术教育这些独特的功能和作用，它在实际运行中便需要有具体而完善的实施方法。张道一先生作为具有多年教学经验的艺术教育家，其综合而系统的教育思想中本身就蕴含着从工艺美术学、民间艺术学、美术学、艺术学等教学实践和理论研究中升华出的方法和措施。事实上，无论从事哪方面领域的理论研究和理性思考，最终目的都是在教育实践中使之具体化，从而在真正意义上实现理论对实践进程的指导。从张先生的艺术教育思想发展中可以窥察出，其艺术教育的方法明显分为两个方面，或者说两种层次：第一是针对专门艺术人才的学校教育方式；第二是对普通高校艺术教育和社会艺术教育方法的实施。关于第一个层次，前文已基本述及，像在现代图案学建构中对基础图案教学的探索，在美术学、艺术学研究中对学科群和研究方向的架构，等等，都是张先生在思索理论问题的同时对艺术教育实践前进方向提出的宏观设想或方法总结。而第二个层次，则是他艺术教育思想更为宽泛的延伸，是将艺术教育由专门领域到全社会范围的拓展。他曾在《普通高校的艺术教育》一文中明确提出如下措施②。

第一，开设一门综合性的艺术知识与修养必修课，可称为"艺术概要与鉴赏"。其教学目的主要是使大学生对艺术有系统、完整的了解，对艺术的发生发展、各门各类、形式特点、风格流派、社会作用和各家名作、高下优劣、时代风尚、鉴赏方法、修养陶冶等方面获得全面的认知，并从

① 张道一：《心灵之扉——张道一论艺术》，山东美术出版社 2001 年版，第 121 页。
② 参见张道一《普通高校的艺术教育》，《中国美术教育》1995 年第 2 期。

欣赏古今中外优秀的艺术品中汲取积极的精神营养。

第二，依据艺术的各门类来开设若干选修课程，如音乐（包括声乐与器乐、西洋音乐与民族音乐、高雅音乐与通俗音乐）、美术（包括绘画、雕塑、建筑、工艺、书法、摄影）、舞蹈（包括社交场合的交谊舞）、戏剧（包括话剧、歌剧和京剧等戏曲）、曲艺（包括相声、说唱、评书）、电影（电视）等。既要介绍相关理论、历史，又需进行名家、名作赏析。并且选修课也可采用讲座的形式。

第三，加强学生的艺术社团活动，成立诸如合唱团、乐团、剧团、画会、书法社、摄影社、诗社（诗歌朗诵会）以及文艺沙龙等，并应分别配备专业教师指导。学生可自由参加、强调群众性和普及性，不求其全，要逐步提高。

第四，主管领导部门应做出必要的规定和办法，有计划地培训专门师资，组织编写教材和参考书。既要有所规范，又要机动灵活，使艺术教育、审美陶冶、兴趣活动和爱国主义结合起来。

二、独具个性的教师观与育才观

众所周知，“振兴民族的希望在教育，振兴教育的希望在教师”[①]。教师是教育活动的行为主体，在整个教学过程中起着主导性的作用。教师的教育观念直接反映在教育态度和教育行为上，而这些又是影响和制约教学效果优劣的关键因素。张道一先生从教半个世纪以来，已然形成了系统而明晰的教育观念，其构成元素当然是多方面的，除上述对艺术教育现状的透析、功能的探究和方法的考量外，还主要体现在他那独具个性的教师观以及育才观上。其中不仅囊括作为师者所本应具备的诸如“传道、授业、解惑”“诲人不倦”“因材施教”等共性特征，还蕴含着他在为人师表过程中的独特理念。

第一，立德而力行。张先生十分注重师德品行，并强调无论是做教师抑或做学问，都须时刻将“做人要正”奉为圭臬。他曾说：“谁说我没有‘私心’呢？遇到切身的利害得失，经常会在思想上产生矛盾斗争，只是有一条，我不会做损人利己的事，也不敢弄虚作假和颠倒黑白。至于它同做学问、搞业务的关系，应该说也是很明显的。因为我们都是人，首先是人，然后才能做学问、搞专业，如果做人不正，心地不善，做起学问来也

① 《中华人民共和国法规汇编》，中国法制出版社 1994 年版，第 1227 页。

很难说能够‘学术为公’。”[①] 的确，难以想象一个心术不正、损人利己之人如何能培育出具有崇高道德修行的学生。正所谓“其身正，不令而行；其身不正，虽令不从”[②]，“苟正其身矣，于从政乎何有？不能正其身，如正人何”[③]？教学是具有教育性的，教师的职业道德形象对学生思想品德的形成是无言之教，作用甚大。毫无疑问，张先生不管做人还是做学问，皆是一身正气，即便在生活窘迫之时期，学术困顿之境地，依然能保持刚正不阿的品质。尤其是他旗帜鲜明地与艺术领域中某些不正之风、错误思潮、反传统和民族观念进行针锋相对和坚持不懈的斗争时，更能体现出他之于艺术那种积极的反拨精神。无怪乎邓白先生（1906—2003）（图 7-20）要以“一专、二博、三正”来评介张先生的道德文章。可以说，张先生将“立德”融入自己艺术教育的方针之中，并多次义正词严地谈道：“极端自私、不懂得团结人、帮助人的人，对背后捣鬼的人，绝不能成为中国知识的高层，因为他本来就是社会的渣滓。作为教师，就应该要己正，然后才能选育正人。”[④] 张先生之所以强调德行，还与其忠于艺术、为艺术的理想而奋斗有着莫大的关系。他坚信艺术是圣洁的，具有净化心灵和慰藉的功能，须始终以真、善、美的价值理念贯彻其中。因而从事艺术事业之人也应有着纯洁高尚的心灵，自己不净焉能净人？

图 7-20　邓白（1906—2003）像［莞香花开：《影响中国的东莞人：陶瓷研究权威、中国画论专家——邓白》，看看新闻（http://focus.kankanews.com/c/2013-12-04/0043376623.shtml）］

第二，改过而迁善。张道一先生不愧为具有高尚情操的艺术教育家，这不仅体现在他对德行的强调与力行方面，还反映在其不断内省

① 张道一：《心灵之扉——张道一论艺术》，山东美术出版社 2001 年版，第 10 页。

② （汉）郑玄、（清）刘宝楠注：《论语正义》，上海书店 1986 年版，第 286 页。

③ 同上书，第 289 页。

④ 依据：2007 年 4 月 5 日，张道一先生给 2006 级苏州大学艺术学院设计学博士生上课的录音资料。

与对缺点直言不讳的方面。毋庸置疑，只要是人，都会有一定的错误或缺点，关键问题不在于是否犯错，而在于对待错误的认知态度和纠正行为。《论语》中载子贡曰：“君子之过也，如日月之食焉。过也，人皆见之；更也，人皆仰之。”[1]张先生也深切体会到，教师具有榜样作用，尽管很可能会出现错误，但如若听之任之，不求正视和改正，势必难以要求自己的学生在学习中直面缺点并逐步完善人格和学问。况且，教师公开改正错误的过程，也是一种心路历程的知识传递，可以使学生从中总结经验，吸取教训，避免重蹈覆辙，诚所谓“前车之师，后车之鉴”。张先生曾就自己以前的某些舛误给学生做过题为《我是怎样出洋相的》讲座，告知他们自己年轻时做学问也犯过类似自以为是、引文不当、硬充知识里手等这样或那样的错误。他说：“我们常说在学问面前来不得半点虚假，确实如此，自己的经验更有说服力。在我的一生中，每前进一步，往往都伴随着错误。有的是思想欠缺，问题没有弄清楚就乱下雌黄；有的是感情用事，凭着一时的冲动便议论是非。”[2]张先生的这种内省与改过，并非所有师者皆有勇气和魄力能为，这不仅是对学生负责的表现，无疑也为自己赢得了尊重和荣誉，更是以一种人格魅力所打造的育材方式。

第三，述而又作。作为教师，最易陷入照本宣科的窠臼，往往只注重对已有知识的叙述和讲解，而忽略创新的重要意义。张道一先生虽然十分注重对传统的继承与吸纳，以及对古今完人的追法，但并未就此止步，更多的是着眼于以优秀遗存为基础的嬗变、创造和革新。在艺术教育的过程中，他始终秉持“先沉下去再浮上来”的理念。“沉下去”即在于积累，如同沙里淘金，是广泛搜寻吸纳的过程。在此，“万物皆备于我”便是典型的特征，具体到艺术教学方面便是需具备扎实的文史基础、宽广的知识面，对哲学、美学、文学、历史、考古、教育、心理以及古今中外艺术理论的融会贯通，诚如陈之佛先生所遵循之“取益在广求”的原则。而后方可谈及“浮上来”，意即在此基础上的阐扬、发挥和研讨。张先生有关图案学、工艺美术学、美术学、艺术学的理性思考和研究，无一不是述而又作的体现，是以先学者的经验积累为根底的理论创新和思想升华。

第四，开而弗达。《礼记·学记》载：“君子既知教之所由兴，又知教之所由废，然后可以为人师也。故君子之教，喻也。道而弗牵，强而弗抑，开而弗达。道而弗牵则和，强而弗抑则易，开而弗达则思。和易以

① （汉）郑玄、（清）刘宝楠注：《论语正义》，上海书店 1986 年版，第 408 页。
② 张道一：《心灵之扉——张道一论艺术》，山东美术出版社 2001 年版，第 9 页。

思，可谓善喻矣。”① 张道一先生的教育方式也可谓“善喻矣”，他始终以“开而弗达”作为传道授业的原则。优秀的教育和教学并不是一味地灌输和“填鸭”，关键在于启发诱导，“夫子循循然善诱人”② 便是如此。尤其是对于艺术教学而言，引导和训练创造性思维本身就应成为教学方式的核心之一。实践教学领域不仅要培育学生艺术性技巧，还应开启学生有关感悟能力、表现能力、创作能力、审美判断力等方面训练的主动诉求；理论教学领域则不可只囿于常识和一般性知识的灌输，更应积极启发学生的理解能力、创造能力、研究能力、思辨能力。张先生教学的主要特征并非以单向的信息传递为手段，而是以积极调动学生的主观能动性见长。“先生的每次授课，都是以智慧的展现为最，他注重创造性思维方法的揭示和强调学术前沿性治学方法的昭示……先生教学一般是先向学生提供授业提纲，次提出学科发展的问题，以史切入而纵横论，再导入新域，后于新问题设置中结束。”③ 张先生门生甚众，多数认为其“开而弗达”的教育方法最能考查学生知识掌握的深度和广度，并在此基础上通过他“道而弗牵”“强而弗抑”的启迪渐次形成对自己研究领域的专攻。④ 非但如是，张先生最擅长的启发方法便是举一反三，正应了孔子“不愤不启，不悱不发，举一隅，不以三隅反，则不复也”⑤ 的名言，古今中外的艺术现象和活动都能在其教学中被运用得恰到好处、不愠不火，且关键的点拨还有助于学生在独立思考的过程中深切领悟艺术之道，受益匪浅。

第五，先博而后专。张道一先生在培育人才之时，十分强调宽广而深厚的学识修养。他认为，艺术理论只有通过博学这不二法门方可使研究的材料翔实，论证的力度强健，问题的提出深刻和敏锐。他曾说：“现在有些年轻人重技轻艺，学路偏窄，不愿作长远计；就像《百喻经》中之想住楼房而不要盖底层者，视基础为浪费。讲究‘实惠’的人，非但不广求博收，即使有关本学科的理论和知识也懂得很少。我也见到不少前辈和同辈人，年轻时才华横溢，锋芒毕露，可是几十年后却平平淡淡，原因固然不尽一致，但有一条，多是同修养贫弱、实践不活有关。”⑥ 可见，张先生培

---

① （汉）郑玄注，（唐）孔颖达等正义：《礼记正义》，上海古籍出版社 1990 年版，第 651 页。

② （汉）郑玄、（清）刘宝楠注：《论语正义》，上海书店 1986 年版，第 182 页。

③ 孙建君、潘鲁生主编：《张道一研究》，山东美术出版社 2000 年版，第 81 页。

④ 依据：2007 年 6 月 7 日在山东工艺美术学院采访张道一的学生——唐家路、董占军时的录音资料。

⑤ 同注②。

⑥ 张道一：《造物的艺术论》，福建美术出版社 1989 年版，第 157—158 页。

育人才的理念，首先便是要求具备善于获取宽广知识和不断更新知识结构的能力。但是，这只是个前提，张先生申明，还要在广博的基础上进行提炼、升华，从而形成专项或专门的研究。他认为，研究学问就像冶炼，知识的掌握如同矿石的获取，不怕琐碎，只怕难以汇集。同时知识成堆而无法驾驭亦不可取，没有冶炼，矿石永远不会成为钢铁。因而，他提倡针对具体问题运用相关的知识进行论证和推敲，但在此过程中却始终不能丢弃对宏观结构的把握。具体到方法上时，张先生建议学生，一方面须实施以开阔视野、锤炼语言、锻炼思维为目的的精读和泛读，另一方面还应有针对性地对与自身研究对象和范围有关的知识做笔记、卡片和写心得。

第六，严谨而求实。这一点，实是张道一先生对学风的强调。他曾明确地说：“作为一个理论工作者，应该恪守的信条是严谨，下结论必须要有依据，不能随便找一段文字来就做辅证、定结论，不进行一番考证，不下一番功夫不行。”[①]的确，在理论研究中难免会涉及假设和假说，但科学的假设应依赖周密的思考和充实的论证。特别对于诉诸视觉的形象资料而言更是如此。张先生认为，形象资料表面形式的排比，并不一定就意味着对比者之间存在内在和必然的联系，言之凿凿是需要合乎逻辑的判断，而非随意想象所能代替。所以，在理论研究中不应急于下结论，首先需要进行广泛而深入的调研，经过冷静思考后，方可做出实事求是的论断。譬如，“在民间艺术研究中多深入民间采风，采访民间艺人，收集各种民艺品，调查各地民俗事象，查阅历史古籍，对民艺历史和现状进行了广泛深入的调查研究之后，再作出结论。所谓‘板凳要坐十年冷，文章不写一句空’”[②]。总之，张先生无论是培养学生的研究态度，还是考查他们的学术成果，都十分强调严谨而求实的重要性，并以此作为学风建设的目标之一。

第四节　“物以致用”的睿智——设计伦理视角下的艺术批评

毋庸讳言，作为个体，人的精力和时间是有限的，不可能在所有研究领域里都能做到成就斐然。尽管张道一先生对艺术学学科的发展贡献了系统的框架，但就其学术背景、研究视角及研究热情等方面而言，他对艺术学本体的探索多集中于前文所提及的内涵范畴，也就是在组成艺术学研究

① 张道一：《心灵之扉——张道一论艺术》，山东美术出版社2001年版，第25页。

② 同上书，第27页。

内核的九个子系统中，同时也体现于本研究的各个章节之内，因此不再赘述。然而，这并非意味着张先生在艺术学研究的外延领域里没有涉猎，只不过因其在工艺美术、图案、艺术设计、民艺等领域的理论建树颇丰，加之他有关艺术学外延的学术思想也多被包蕴其间，故以往学界较少关注于此。事实上，张先生对艺术学外延的探讨虽较为零散，但其立足伦理视角的艺术批评却值得一提。尤其是从道德维度对艺术设计的思考与评价更是为当下设计伦理的研究内容提供了一定的思路。诚如有学者认为的那样，“从伦理学视角对美术、戏曲、影视、舞蹈、音乐、设计艺术等进行研究已经成为学术界的热点之一，艺术伦理学批评也成为一种有影响力的艺术批评方法”[①]。也正因如此，张先生在一定程度上将艺术学研究的内涵与外延联动起来，使艺术伦理与艺术评论有机结合。而这个结合的切入点就是对艺术设计“物以致用”的重新审视。

《易・系辞上》曰：“备物致用，立成器以为天下利，莫大乎圣人。”[②]这句话的本义是指圣人们有种重要的功绩，莫过于为天下之人的福利考虑，备办各种物品，制造各类器具。此后像“备物致用”“物尽其用”“物以致用”等思想不断发展，并成为后世制器者、工匠们共所遵循的规律，也最终成为现代设计的一条亘古不变之道，进而从本质上把艺术设计和纯鉴赏性的艺术品区分开来。当下，大凡人们谈及设计原理时，往往都把这些观念视为圭臬，认为“致用”便是设计的功能，是根本，而审美则是围绕功能展开的。当然，这种设计理念本身并没有错，而且应该被一直恪守。但是当今时代，随着人们对设计的价值认识不断深化，仅凭一条“物以致用”的原则似乎已不能全然涵盖设计活动的评价体系。特别是“致用”到何种程度则是一个与设计行为的道德范畴有关的认识，进而也成为设计伦理研究的逻辑起点。张道一先生早在21世纪初期就曾对此进行过论述，而最先讨论的对象就是“节制”。

一、设计的行为相对性——对“节制”的思考

《孟子》曾载：“公都子问曰：‘钧是人也，或为大人，或为小人，何也？’孟子曰：‘从其大体为大人，从其小体为小人。’”[③]孟子说的“大体”“小体”本是要说明君子可以遵从重要的器官而行事，小人则反之，

① 徐习文等：《论艺术伦理学批评的审美维度》，《伦理学研究》2014年第4期。

② （魏）王弼、（晋）韩康伯注：《周易注疏》，中央编译出版社2013年版，第370页。

③ 万丽华等译注：《孟子》，中华书局2006年版，第257页。

这是两种人之间的分野。而从孟子与公都子的后续对话中我们进一步看到，所谓“大体”“小体”本质上是说那些被称为君子的人，实际具备听从理智而行事的能力，不像小人那样，只听从耳目之类的感官，流连于表面的情欲。从伦理学的视角考察，孟子的这番言论，其实已然将“大体”“小体”之辨上升至一种道德范畴，也就是伦理学中所说的“节制”。它的出现就是要求人们应掌控自己的不理智，换言之，具有高尚情操的人能用理智来管控情欲。诚如蔡元培先生所言：“自制者，节制情欲之谓也。”[①] 非但如是，“节制”还是公认的美德，被希腊视为四主德中的一种，它是指引人们理性地从事各类活动的行为规范。在设计领域，“节制观”通常体现在对过度设计的反驳上，毕竟过度设计本身就是不理智情欲的外化。

2003 年，张道一先生在《设计道德——设计艺术思考之十八》一文中专门指斥了过度设计的不理智行为，并以月饼包装为例，认为现在这种类似的设计早已没有了以往“应节之物”和“正常交流”的初衷，取而代之的是竞相攀比与穷奢极侈。张先生说：“所谓‘豪华’‘奢侈’，虽然没有绝对标准，但也只能适度。‘物无美恶，过者为灾。’[②]”[③] 事实上，早在两千多年前的战国时代，古圣先贤就曾对器物由俭入奢而致误国的举措做出过评价，《韩非子·十过》载：“昔者尧有天下，饭于土簋，饮于土铏，其地南至交趾，北至幽都，东西至日月之所出入者，莫不宾服。尧禅天下，虞舜受之，作为食器，斩山木而财之，削锯修其迹，流漆墨其上，输之于宫以为食器，诸侯以为益侈，国之不服者十三。舜禅天下而传之于禹，禹作为祭器，墨漆其外，而朱画其内，缦帛为茵，蒋席颇缘，觞酌有采，而樽俎有饰，此弥侈矣，而国之不服者三十三；夏后氏没，殷人受之，作为大路而建九旒，食器雕琢，觞酌刻镂，四壁垩墀，茵席雕文，此弥侈矣，而国之不服者五十三。”[④] 这虽然是政治上的劝谏，但从侧面却反映了对奢靡之风的警示和对适度的追求。《吕氏春秋》曾这样谈适度：“黄帝言曰：‘声禁重，色禁重，衣禁重，香禁重，味禁重，室禁重。’”[⑤]

从本质上来说，适度的设计就是节制，是设计主体控制自我意志，以

① 《蔡元培全集》第二卷，中华书局 1984 年版，第 176 页。

② “物无美恶，过者为灾”出自宋朝著名词人辛弃疾的一首《沁园春》中，原句为“况怨无大小，生于所爱；物无美恶，过则为灾”。此处，张道一先生将“过则为灾”写为“过者为灾”，故此加注。

③ 张道一：《设计道德——设计艺术思考之十八》，《设计艺术》2003 年第 4 期。

④ 《韩非子》，岳麓书社 2015 年版，第 23 页。

⑤ （汉）高诱注，（清）毕沅校，徐小蛮标点：《吕氏春秋》，上海古籍出版社 2014 年版，第 20 页。

关怀他人为目的的一种具有正道德价值的“善行”。因为现代设计终究早已冲出阶级的壁垒，为普通民众而设计的民主化路向才是设计的宗旨。否则，纵情于主观创作意志，夸耀自我才情，卖弄艺术技巧的做法，最终只能使得设计品与普罗大众的实际需求相背离，沉沦在取悦权贵的误区之中。因此，张道一先生才如是说道：“不能过偏，不能失调，不能毫无节制。所谓设计的原则，既是在艺术上的规范要求，也是对设计者行为的一种制约。”[①]

为此，我们可从张先生的观点中进一步抽绎出这样的阐释：设计的行为活动具有相对性，没有它人类社会将活力不再，抱残守缺，故步自封；然而过分强调，甚至足尺加二，则不免会产生“以文害质”“以文害用”的偏执。而“节制”则在其中起到了一个平衡的作用，规范设计主体从事理性的活动。幸而当前设计领域已经开始了相关的反思，不少设计行为正在以适度和节制观来规范设计本身及其市场的发展。

一般而言，人们对设计的适度及节制的概念通常局限在设计产品的形式方面，认为只有极尽材质、装饰、色彩、肌理之能事才是过度设计。但需要指明的是，除形式外设计行为的相对性还体现在功能方面。换句话说，如果设计的功能过为已甚也显然属于不理智的行为。回溯当后现代主义思潮如火如荼之时，很多有识之士便逐渐开始反思现代主义设计的得失，尤其是对“功能领先”逐渐演变为“功能崇拜”的现象进行过深省。譬如，孟菲斯集团代表人物埃托·索特萨斯（Ettore Sottsass，1917—2007）（图 7-21）就曾如是说：“当你试图规定某种产品的功能之时，功能就从你的手指缝中漏掉了。因为功能有其自己的生命。功能并不是比量出来的，它是产品与生活之间一种可能的关系。”[②]不难发觉，如今设计的功能已发展到令人叹为观止的水平。试看我们周遭的产品，铺天盖地的都是多功能复合体。特别是那些电子设备或智能产品（图 7-22），其应用程序之琳琅满目，功能类型之复杂多样，令人在叹服科技迅猛的同时又平添了许多手忙脚乱之感。虽然各类新产品被赋予了“无限”的可能性，看似帮助用户解决了无数的问题，并使其产生丰富和新鲜的体验，但毕竟一款设计产品最主要的使用功能就那么几项，其他的附加功能在实际生活中的效用发挥非常有限。而且，新的功能势必衍生出新的操作方式，也必将导致花费更多的时间与精力去熟悉和使用它。针对这一情况，张道一先生曾多次说道：“当下有不少家庭主妇和老年人面对高科技产品越来越无所适从，

---

① 张道一：《设计道德——设计艺术思考之十八》，《设计艺术》2003 年第 4 期。

② 华梅：《世界近现代设计史》，天津人民出版社 2006 年版，第 262 页。

图 7-21　孟菲斯集团的创始人埃托·索特萨斯（Ettore Sottsass）像

图 7-22　智能设备上令人眼花缭乱的 App 应用程序图标

拥有强大功能的家用电器将他们变为真正意义上的机械盲和电子盲。”[①] 不仅如此，只是偶尔使用甚至从不使用的功能长此以往便产生了浪费，也就不可能成就“节制”型的设计形式。

当然，这并不是否认功能的重要性，只是强调“人与物的关系由于一味追求功能而被颠倒过来，必然从心理和精神方面伤害人的自尊，也阻碍了人的本质力量的发挥”[②]。所以，对节制原则的强调实际上也是对过分看重“以人为本”的某种另类反思。虽然前文说到“需要是发明之母”，设计无论在功能还是形式上都是通过需求的推动而实现创新的。但是作为人，其需求却往往有合理与不合理之分，有理性与不理性之别。如若不辨良莠，定然会将设计的创新方向带入歧途。而“节制”却能以符合优良道德价值的行为范式来使设计满足理性与适度的需求。故而从这个意义上看，在设计领域里有人提出“以道为本”[③] 的理念恐比盲目强调“以人为本”的口号要更为恰当一些。此处所谓之“道”想必是指自然与社会的规律，是指立足人与人、人与社会、人与自然的关系，通过“节制”的手段来达到伦理型设计的一种方法。

二、良心与名誉——从“道德评价”出发

张道一先生除了“节制”的原则外，还格外重视“良心”这一设计道德。他曾经说：“不论是商业经营者还是艺术设计者，都应该自我尊重，将商业道德、设计道德放在第一位。我因为是站在艺术的角度讨论问题，

① 包括笔者在张道一先生家中的访谈，以及张先生于 2008—2009 年在苏州大学针对研究生开设的几次有关造物艺术的专题讲座。

② 诸葛铠：《设计艺术学十讲》，山东画报出版社 2006 年版，第 76 页。

③ 参见张犇《论“以人为本”设计观的本义及超越》，《中国文艺评论》2016 年第 9 期。

只说艺术家的良心最重要。”[①] 的确，“良心”属于美德伦理学范畴，是每个具有道德意识的人都在不断追求的道德评价，“因其源于每个人都有做一个好人的道德需要，因其为美德而求美德的本性，不但具有使人可能达到无私利人的道德最高境界之作用，而且同样具有使每个人遵守道德的巨大作用”[②]。当人们越是具有“良心”的道德意识，其行为过程就越容易符合优良的道德价值，社会的风气也就越优良。将这一道理引入设计领域亦是如此。可以说，设计的过程便是设计主体显露“良心”的过程，也是其优良道德价值取向的过程。张道一先生曾把设计看作一种服务性活动，他认为委托方就是“上帝”。一般来说，设计主体确实应为“上帝”服务，然而“问题在于，当遇到了原则上，有损于道德和品行时怎么办。我说：不能办。表面上是违反‘上帝’，实际上是爱护‘上帝’。艺术设计不仅要凭创意、显技巧，而且要见思想、看人品。谁不愿意自己的设计在社会上得到好评呢？因此，要爱护自己、尊重自己，惟其如此才能爱护别人、尊重别人”[③]。

从张道一先生的观念中我们可以看到，不管是尊重自己抑或爱护他人，终究是一种完善自我道德之心的行为，是道德的自我评价，正如康德所说：“尊重是使利己之心无地自容的价值觉察。”[④] 换言之，设计活动中主体的“良心”是其内省自己设计行为及后果的过程。当设计主体具有“良心”时，便意味着也会有“良心满足”和“良心谴责”两种反应。就前者来说，设计主体通过良知来辨析何为符合优良道德价值的设计行为，并为能实践符合优良道德价值的设计行为而感到满足。例如那些能去精英化，面向贫困民众和弱势人群而展开的设计关怀，为他们提供设计帮扶或扶助的行为便是如此。再如，能以低碳环保和可持续发展的设计理念从事实践的行为；强调精益求精的“匠人精神”；拒绝滥竽充数的设计态度；摒弃炫耀技巧、卖弄形式的设计宗旨；合理收费、童叟无欺的设计状态等都可从中发现设计主体的“良心满足”。21 世纪初期，美国一知名设计品牌——Artecnica（图 7–23）曾倡导了一场“良心设计”运动。他们的设计服务及产品并不只是聚焦于审美性及艺术性，而是重视人文关怀，并将自然、环境和经济因素纳入考量标准。“Artecnica”从 2002 年开始实施这项运动，一直以来围绕可持续发展的原则开展设计关怀，我们经常能看见他们的作品充斥着变废为宝和废物利用的睿智以及二度创新的精神。例

---

① 张道一：《设计道德——设计艺术思考之十八》，《设计艺术》2003 年第 4 期。

② 王海明：《新伦理学》，商务印书馆 2008 年版，第 1456 页。

③ 同注①。

④ ［德］康德：《道德形而上学原理》，苗力田译，上海人民出版社 1986 年版，第 51 页。

ARTECNICA®

图 7-23　美国设计品牌 Artecnica 的 Logo

如“Artecnica 卖得最好的产品中有一组由废旧玻璃瓶改制成的花瓶和水杯——tranSglass（图 7-24），这组被纽约现代艺术博物馆（MoMA）收为永久藏品的作品是‘良心设计’推出的第一个产品系列”[①]。而在这场运动中，比较难得的是“Artecnica”的一批著名设计师，诸如荷兰裔设计师托德·布歇尔（图 7-25）、美国设计师斯蒂芬·伯克斯等，还特别放低设计师常有的那种所谓的精英主义姿态，和贫困地区的手工匠人等一起设计开发手工艺品。这一举措不仅在艺术上彰显了这些地域的民族化、本土化风格，关键是在一定程度上改善了当地贫困群体的生活状态，增加了就业的机会。并且，当这些设计师接受媒体采访时，纷纷表示为上述这一举两得的设计行为而觉得欣慰和感动。可见，“Artecnica”的“良心设计”运动对于其设计主体来说便是一种良心上的满足。

图 7-24　tranSglass（托德·布歇尔和艾玛·沃芬登设计）

图 7-25　荷兰裔设计师托德·布歇尔（Tord Boontje）

而就“良心谴责”来说，它是与“良心满足”相对的一种自我道德

① 戴晓莉：《Artecnica：良心设计倡导者》，《中华手工》2010 年第 11 期。

评价。在设计领域里则主要表现为设计主体对其设计行为不符合优良道德价值时而产生的自我否定。需要指出的是，尽管是自我否定，但“良心谴责”的出发点却是“善”的，这和“良心满足”相同。因此，设计主体的“良心谴责”也是一种自我的良知发现，推动设计主体为自己的设计行为及结果负责，纠正偏颇，并沿着符合优良道德价值的方向从事设计活动。张道一先生曾经谈及这样一个实例：20 世纪 90 年代末，日本知名设计师矶田尚男先生与张先生讨论过设计的道德。他认为，日本的经济在当时虽较为发达，但设计行业中却充斥着不少乱象。比如设计师只能绝对服从于企业家的个人好恶，设计创新的方向较为狭窄，基本也都是由那些文化艺术修养低下的雇主来左右。显然，这令设计主体感到痛苦，也使得整个日本的设计艺术发展受到阻碍。不难察觉，矶田尚男先生谈话的言外之意是对日本设计艺术领域那些不符合正道德价值行为的深省和批评。就本质而言，矶田先生的言论是设计主体自我良知的外化表现，亦即一种“道德谴责”，而且他将包括自己在内的日本设计界视为整个设计主体。虽然当时他仅靠自己似乎无力扭转日本设计界的这种设计行为或结果，但是以他为代表的整个日本设计主体将会在更多的“良心谴责”下逐渐改变旧有的面貌。所以与“良心满足”一样，“良心谴责”也能在一定程度上规范设计主体的行为，推动设计关怀的进程。这也无怪乎有人曾不断呼吁，应该在设计教育中引入具有道德意蕴的“良心教育”。①

另外，“良心”在美德伦理学范畴与另外一类道德评价关系密切，那就是“名誉”。二者的区别在于，“良心”是一种行为主体的自我道德评价，而“名誉”则是一种对行为主体的社会道德评价。所以，从另一个角度而言，后者便是通俗意义上的“好名声”，是一种荣誉和光荣，显然与它相反的则是“耻辱”。张道一先生一贯认为，没有设计师不希望自己的设计活动及作品能得到别人的肯定。虽然，张先生并未明确提及“名誉”两字，但是他所秉持的思想内涵却无疑与“名誉”的道德评价相符合。可以想象，只要是有良心的设计主体应该都希望自己的作品能流芳百世，而不是遗臭万年。这就表明，设计主体的“良心”与“名誉”趋于同一，前者是后者的内化，后者是前者的外化。伦理学研究认为：“因为当自己像自己评价他人那样——或者像他人评价自己那样——来评价自己时，名誉便变成了良心……当自己像评价自己那样来评价他人时，良心便变成了名

① 参见吴婕《艺术设计教育中的“良心教育”研究》,《太原师范学院学报（社会科学版）》2015 年第 6 期。

誉。”[①] 所以从这一认识出发，在设计领域里不断倡导“良心”的作用事实上也是在引导设计主体对“名誉”问题产生思考。“良心”与“名誉”共同构成设计道德评价的内核，在很大程度上成为“物以致用”的行为是否符合优良道德价值的重要判断。

三、责任——对历史使命的强调

显而易见，“责任”的内涵及外延属于伦理范畴，且古已有之。东汉的王符在《潜夫论·务本》里就曾谈到过当时造物的责任，他说：“百工者，所使备器也。器以便事为善，以胶固为上。今工好造雕琢之器，伪饰之巧，以欺民取贿，虽于奸工有利，而国计愈病矣。”[②] 尽管这段话本意是要批判当时社会的乱象，指摘那些喜好卖弄奇技淫巧的百工之人不思实用，却以“伪饰”来欺骗民众，从中牟利的现象。从这句话中，我们不难看出作者对工匠们缺乏责任意识的厌恶之情。其实，在中国古代社会中人们对“责任”的理解通常有两种情况：“一是表示臣民对君主、帝王对‘天’的主动尽职和效忠；二是表示个人应对自身选择的行为所产生的不良后果和过失负责。”[③] 相对而言，后者比较接近今日社会我们所讨论的“责任”概念。康德认为：“责任就是由于尊重（Achtung）规律而产生的行为必要性。”[④] 换言之，道德范畴内“责任”的表现往往是行为主体遵循自然与社会规律去履行和完成自身应尽的任务，并且这些任务与自己的资格和能力相适应，同时承受相应的后果。所以，设计主体的尽责行为便是符合优良道德价值的过程，故而也是一种“善行”。

那么具体而言，作为设计主体到底应该去履行哪些责任，其方式又是如何呢？由前文的分析可知，因不同的设计主体其自身的能力资质、社会作用等不尽相同，所以也就有着不同的责任。但是，如果像上文矶田尚男先生那样，把整个设计界作为一个行为主体对待的话，那么张道一先生很早就为中国设计界提供了明晰的方案。

第一，从立足国家的角度来说，设计领域应该肩负“民族复兴”的职责。

---

① 王海明：《新伦理学》，商务印书馆 2008 年版，第 1450 页。

② （唐）魏徵编撰：《潜夫论治要》，《群书治要》，天津人民出版社 2015 年版，第 422 页。

③ 谢军：《责任论》，上海人民出版社 2007 年版，第 24 页。

④ ［德］康德：《道德形而上学原理》，苗力田译，上海人民出版社 1986 年版，第 50 页。

张先生认为，中国当代的设计艺术是由工艺美术嬗变而来，但后者在传统社会中因和实实在在的“物”打交道，所以往往为“君子”所不齿，被视为形而下的“小道”，难以“致远”，进而也很难与社会的进步和发展联系在一起。但是自近代以来，西方对设计格外重视，发展也较为迅猛。相较之下，中国的相关实践则非常滞后。这从某种意义上来说，既是冲击亦是鞭策。毋庸置疑，以造物为核心的设计对于国计民生而言异常重要，它也是中华民族伟大复兴的一种有力支撑。这从 2011 年设计学被升为一级学科的事件中便可见一斑，说明它已经为不断发展的国家所重视。所以，张道一先生号召设计界的所有人应当为迎接和怀抱民族伟大复兴而做好充分的准备，只有设计自身做大做强，方可能肩负起国家精神文明和物质文明建设的重责。

第二，从立足教育的角度来说，设计领域应重视实践，强调生产环节中的动手能力。

张道一先生曾一针见血地指出当前设计教育的局限：“对于设计艺术，调门喊得很高，真要做起来，投入到生产之中，文人的‘清高’扫地，害怕与工匠为伍。从有人介绍德国的‘包豪斯’可以看出，不谈格罗比乌斯所强调的动手实干，取得驾驭物的能力，反而突显了抽象派的‘摇篮’，便是一例。虽然口头上谈设计，实际上是搞现代派绘画的那一套。”[①] 很显然，张先生这是针砭设计领域的时弊，是对设计教育出现“重道轻器”现象的反诘与批驳。从中我们还能看到，归根结底设计教育的责任是时刻围绕社会生产的需求，培养“动手实干”，能掌控“制器”之道的人才，而不是那些好高骛远，连设计艺术与鉴赏艺术都分不清的庸才。

第三，从立足行业的角度来说，设计领域应该摒弃虚夸和造作，同时应以发扬优秀传统文化的精髓为己任。

一直以来，张道一先生都十分厌恶设计行业里虚伪和浮夸的现象。上文已谈到，张先生在指摘过度设计的恶果时曾认为这是设计主体缺乏“良心”所致，因此其本质是不道德的。并且，他还认为现在有众多设计主体对待传统经典的方式出现偏差，使其庸俗化、低俗化，这显然也是不负责任的行为。他自始至终都在倡导设计行业的道德因素：“艺术家的良心也就是对社会的责任，对民众的情感；对于设计家来说，就是对消费者负责。”[②] 有鉴于此，我们可以从更为深层次的角度发现，设计主体的“良心”

---

① 张道一：《设计艺术的历史使命》，《南京艺术学院学报（美术与设计版）》2010 年第 1 期。

② 张道一：《设计道德——设计艺术思考之十八》，《设计艺术》2003 年第 4 期。

与“责任”之间也存在着必然的联系。不妨说，“良心”是设计主体对其设计行为和结果的道德评价，而同时也是设计主体履行“责任”的道德意识。换言之，“良心”是设计主体产生设计行为时感到所应肩负的“责任”，并对此尽责的知、行、情、意，就如同设计主体察觉不应该有欺骗和造作的行为，且应弘扬优秀传统文化的意识和行为那样。可以设想，没有“良心”的设计主体是决计不会对消费者及行业负责的。

综上所述，张道一先生以其宏观的视野为整个设计领域在道德范畴的行为规范指明了方向，这不仅是责任，更不啻为一种历史使命，要求设计界的每一位行为主体都必须努力肩负。与此同时，张先生还明确了设计主体履行责任时的五种品质，即“理念、精神、道德、学养、技巧”[①]。所谓“理念”是设计主体对最高理想的追求；所谓“精神”是指设计主体应乐学、敬业、尊师重道；所谓“道德”是符合优良道德价值的行为规范；所谓“学养”是指应不断精研学问，提高自身修养；所谓“技巧”是设计主体所具备的基本功。只有当整个设计界都具有这五类品质，才可能肩负起上文提及的“责任”，才有可能为“物以致用”提供保障，使设计这项“为人造物”的活动弘毅宽厚、任重道远。诚如张道一先生所说的那样：“艺术是塑造灵魂的，而设计艺术担负着美化生活、丰富生活、使生活更美好的任务；只能追求高尚，不能混入低俗。人各有志，既然志在于此，唯有德才并进，攀登高峰，才不负设计艺术的历史使命！”[②]

① 张道一：《设计艺术的历史使命》，《南京艺术学院学报（美术与设计版）》2010年第1期。

② 同上。

第八章　结　论

图 8-1　张先生近照

身为当代著名的工艺美术理论家、民间艺术理论家、艺术教育家、现代艺术学学科建设的奠基人，张道一先生自正式投身艺苑起，便发愿以肩负时代与社会赋予的使命为己任，且誓为发展中国未来的艺术事业而奋斗终生。在此后半个世纪的漫长岁月里，他对此矢志不渝，一直坚持，默默耕耘。尽管前进之路荆棘密布，但畅游艺海，不仅没能使他向恶劣的环境妥协，被坎坷的岁月吞噬，反而激起了他满腔的热忱，铸造了他在困境中求索的毅力，给予了他勤勉治学、躬耕不辍的动力。

作为新中国培养的第一代知识分子，张先生常以一介书生自居，认为知识分子只能是书生，而“书生气”总比铜锈气、霸气、脂粉气来得真切和适宜。在《七十述怀》一文中他谈道：“一个文人——一介书生能做些什么呢？只能在自己所涉猎的范围之内做点学问。拓宽知识是积极进取，它与贪多务得是无缘的，更不是那种肥皂泡式的膨胀。我已经做了半个世纪的传薪者，还要继续传下去。如果说去日苦多，路有不平，那么，我们能否做点铺路的工作呢？”[①] 字里行间是如此从容和不迫，无不透着一股回念、自省和希冀之情。尽管张先生谦称自己所做的只是“铺路的工作”，并深知这些都是一种尝试，有待历史的检验。但对如我辈后学者而言，在钦佩其甘做铺路石的勇气和精神之际，不得不为其“铺路”的先导之功所叹服。半个世纪以来，他一直勤于学问，那严谨的治学、深厚的功底、求真的虔诚在其钩稽深广、议论警策的著述中尽数展现。总的来说，一广、二深、三多，能概绘出其著述之特点。

一广，言其涉猎和研究范围之宽。不难看出，张先生的研究旨趣不仅

① 张道一：《七十述怀》，载李砚祖主编《中国艺术学研究——张道一教授七十华诞暨从教五十年文集》，湖南美术出版社 2002 年版，第 4 页。

综达艺术的各个方面，甚至有些带有边缘性质或跨学科的性质，而论述则纵横开阖，融会贯通。例如他对艺术学科研究方面的著述不仅囊括以诉诸视觉为主的视觉艺术，还涵盖了以诉诸听觉为主的听觉艺术。在对《考工记》进行注释后，他还表达出了潜心研究《礼记·乐记》，并对它进行诠释之意。①

二深，言其思索和见解之深。毋庸置疑，张先生以理性思考见长，并详谙触类旁通之道，能从极为平凡的事物中体悟极不平凡的事理。小到生活点滴，大到学科的宏观架构，他都能透过现象寻绎本质。譬如，从以往美术研究重绘画而轻工艺的现象中，他便深切地体察出症结所在——无非是所谓的“重道轻器”和“正统”观念作祟，并以此为基批驳了美术史研究中的四种错误倾向，从真正意义上提升了工艺美术和民间艺术的地位。再如，即便身处“牛棚”的时候，他还能透过平常用于劳作的板车而深入思考有关《考工记》的诸多问题。

三多，言其研究成果数量之众。张先生最大的乐趣便是“躲进书房成一统”式的笔耕砚田，用“著作等身”来形容他丝毫不为过。他的各类文集、专著、编著就有近五十部，主编的书籍、丛书、杂志和丛刊也有十多种，论文百篇之多，其硕果累累实令后学者难以望其项背。（图 8-2、图 8-3、图 8-4）

图 8-2 《中国民间美术辞典》封面

图 8-3 《设计在谋》封面

图 8-4 《燕尾裁春》封面

单就张道一先生的著述而言，便有对其学术成果进行系统研究的价值

① 依据：笔者 2006 年 12 月 13 日采访张道一先生于南京时的录音资料。

和意义，更何况在中国现代艺术教育史中，由对工艺美术、图案及艺术设计实践和理论的追索上升为对艺术原理深入探究的理论家本身就不多见，因而梳理、总结和阐发其思想要义势必益于艺术领域的学术发展。综观张先生的学术思想，可以看出如下特点。

第一，由点带面的联系与综合。张道一先生早年师从陈、庞二师研习工艺美术学，而他最初步入艺术殿堂的兴趣所至，也是工艺美术。可以说，工艺美术是张先生一切学术思想的原点。通过多年以来对该“点”的深挖和探究，其他各研究领域逐渐开始与之共同交织起了张先生学术思想的“面”。换言之，张先生有关民艺学、美术学、艺术学等研究都是在此基础上的一种延展和拓宽，并由此还使得美学、民俗学和考古学等交叉学科领域渐次被纳入了他的视野之中。诚如其自己所言：“几十年来，在浩如烟海的艺术领域中，我像战士一样地扛过三面旗，即工艺美术、民间美术和艺术学。其中从事工艺美术的时间最长，从中解决了设计的问题，而且由此认识到‘纯’精神艺术产生的基础和发展的脉络。民间艺术则是民族文化之根，是一切上层艺术赖以发展的基础。我之所以在近年又转入艺术学的研究，是想整合探讨艺术的共性和规律，包括中国艺术的人文精神和思维方式，这样三种研究是相互关联的，也是自然的上升，并非事先的规定。”① 张先生之女张抒女士也曾道：“综括先生的研究，大致有这么几个大的方面：第一是工艺美术的研究，第二是民间美术的研究，第三是有关一般美术的研究，第四是关于艺术的整体研究。”② 在此值得一提的是，诚然工艺美术的研究是张先生一切学术思想的基础与出发点，但这个“点”与其他共同构筑成“面”的学术领域是在相互联系、共同发展的前提下进行的。也就是说，尽管先有了对工艺美术的思考，但对其他方面的深究并非完全存在硬性的阶段划分，在考量某一方向的问题时并不排斥对其他研究方向共性规律和本质特征的把握。在思考工艺美术的同时，张先生也由此联系到民间美术、美术等方面的现象和活动，在探讨艺术学时，有关工艺美术、民间艺术的问题也不时萦绕其间。正是这种由点带面的研究方式，铸造了其整体与综合的“大艺术”观，使之最终能站在艺术学的高度俯瞰艺术各门类与艺术实践的发展规律。

第二，客观而冷静的反思。“人云亦云”和“亦步亦趋”这八个字和张道一先生无缘，他曾明确指出：“人云亦云不是一个理论工作者应取的态度。一个真正的理论工作者，应该是云自己所云，或补人云之不足，纯

---

① 张道一：《流水不腐——国际文化交流与中韩艺术关系》，《装饰》1996 年第 6 期。

② 孙建君、潘鲁生主编：《张道一研究》，山东美术出版社 2000 年版，第 284 页。

粹‘人云亦云’是没有出息的。”[①] 的确，张先生始终秉持“行成于思，毁于随”的信念，因而他的思考总是充盈着客观而冷静的睿智。尤其是艺术的反思与反拨精神，更能体现出他云自己之所云的特性。在“文化大革命”以后的若干岁月里，由于人们对思想的解放阔别已久，一旦摆脱禁锢，各种思潮便风起云涌。在那个泥沙俱下的年代，张先生始终保持着一个清醒、理性而独立思考的头脑，并客观和冷静地分析各类艺术现象和艺术发展的现状，针对各种偏颇认知和奇谈怪论，予以诚恳而合理的批驳。在工艺美术领域，他首先是对其本质的深入探究，然后就诸如“美化生活”等狭隘的观念提出自己深刻而客观的判断。在民间艺术研究方面，他还对将民艺视为“末技”的鄙夷和轻视给予严厉的批判，并从“母型性”文化的角度证明了民间艺术的基础和核心作用。而在美术学方面，他又对各类研究中的错误观念和不足之处，做出相应的分析，指出原因所在，提出了解决的方式和方法。而从 20 世纪 80 年代至今的这个人心思变，观念变革的时期，尾随西方和不辨良莠的崇洋思想，在一定范围内成为学术研究的一种通病。对于此，张先生洞若观火，进行了深刻的审析。于是，他以为图案正名为契机，向设计思潮中的一些反传统、反民族文化的极端思想挑战，并试图建立现代图案学的实践和理论研究。此外，他还对类似“言必称希腊”的现象予以客观的考察，并理性批评道：“学术的研究上，‘言必称希腊’和轻易地否定别人，都不是应有的科学态度。当下一些人，处处甘当西方小学生式的追随者，唯西方马首是瞻，失去自己独立思考和判断的能力，瞧不起自己国家学者所做出的贡献。以美学为例，西方美学已经取得的成就，确实应该认真地学习和研究。但是，东西方的文化背景不同，特别表现在艺术上的差距很大。既然美学是对于艺术实践的理论上升和哲学结晶，那么，西方美学有哪一部著作是依据中国人的艺术实践而概括出来的呢?”[②]

第三，宏观又不失细致的研究。张道一先生学术研究最显著的特点就是既能高屋建瓴，又能细致入微。他往往都是在理论研究的关键时刻归纳出提纲挈领的研究方法和纲领，以宏观的视角及时切入分散的现象和实践活动，从而归纳和总结出相应的办法，建立合理的体系。中国传统工艺美术与民间艺术研究长期以来一直处于仅有浩如烟海般的事象，而奇缺科学和实事求是的方法论之状况。而张先生始终注重对学科宏观的架构，以及研究方向的设想，他所提出的经验和方法，无疑为学科建设和未来更深

① 张道一:《心灵之扉——张道一论艺术》，山东美术出版社 2001 年版，第 30 页。

② 同上书，第 31 页。

层次的研究披荆斩棘。另外，在美术学和艺术学领域，他始终将宏观的横向联系视为理论研究的必要法宝，追索本质、抽绎规律成为他建立艺术学的初衷。特别是在美术学“九连环”的雏形上所构建的艺术学学科群，更是这种高屋建瓴的尝试、交叉研究方向的形成体现着张先生宏观把握的能力，也成为艺术学开启人文学科殿堂之门的金钥匙。但与此同时，他亦不抛弃专项深入的细致探究。张先生认为，理论研究的最终目的是以本质规律指导实践的进程，因此宏观考量不可或缺，但专项领域的纵向考察则是培育综合视野的基础保证，没有个性难谈共性，共性总是寓于个性之中。因而他一边在用“望远镜”展望着艺术之路的前进方向，一边又用“放大镜”观照着各个具体的艺术事象，像织绣、云锦、泥塑、剪纸、古代首饰、木版年画、蓝印花布、女红、敦煌艺术、中外传统纹样、画像砖、画像石、汉字艺术、肖像画等专题，他都有过深入而细致的研讨。

第四，珍视民族传统文化的情怀。像民族优秀传统学习的观念是张道一先生对恩师陈之佛先生的师承。张先生认为，不仅是艺术领域，中国其他任何学科领域的发展和创新都有赖于对民族传统的继承与借鉴，因其毕竟是文化发展的动力。他解释道：“一般地说，每个时代都有每个时代的文化，但在时代的演进上不可能将以前的文化完全更换，与过去无缘，必然是有所选择，有所取舍，逐渐地除旧布新，除非是处在激烈的变革时期，文化的变化会更大一些，甚至传统遭到破坏。所以说我们应该尊重历史，不能割断历史。在对待文化传统的态度上，务必要冷静和审慎，不能头脑发热，草率的肯定或否定。”[①] 可见，民族传统文化始终是张先生理论发展之路上的一面明鉴，也是其工艺美术学和民间艺术学研究体系的重心之一。对中国古代衣、食、住、行、用等各类造物方法和造物思想的考察，显然为其“本元文化”“造物艺术论”和“工艺文化观”的创建提供了具体而翔实的依据。对《考工记》的诠释更是他于民族传统精髓的直接继承和理论阐扬。而张先生在进行民间艺术的理性探究之时，一直怀揣着对伟大民族文化复兴的理想。对以往有关民间文化偏颇思想的匡正、对民间原发性文化的解读，以及对民间艺术的重释与定位，皆是出于对民族传统的深厚感情和深切体悟。他曾申明：“就当前的实际情况看，应该强调民间艺术和工艺美术；一个是民族传统文化的基础，一个是直接关系着千千万万人的实际生活。而偏偏是这两者，长期以来被轻视，被忽略了。现在和未来应该给他一个合理的位置。”[②]

① 张道一：《中华传统艺术论》，《装饰》1998 年第 5 期。

② 同上。

由此可见，张道一先生在艺术领域中确乎提出了一系列奠基性的见解和主张，其思想形成于长期艺术实践和教学实践的基础之上，其理论创造对今后的艺术发展无疑极具启迪、引导和开创的作用。

第一，“本元文化”论的提出不仅可以解释艺术的起源和发生发展的规律，而且改变了美术史上被颠倒的发展序列，为艺术分类学提供可靠的依据和奠定牢固的理论基础，纠正工艺美术史上偏颇的认识，真正恢复工艺美术的历史地位。我们如今所谈论的艺术设计，从本质上说是对以往工艺美术的传承与嬗变，但是其基础内核却没有偏离“本元文化”的范畴，依旧是物质与精神的高度统一。所以，“本元文化”的理论成果有助于今后设计学研究工作的深入展开。

第二，“造物艺术”论的提出是张道一先生工艺美术理论的升华。它不仅被提高到文化的角度予以考察，而且以艺术质“造物”为研究对象，因此深刻地揭示出艺术与文化发展的根源，从而将产生于大工业时代背景下的现代设计与传统工艺美术有机地统辖起来，并廓清现代艺术设计的发展脉络，拓展工艺美术的研究领域和范围，指明了未来艺术设计发展的方向。

第三，民间艺术“母型性”文化特征的发掘是张道一先生基于工艺美术理论思考的又一重要贡献。它最终以明晰的发展历程展现了自身与其他“文化圈”艺术间的源流关系，并成为文化学和艺术学研究框架中的重要组成部分。不妨说，民艺的基础地位足以引起人们对中国传统文化的重新审视。并且，对其产生、沿革，与人民大众的关系，艺术特点、样式、种类及创作过程、创作主体等课题的深探定然将会进一步充实和丰满中国民艺学、艺术学学科的建设。

第四，张先生有关中国艺术学系的建立以及艺术学学科建设的设想为中国现代艺术学研究开辟了新的纪元，其意义不但在于整合了以往分散的艺术研究分类，而且以综合而宏观的视野引导对艺术本质内涵和共同规律的探寻，使艺术学学科逐步具有科学和规范的人文学科性质，并在此基础上形成艺术教育的改革，直接面向人才的培养和对实践的指导，因而使艺术研究领域中出现更加活跃与健康的研究态势。

李立新教授曾如是说道：“艺术学的崛起与一批当代学者的不懈努力有关，其中，张道一先生发挥了特殊而重要的、不可替代的作用。要为这样一位健在的学者的学术功绩作出评判不是一件易事，因为他探索艺术的脚步还没有停止，至今仍有开拓意义的艺术研究巨著问世。再是，在当代学者中，张道一是一位很有个性的、有自己独特的人文关怀和艺术思考方式，也有自己独特的处世原则和人格魅力的学者。这一切独特性与社会现实的碰撞，使得他将审美方式转化为理性思辨来倾泻，走上了艺术理论研究之路。”[①] 其实，除了艺术学，张道一先生所有的学术硕果，都是个人志趣、社会使命和时代境遇复合而成的结晶。

如前所述，在中国由工艺美术学及设计学入手进而对艺术学范畴形成整体观照的学者并不多见，张道一先生可以说是其中的代表性人物之一。而综观他的学术历程和研究方向，对工艺美术学、图案学、设计学或与之相关的理论探索始终是其学术思想的根本和养源。事实上，与工艺美术及设计相关的理论研究在中国有着自己的发展轨迹。中国自古就存有关于“经营”“营造”或“造物”的记载，但多是散落在经世致用的宏观论述之中。而先秦时期较为系统的专项造物著述则当属前文提及的《周礼·冬官·考工记》最具代表性，其中记载了当时主要的工艺、分类，还不乏造物活动规律及“良器”设计制作的精辟论述。此外，像春秋战国之际的墨翟所撰《墨子》五十三篇，其中“备城门”“备高临”等十一篇与传统工艺设计有关。而战国时的《庄子》也时常闪烁着古人的设计智慧。此后像东汉王充的《论衡》、北宋沈括的《梦溪笔谈》、宋李诫的《营造法式》、明王圻父子的《三才图会》、明计成的《园冶》、明宋应星的《天工开物》等也极具代表意义。不妨说，在“西学东渐”之前，中国有关“设计”的相关论著一直是对中国古代传统造物及工艺美术之特色的有序传承与赓续。而至晚清时节，一部分研究中已涉及“设计师”的内容，如清道光年间罗士琳的《畴人传续编》、清光绪年间诸可宝的《畴人传三编》、清光绪年间黄钟骏的《畴人传四编》等。此外，一些文章的相关考证也十分重要，如晚清陈作霖的《中国机器学家考》等。

前文已多次述及工艺美术、图案及设计三者的紧密联系，尤其是在中国近代社会未经受过“工业革命”洗礼的背景下，中国的设计更是在工艺美术的基础上逐步嬗变而来。在此过程中，早期具有工艺性的教育形式在一定程度上对工艺美术和“图案”的发展起到了推波助澜的作用。在19世纪末至20世纪初的那段时间里，中国社会环境与社会思潮始终是以“变”为主题，“洋务运动”的余波及后来“五四”新文化运动的浪潮对当时中国新式教育的施行，新式技术的引进等都有着深远的影响，而“实业教育”则是其中的核心特征。如是语境下，各地诸如工艺局、实业学堂、师范学堂等新式机构应运而生，随之而来的便是有了金工、漆工、木工、染织、机械、意匠图绘等科目或“专业”的工艺教育。1904年1月13日，

① 李立新：《张道一：艺术学之子》，《文艺争鸣》2010年第22期。

当时的中国政府参考日本学制，在修订之前《钦定学堂章程》(即“壬寅学制”)的基础上颁布了《奏定学堂章程》(图 8-5)即“癸卯学制”，这是中国近代史上第一次在国家层面上颁布和施行的全国性系统学制。从该“学制”所设科目或“专业”的内涵来看，它基本覆盖了当时的工业领域，其中不乏一些像染织、窑业、金工、木工、漆工、图稿绘画等具有工艺性质或与之相关的科目。而其他如建筑、土木、造船等科目则涉及制图、材料、意匠、配景、装饰、自在画、美学等具有艺术设计因素的内容。

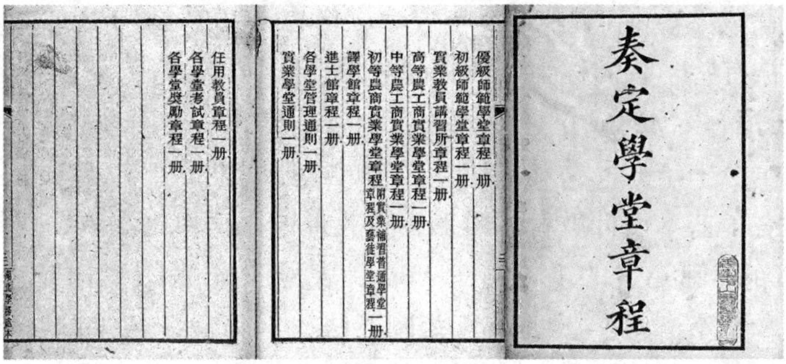
奏定學堂章程
優級師範學堂章程一冊
初級師範學堂章程一冊
實業教員講習所章程一冊
高等農工商實業學堂章程一冊
中等農工商實業學堂章程一冊
初等農商實業學堂章程附實業補習普通學堂章程及藝徒學堂章程一冊
譯學館章程一冊
進士館章程一冊
各學堂管理通則一冊
實業學堂通則一冊
任用教員章程一冊
各學堂考試章程一冊
各學堂獎勵章程一冊

图 8-5 《奏定学堂章程》书影

到了民国初期，在清末实业学堂中得到初步发展的手工与工艺教育有了一定的提高，甚至一度成为当时推进职业教育过程中人们聚焦的对象之一。以至于此时一些诸如全国教育联合会（1915 年成立)、中华职业教育社、中华美育会、全国职业学校联合会等新兴的教育团体也都在关注手工与工艺教育。例如，民国十年（1921）10 月《教育与职业》杂志刊《发起与征集》一文，发全国职业学校联合会成立暨第一届“职业学校出品展览会”之启事，还曾明确其宗旨就是“表示艺术进程，研究作业改良，推广出品销路”[①]。这些举措一方面不断刺激工艺美术及相关设计实践的进步，另一方面也推动了相关研究的跟进。像《中华教育界》《美育》《教育研究》《教育与职业》等期刊就对手工与工艺教育给予了高度重视，其中尤以《教育与职业》最为突出，它有很大篇幅的文章是关于工艺或相关教学与实践的。此后，民国时的图案教育及研究更是使工艺美术这种实用艺术走向较为成熟的阶段。诚如张道一先生所言，工艺美术要想发展得好，“图案”是其核心。1912 年上海图画美术院成立（后来更名为上海美术专科学校)，校长刘海粟很早就倡导工艺美术教育的重要性。1920 年该

① 《发起与征集》,《教育与职业》1921 年第 10 期。

校增设工艺图案科，学制三年。1918年国立北京美术学校建立，并设图案系，雷圭元先生就曾毕业于此校。1928年在蔡元培先生的关心下，杭州国立艺术院建立，并设有图案系。此外，还有私立武昌艺专、苏州艺专、私立北平艺专、新华艺专等也都先后开展了实用美术或图案的教育教学。教育的发展推动实践的进步，亦有利于理论的研究。因此，20世纪20年代初期工艺美术和图案领域里出现了一批相关的理论著述，其中具代表意义的有陈之佛先生的《图案构成法》、俞剑华先生的《最新图案法》等。

20世纪30年代以后，民国工艺美术及图案的教育与理论研究逐渐正规，并日臻成熟。特别是1939年成立、1942年更名的四川省立艺术专科学校更是被有些学者们称为“开中国艺术设计分科教育的先河”。[①] 雷圭元先生甚至评价该校的成立是图案教育脱离了美术学校而独立发展的标志。从抗日战争至中华人民共和国建立之初的这段时期，工艺美术及图案教育已初步具有了艺术设计教育的雏形，相关理论探讨更为深入，成果也更趋丰硕。像陈之佛先生的《图案法ABC》《表号图案》《图案构成法》，傅抱石先生的《基本图案学》《基本工艺图案法》，李洁冰先生的《工艺意匠》，雷圭元先生的《新图案学》《新图案的理论和作法》，庞薰琹先生的《图案问题的研究》等对工艺美术与图案研究都极具指导意义。此外，《中国营造学社汇刊》陆续发表朱启钤先生辑录，梁启雄先生、刘敦桢先生校补的《哲匠录》，其中记载了上启唐虞、下至民国几千年来对设计造物有贡献的“匠人”或“设计师”四百余人，可谓自民国以来对中国历代“设计师”较为系统的梳理。

新中国成立的前十年间，国家相关部门曾对工艺美术教育进行了调整与改造。1956年中央工艺美术学院成立，标志着新中国的工艺美术教育即将进入新的发展阶段。20世纪50年代末至60年代初，像浙江美术学院、广州美术学院、南京艺术学院等全国各知名专业院校也先后开始增设工艺美术系或专业，工艺美术及相关教育得到了一定的发展。60年代中后期至70年代中期，中国工艺美术事业、教育及理论研究相对出现了停顿，直至70年代末才有所复苏。大体来说，新中国成立前三十年，中国与“设计”有关的研究基本延续自20世纪初以来工艺美术研究的思路与视野。轰动一时的“美化生活”说及“图案”概念的萎缩，开始逐渐制约了工艺美术与“设计”的实践和理论发展，加之当时中国工业与经济尚不发达，更加使得工艺美术和“设计”成为纯美术的附庸，对此前文已有过论述，这里不再

① 参见袁熙旸《中国现代设计教育发展历程研究》，东南大学出版社2014年版，第67页。

赘言。而前述近现代工艺美术教育及理论一路走来的历程与发展为张道一先生学术思想的萌发提供了历史的积淀与文脉。此后，工艺美术学到设计艺术学的蜕变及相关学科的建立则为其学术思想的发展与成熟提供了必要的语境：一来师承陈之佛、庞薰琹二位先生的经历，对传统工艺美术理论及先辈大师成果的研习，自身的学术背景与研究兴趣，以及对20世纪80年代之前“设计”及工艺美术发展之路的反思，最终使其在西方现代设计思潮与教育方式正式来临之前形成了自己相对独立且极富本土化的研究视野和体系，“本元文化”论、“造物艺术”论、对《考工记》的精研、对民间工艺美术的探究正是其佐证；二来20世纪80年代以来有关“Design”之名的大讨论，重塑“图案学”的呼声，20世纪90年代末“设计艺术学”学科的最终确立等，使张道一先生将工艺美术与设计艺术联系起来思考理论问题，勾勒出以“造物艺术”为本质的设计艺术学学科轮廓，并提出向国外优秀的工艺美术和设计学习与借鉴的理论研究思路，同时在一定程度上从学科建设的视角开始反思当时的设计教育及设计实践。特别是其在20世纪80年代中至90年代末担任三届国务院学位委员会艺术学学科评议组成员和召集人期间，更是以点带面式地将设计艺术学学科建设置于整个艺术学学科建设体系之中，用整体观和全局观来探讨二者的特殊性与共性，并最终形成了一系列的学科建设理论研究成果和艺术学研究成果，对整个艺术学学科的构建与发展做出了较大的贡献。

由此可见，张道一先生的学术思想和研究体系，是应着中国社会发展与时代变迁的脉搏而产生，循着传统社会相关理论精要和先辈理论大家的研究脉络而发展，按着中国特有的工艺美术学、设计学以至艺术学自身的学科规律而精进的，这与改革开放后一批取法国外的学者有着一定的差异。

本研究开篇就已谈及，当代中国曾经历了设计观念的巨大变革，甚至有学者将其称为“中国的设计革命”。[①]它是人们再次“睁眼看世界”在设计领域里的重要体现。从本质上说，20世纪七八十年代之前，无论是中国的“设计”还是“图案”，抑或工艺美术，基本仍以一种适应农耕文明和手工业生产的方式小规模、有序地发展着。尽管早在20世纪30年代，陈之佛先生就曾介绍过欧洲的设计，并提到过包豪斯。但就总体情况来说，第一次世界大战之后西方现代设计的思潮、实践及理论成果基本没能扣动当时中国人的心弦。在工业化程度不高，人们对物质生活期许较少的年代里，设计领域对此不曾感到有任何的缺憾。然而20世纪70年代末之

① 参见诸葛铠《设计艺术学十讲》，山东画报出版社2006年版，第11页。

后的二十余年间，改革开放所带来国际上的先进技术、工业成果、管理方法、消费模式等都在不断地改变着人们的生产与生活方式，衣、食、住、行、用的面貌发生了翻天覆地的变化。国家对新兴行业的倡导，社会对丰裕生活及物质文化的追求，人们对教育模式改革的渴望等都在以这样或那样的方式"敲打"着中国的设计界。与此同时，中国设计界一方面称羡那些闻所未闻的先进设计；另一方面随着不甘示弱的情绪，以及在新时代对传统工艺美术发展的反思，也在想方设法地寻求突破窠臼的方式与路径。最终，国内外各方面因素的结合，对中国当时的设计观念提出挑战。而一批艺术专业院校的教师团体则最先开始接受新的挑战，其中较为有影响力的人物有尹定邦先生、柳冠中先生等。

尹定邦先生于 1965 年开始在广州美术学院长期任教。由于地缘关系及历史文化等原因，广州与香港的联系较为紧密，改革开放之后，广州美术学院和香港教育界也一直往来密切，西方现代设计的思潮及新观念便取道香港，转而进入中国内地，而尹定邦先生在此中起到了重要的作用。20 世纪 70 年代末至 80 年代初期，香港艺术家、美籍华人郑凯先生怀揣为中国内地设计事业出谋划策的信念开始与广州美院进行了多次接触和交流。他与尹先生志趣相投，将西方诸多设计理念与方法带入广州美院。特别是当时郑凯先生组织了一支设计教育家团队，专赴广州美院宣讲现代设计。他们赠送给尹先生四本书：《设计运动一百年》《设计的色彩计划》《平面构成》与《立体构成》。后三本所涉及的内容便是影响广州美院进而触动整个中国现代设计教育的"三大构成"（即平面、立体、色彩构成）。在尹定邦先生的推动下，"三大构成"的教学模式迅速在当时包括中央工艺美院、浙江美术学院在内的知名专业院校中传播开来，其他有相关专业的院校也争相效仿。1982 年，尹先生参加"全国高等院校工艺美术教学座谈会"（即设计学界常说的"西山会议"）时明确提出了传统工艺美术教育需要改革的观点，并认为传统工艺美术教育存在诸多问题，不利于设计人才的培养，这一言论甚至受到庞薰琹先生的关注。此后，他在设计实践和设计教育领域里身体力行，奠定了其在中国工艺美术学向设计学转型过程中"先行者"的地位。当然，他对中国设计教育以至整个中国现代设计发展贡献最大、影响最广、争议最多的还是"三大构成"。

长期以来，中国设计界在潜意识中一直将"三大构成"默认为包豪斯教学体系的嫡系后裔，是现代设计方法的根本所在，是包豪斯精神的萃取与整合。但事实上受包豪斯影响最为直接的欧美国家设计院校中并未明确设有"三大构成"的课程体系，甚至可以说对此知之甚少。中国美术学院宋建明教授在法国巴黎国立高等装饰艺术学院进修期间曾就此问题求教于相关导师，但得到的答案是“不知道”。反观包豪斯的课程结构与设置（表 8-1）[①]不难发现，包豪斯在德绍时期已然形成了较为清晰的课程分类，包含基础课程、工艺技术课程、设计课程、理论课程以及与建筑设计有关的专门工程课程等几大模块。而其中并没有明确出现所谓“三大构成”的课程名称，与之相关的也只是在“基础课程”部分有“平面和立体形态研究”“色彩研究及形式体验”的课程内容。换言之，包豪斯对艺术与设计的训练体系在当时较为健全和系统，“平面和立体形态研究”及“色彩研究及形式体验”只是其基础课程的一部分内容而已。如若将基础课程的某几门课程内容当作全部设计训练的基础与核心，未免有以偏概全、挂一而漏万之嫌。

表 8-1 包豪斯发展至德绍时期与艺术相关的课程设置与结构

包豪斯课程模块	涉及的课程内容
基础课程	平面和立体形态研究、材料研究、色彩研究及形式体验、绘画分析、自然现象分析等
工艺技术课程	金属工艺、木工工艺、家具工艺、陶瓷工艺、玻璃工艺、墙纸工艺、印刷工艺等
设计课程	产品设计、舞台设计、展览设计、平面设计、建筑设计等
理论课程	艺术史、哲学、设计理论等
与建筑设计有关的专门工程课程	略

王受之先生在分析瓦西里·康定斯基（Василий Кандинский，1866—1944）（图 8-6）、拉兹洛·莫霍利 - 纳吉（Laszlo Moholy-Nagy，1895—1946）（图 8-7）及约瑟夫·亚伯斯（Josef Albers，1888—1976）（图 8-8）等著名现代艺术家在包豪斯时的基础课程教学后也曾认为，当时包豪斯的色彩教育实际上是贯穿于平面设计课程之中的，这与后来的设计教育将色彩研究单独设置有所不同，后者容易造成学生将色彩与平面和立体形态相分离的弊端。[②]而中国设计界一直将“三大构成”视为包豪斯的重要遗产，究其根本可能与改革开放初期日本设计方法的输入有关。

日本于 20 世纪 20 年代开始接触包豪斯，当时最早在包豪斯留学的

① 参见邬烈炎《艺术设计学科的专业基础课程研究》，博士学位论文，南京艺术学院，2001 年，第 6 页。

② 参见王受之《世界现代设计史》，中国青年出版社 2002 年版，第 151 页，

一批日本学生，如水谷武彦（Takehiko Mizutani）（图 8-9）、山胁岩（Iwao Yamawaki）、山胁道子（Michiko Yamawaki）等，将包豪斯的教学方法带回国内，并开日本“构成”教学之先河。而“构成”一词，也是水谷武彦对德语“Gestaltung”（有“塑造、造型、形态、形象”之意）的对应翻译。至40年代后期，日本基本完成了对包豪斯有关色彩及形态等基础教学的改造，并在一些大学中开设“构成”课程。至50年代中期，日本基本形成了“构成”教学的系统模式，并贯穿于小学至大学的整个过程中，其初衷是锻炼学生对形体、色彩、质感、构图等形式要素的感悟力和表现力。

图 8-6　瓦西里·康定斯基像

图 8-7　拉兹洛·莫霍利-纳吉在芬兰（1931）

图 8-8　约瑟夫·亚伯斯像

图 8-9　水谷武彦像

20 世纪 80 年代，日本人朝仓直巳（Naomi Asakura）将日本的“构成”教学体系传入中国，很快就在久违国外新理念与新思潮的设计领域里落地生根。值得一提的是，即便是日本的构成教学体系也包括诸多训练方法，如平面构成、立体构成、色彩构成、空间构成、动的构成、视觉构成、机能构成等，林林总总，不一而足。然而到了中国，上述这些构成体系却被“三大构成”取代。这可能是因为该教学体系辗转多国后造成的“信息损耗”和“变形失真”吧。尽管如此，平心而论，“三大构成”以其独有的思维方式和训练方法还是给当时的中国设计界带来了不小的冲击和全新的认识。至少改变了以往设计教学基础训练中完全依赖“写生便化”的思维定式，并形成对超常规的空间维度以及色彩光学的认知和体验。但它的局限性也比较明显：以无机形取代一切有机形，并将其拓展为一切设计的基础难免排斥了装饰的地位。尽管在现代设计的历史上装饰曾被认为是一种腐朽和罪恶，且现代主义对装饰的“反叛”也的确具有进步意义，但在后现代主义出现之后，装饰再次复归。一味追求功能以及抽象与无机的理性形式，必然会因拒绝历史性、民族性和地域性的艺术表现而变得千人一面，难以适应不断翻新的多元化审美诉求。

需要强调的是，本研究在此并非要抹杀尹定邦先生对推广“三大构成”以及引入全新教学模式的贡献，更不是要反对“三大构成”在设计训练中的基础作用。只不过，有些人将“三大构成”当作设计的全部和唯一法门，并借此来攻击以往“图案”教学和“工艺美术”教学，认为可以取而代之的做法则显然有失偏颇。当然，20 世纪 80 年代是一个思想解放，观点多元的时期，设计领域也概莫能外。除了“三大构成”外，中国现代设计理论研究中早期的方法论也在萌发，而柳冠中先生对此贡献颇大。

柳冠中先生曾经在中央工艺美院建筑装饰系学习，之后又有当工人并在灯具厂当技术干部的经历，这些都为其从建筑装饰向工业设计领域转型提供了早期的实践基础。1978 年柳先生重返中央工艺美院攻读研究生，并在毕业后留校任教。其精心撰写的毕业论文《标准化、组合化和美》还曾受到过庞薰琹先生的赞许。20 世纪 80 年代初期，他被公派至德国斯图加特设计学院学习。斯图加特是德国西南部重镇，自古便以盛产工匠著称，现代主义设计运动对其影响深远，工业设计与建筑设计闻名遐迩，并且是一些著名的公司和学派的故乡，如戴姆勒集团及斯图加特学派等。柳冠中先生在这样的环境中浸润三年，不仅学习了德国先进的设计技术，还将一些前卫和实用的设计思想及方法带入国内。归国后他便就任中央工艺美院第一任工业设计系主任，开启了设计方法的研究与思考。可能是受到当时方兴未艾的系统论、信息论等理论影响，柳冠中先生先后构建了“方式设计”“共生美学”“人为事物科学”“事理学”等理论框架，提出了“设计是一种文化”“设计 = 科学 × 艺术”等著名论断。有学者评价其设计研究的视野时认为，他的学术认识从对功能主义的提倡到对生活方式的研究再到构建“事理学”的体系，基本呈现的是螺旋式发展的状态[①]，形成一种设计研究的方法论。尤其是“事理学”的提出，柳先生显然借鉴了著名学者赫伯特·A. 西蒙（Herbert Alexander Simon，1916—2001）（图 8-10）有关“人为事物科学”（The Sciences of the Artificial）的理论，认为造物不仅仅只是关注物本身，还应从人的行为方式出发，将人、时间、空间、行为、信息及意义等纳入设计的考量范畴，并以此为基础进行有针对性的设计，选择造物的方式。这一理论的提出虽然在当时的设计界有一定的争议，但却是一种系统化、交叉性的研究方法。它以朴素的哲学观看待设计活动，视其为一种“事”的存在，就犹如关系场一般，有机地将各种与造物有关的元素联系起来。当设计行为发生时，只有综合这些元素，才能造出合情合理的“物”。柳冠中先生正是通过这样的一种系统观，将自然科学的先进理论引入设计学之中，对于设计学科而言注入了全新的理念，使其在除艺术之外的技术、自然、社会、人等领域也形成了整体性的观照。有些学者认为中国 20 世纪 80 年代后的设计变革之所以被冠以“设计革命”之名是因为它在取得巨大成就的同时也有不少牺牲，其中所付出代价较大的莫过于与传统文化的渐行渐远。[②] 的确，80 年代后的一批设计实践和理论研究往往言必称西方，对自己本土文化表现出极大的不自信。然而，柳冠中先生则是少数一批没有放弃对西方设计理论进行本土化改造的学者。不难发现，其众多理论思想都是探索如何在传统与现代之间寻求和谐与平衡的方法，以及通过传统文化解释现代设计理论的尝试。表面上，柳先生的理论思考是对西方相关认知与价值的应

图 8-10　赫伯特·A. 西蒙像

① 参见杭间《设计评点：张道一与柳冠中》，《美术观察》2007 年第 5 期。

② 参见诸葛铠《设计艺术学十讲》，山东画报出版社 2006 年版，第 5 页。

用与改造，尽管他与张道一先生都在说“造物”，但貌似一中一西，南辕北辙。实际上，二人的理论归根结底都是依托改革开放以后中国经济发展和社会需求之现状，立足中国现代设计学学科发展角度的学术贡献。所不同的仅仅为切入点的相异而已：张先生是从传承中寻求创新，是在工艺美术和民间艺术中探索现代设计学科的走向；而柳先生则是在现代中追寻历史文脉，以工业设计为逻辑起点，进而形成对设计学学科发展的理论求索。因此，不妨说二人的学术思想是“源分而流合”。

虽然每位学者的视角和主张不尽相同，但他们的学术思想还是可以表征一代人所共同追求、奋斗和努力的理想。梳理并阐析他们的理论思想是对中国艺术一定时期代表思潮的考究。尤其是在20世纪80年代中国当代设计理论思潮发轫初期，无论是多元化的见解还是思想观念的碰撞，甚至包括“面红耳赤”的学术交锋，都以这样或那样的方式鞭策着中国本土特色设计研究和实践的发展，使其在短短三十年间从无到有，幡然精进，并持续对后继相关研究产生深远的影响。作为当代中国设计理论大家，张道一先生的理论精要也在这一过程中得到一定的传播与发扬，这主要表现在以下几个方面。

第一，“造物艺术”一论不胫而走，深入人心。

20世纪80年代初期，张道一先生提出了“造物艺术”的理论体系。这不但使中国传统哲学奥义通过现代的阐释而变得通俗易懂起来，构建了中国自己的设计理论叙事概念和方式，更有意义的是，它还化解了人们对在传统社会中没有“设计艺术”一词的情况下不能准确描述和分析其相关行为活动的尴尬。虽然中国自古就有“设”“计”二字联用的情形，也有与现代艺术设计相类似或相对应的行为活动，但毕竟古之“设计”一词的内涵并不等同于当时与“设计艺术”行为相关的概念范畴。况且，传统手工艺时代的设计和生产往往难以被硬性剥离，而今天的设计与生产则已然形成了两种社会分工，可以分而论之。所以，如果现代理论研究涉及古代情境却生硬地使用“设计艺术”之名来描述相关活动的话，则不免因可能用现代观念去牵强地套用当时的问题而导致叙事和评价不够精准的情况出现，最终的结论也易陷入不伦不类、非驴非马的境地。显然张道一先生看到了这一事实，于是廓清了“造物艺术”的边界，还原了它的本质，将其和自然造物相区分，并将生产制造环节纳入其中。从这个意义上说，“造物艺术”的范畴要大于“设计艺术”，前者可将后者囊括在内，因此既能揭示现代设计规律，亦可分析古代相关现象，并更进一步证实了设计的滥觞——“造物”行为是伴随着人类的起源而出现的命题。正是这一优势，使得该理论一经抛出便广泛地被人们接受和使用。不仅张道一先生的学生、朋友等秉承了这一概念，甚至整个设计理论界都在有意或无意间选择“造物艺术”的表述。例如，诸葛铠先生在其《设计艺术学十讲》一书及众多的理论文章中就多次使用“造物艺术”的概念；李砚祖教授的《造物之美——产品设计的艺术与文化》一书及相关论文也在使用此表述；许平教授的《造物之门》一书及相关理论文章亦是如此。此外，像许江教授、李立新教授、潘鲁生教授、杨先艺教授、高丰教授等学界知名学者都或多或少地在使用这一概念，甚至连上文提及留学海外的柳冠中先生也经常在其文章或谈话中提及。可以说，“造物艺术”论经过张道一先生的阐释及理论研究者的推广后已变得人所共知。

第二，立足民间艺术的理论坚守，对设计学研究的方法论转向产生影响。

前文已多次述及，张道一先生自己认为他一生之中扛过三面大旗，其中一面便是对民间艺术的坚守与执着。从中国民艺发展的总体形势来看，张先生虽然不能被称为民艺研究和推广的第一人，但至少其思考的理论成果及对民艺的情愫直接推动着中国民艺的复兴及民艺学的构建，称其是中国民艺学理论的奠基人相信并不为过。有学者曾尝试将张道一先生和日本的柳宗悦先生做一比较，得出的结论是前者对民艺的推广与振兴是出于文化理想，而后者则源自宗教理想。[①] 的确，正是张道一先生这种对传统文化的守望之情，以及对“美在民间”的确信，一方面丰富和完善了民艺研究的理论成果，为后继学者开辟了新的研究路径；另一方面也更为重要的是，为设计学研究方法的转向提供依据和方法。以综合的设计理论而非单纯的工艺美术理论面貌出现的中国设计学研究，自经历 20 世纪 80 年代的兴起、90 年代的多元发展后，至 21 世纪初基本形成了较为严谨的理论框架、较为明晰的研究路向和较为适用的研究手段。然而这并不代表其方法论方面就一直无懈可击，事实上刚好相反。因为是新兴学科，设计学中无论是历史研究还是原理探赜，在方法定位方面难免有着一定的偏差，表现在：

其一，侧重文献研究，忽视田野考察。

傅斯年先生在谈考古研究的方法时曾极力倡导考证研究，注重史料的发现和考订，认为人们应从各种文献的故纸堆里走出来，在真实的环境中发现史料。实际上，这对设计学而言也具有一定的启示和示范作用。毕竟

---

① 参见孙建君、潘鲁生主编《张道一研究》，山东美术出版社 2000 年版，第 159 页。

在设计研究中，“物”是永远绕不过去的一个重要环节和研究对象。所以不以实物说话，仅凭文献做主的方法显然有失偏颇。然而在很长一段时间里，中国的设计研究，尤其是设计史研究往往都是身陷故纸堆，较少有与人类学交叉的研究视角，对田野考察不够重视，尤其是对民间生活的考察较为欠缺。这势必容易出现唯书是从、人云亦云的情况，在理论创新方面裹足不前。

其二，偏重丧葬与宫廷造物，轻视民间生活器物。

兴许是受到传统研究思路和视野的约束，当设计学理论中涉及古代造物的讨论时，往往偏爱从墓葬和宫廷器物中寻求相关规律，唯独将民间器物抛诸脑后。固然，传统社会的丧葬与宫廷器物确实给予设计研究不少巧夺天工、绚丽多彩的经典实例。但殊不知，“礼失而求诸野”[①]，传统社会的文化生态和语境已经消失，只有民间日常生活中数不胜数的设计和巧思才能真正还原历史的面貌，它们应该是设计研究的宝库和养料。而置普罗大众于不顾，只关注权贵僧侣、才子佳人的偏狭视域往往会使得设计研究方法的价值取向出现偏差，最终将设计的理论探讨逼限在丧葬器物研究、宫廷器物研究等格局之下，不利于设计研究的整体发展，更不利于为今天我们不断强调的设计民主性指明方向。

好在张道一先生一直强调民间艺术的重要性，特别是在他将传统艺术划分成宫廷、文人、宗教及民间等几个文化圈后，更是发现了民间艺术的“母型性”和本元性特征，这在前文有详细讨论，故不多加赘述。所以一方面他非常重视器物的实证研究，另一方面亦十分强调对民间生活的考察。张先生曾多次赴河南、山东、安徽、江苏等地调研民间艺术，这种身体力行也不断地感染和影响着其后辈学生的研究视域和研究方法。他的众多门生都在民间艺术及相关器物的领域中颇有建树，有些还以此为基点来审视和重构设计学乃至艺术学研究的方法论。例如李立新教授就曾在民间手工艺的研究中浸润多年，并发现普通民间日常生活器物千姿百态，异常丰富，但多年来却一直遭到忽视的现象。于是他提出了“小道致远”论，认为像民间玩具、日用物品等以往被视为处在艺术边缘的设计规律依然可以“致远”，并由此引发了“象生”的命题。简而言之，“象生”就是模仿自然的声响和造型，追求惟妙惟肖的效果。李教授提出这一命题并不是主张艺术要实现完全的真实性，而是认为“象生”是中国艺术的滥觞，具有本元性，在民间长期存在，故应通过“象生”这一切入点来关注民间百姓

① （汉）班固撰，（唐）颜师古注：《汉书艺文志》，商务印书馆 1955 年版，第 40 页。

的设计历史，并通过人类学的研究方法，重视隐匿在“物”背后的“人”之作用。这无疑在一定程度上扭转了以往设计学研究的诸多偏差，弥补了见物不见人以及忽视民间设计的不足，并开启了设计学方法论的转向。而归根结底，这些都与张道一先生民艺研究的学术理念一脉相承。

第三，重释和梳理“图案”及工艺美术的相关问题，对厘清现代设计学的学科性质和内容起到推动作用。

后辈学者中不乏一些偏激的观点，认为张道一先生是设计学领域的“保守派”，是传统工艺美术的“卫道士”。特别是在20世纪80年代至90年代有关“设计”和“图案”之争的那股浪潮中，一些主张改弦易辙，彻底用“设计”之名代替“图案”之名的呼声更是误以为张道一先生观念老化，墨守成规，跟不上设计学学科日新月异的步伐。但殊不知张先生之所以旗帜鲜明地坚持重塑“图案”在工艺美术中的地位并不是固执己见、抱残守缺，而是经过研究和深思熟虑后得出的结果。

“设计”与“图案”之争表面上为名词之辩，实际上则是在改革开放后，西方观念冲击中国学界的背景下，学界对是否以“三大构成”全新教学法全面取代图案基础教学，是否以所谓的“洋”概念全面取代所谓的“土”概念之间的争论。张先生很早就看出这一问题的关键所在，于是撰写了诸如《图案与图案教学》等相关文章，明确指出产生上述现象的根本原因是概念混乱，盲目崇洋，对“图案”和工艺美术的来龙去脉不甚了解所致，这已在前文有过具体分析，故不再复述。因此，他认为“图案”和设计都是“Design”的汉译，用此“Design”反对或取代彼“Design”是可笑的。并且，“图案”学自20世纪初期在中国生根发芽以来，一直在社会发展和振兴实业等方面做出了积极的贡献。尽管它在后续发展中可能对功能等方面的因素考量较少，但一个名词和概念的内涵是不断发展的，它可以通过更新和完善来达到理想的状态，大可不必非得用全新的名称来替换之。

张道一先生在厘清“图案”概念的同时，也对西方及日本有关“构成”的内容做了详尽的研究和考察，并在当时人们还不是特别了解包豪斯的情况下，系统地分析和思考了其教学体系及设计方法。张先生师承陈之佛与庞薰琹两位大师，本身对西方及日本的艺术状况就有一定了解，加之他后来与朝仓直巳交流的过程中后者也坦然承认“构成”教学及研究存在一定的欠缺。因此，张先生认为，“三大构成”有其优越性，但毕竟是20世纪初期的产物，它自身的历史局限和不足显而易见。在西方都不再将其列入教学大纲的情况下，如果我们依然迷恋于此，尤其是还要复刻日本

“三构成”的经验，醉心于将其全面取代基础图案的话，则显然不符合中国的国情及相关教学特色，最终会导致“先天不足、后天失调”的情况出现，严重时甚至还会形成一种倒退。他主张，正确的做法应该是借鉴国内外的新理论、新经验，对“三大构成”进行吸纳、融合并加以改造。

虽然 1998 年教育部正式公布了“设计艺术”的学科目录，似乎“设计”与“图案”“工艺美术”的种种纠葛算是偃旗息鼓了，但中国设计学科由工艺美术学科嬗变而来的性质无论如何也是抹杀不去的事实。以至于有学者曾感慨道，“工艺美术下了一个设计的蛋”[①]，其中的无奈可见一斑。这代表了中国当下一批学者，尤其是那些拥有新观念、新思路和新技能的学者们的心声。他们最主要的担忧在于中国设计学如果依然延续工艺美术那种只重“装饰”的陈旧思路发展下去，估计难以适应向“后工业时代”转型的社会需求，不能拥抱与世界接轨的未来。毋庸置疑，这样的忧患意识有其一定的道理。2011 年设计学被升格为一级学科，可授予工学学位后，更凸显了其与工科等学科相交叉的性质。可是综观各类高校的设计学科及相关专业，审美性几乎仍然是教育教学的唯一评价标准。喊了一百年“技术与艺术新统一”的口号及后来“科学与艺术的结合”等理念还是没能将中国的设计及相关教育推向“现代性”。然而，这并不是“图案”与“工艺美术”本身的错误。诚如本研究之前所提及的那样，“图案学”以至“工艺美术学”在中国早期的发展过程中，其内涵和外延几乎涵盖了人们衣食住行用的各个方面，与后来的艺术设计在本质上相近，也不仅仅是纹样的创造而已。但在其后的演变中，由于概念的误读、观念的偏差以及社会生活的变迁而开始逐渐萎缩，最后徒留了一个“装饰”的内核。而关于这些问题，张道一先生早先就曾提出过批驳，尤其是对“美化生活”的反诘及对“图案”问题的反拨与重释从本质上说是对工艺美术及其学科的梳理与廓清，也为后继学者对设计学学科性质与内容展开探讨提供理论基础与依据。21 世纪以来，学界一直有相关的思考及研讨，一些知名学者，如诸葛铠先生、李立新教授等都在观点和方法上延续和发扬了张先生的学术思想。即便是有些误解张先生的理论探讨，也最终在批判“图案”及“工艺美术”的过程中，反证了张先生理论的正确性和前瞻性。其实，无论是“图案”“工艺美术”还是“设计”都是时代的产物，它们虽然在内涵和属性上差别不大，但从外延的角度来看，前二者已显然无法再囊括相关活动及事物。所以，新的学科名称，也是新时代发展所带来的新标签。

---

① 邹其昌主编：《设计学研究・2014》，人民出版社 2015 年版，第 144 页。

综上所述，善于总结规律并坚信人的力量是人性价值的一种表现。作为人总是有意愿和责任去传承历史和总结经验的。设计学行历至今虽只有短短几十年的时间，但作为造物的行为活动却伴随着人的产生而产生，探究设计造物历史与规律的脚步从未停歇。先辈大师及理论大家的学术思想不仅让我们了解了人在创造活动中的力量，也让我们体悟到人性价值的光辉。系统总结与梳理他们理论成果的精要亦是一种对人性价值的传承与发扬，同时也为今后设计学乃至艺术学的发展提供诸多参考与借鉴。

张道一先生在艺术的世界里徜徉已有一个甲子，他青年时代的境遇并非一帆风顺，然而他并未因此消沉，反倒毅然决然地选择了默默耕耘和埋头治学之路。其严谨刻苦的学风、谦和朴实的为人，铸就了一代道德文章的典范，开阔的胸襟、广阔的视野引领着艺术思想的不断升华。

附录　张道一先生简历及艺术创作、著作年表

一、张道一先生简历

（一）个人简介

张道一先生是我国著名的工艺美术学家、工艺美术史论家、民艺学家、艺术教育家，是我国当代艺术学学科的主要创始人，东南大学艺术学系创始人，国务院学位委员会艺术学科评议组召集人，对中国设计学学科及设计学理论研究具有重要的推动作用。张道一先生的研究涉猎范围很广，早期重视工艺美术和民间艺术的研究，注重联系社会人文、民风民俗、生产生活，跨学科、交叉式地综合分析纷繁复杂的艺术现象、总结艺术原理和规律。他提出具有中国特色的工艺美术、图案、设计等理论体系，并理性地对国外相关理论进行分析、比较、归纳和扬弃，建立了独具特色的艺术研究体系。在争取艺术学学科纳入国务院学科目录成为独立学科的过程中，张道一先生发挥了极其重要的作用。一直以来，张先生笔耕不辍，艺术研究性专著和论文已逾三百余万字。他探索艺术的脚步从未停歇，富有开拓性的艺术研究专著至今仍源源不断地问世。

（二）学术经历

1932 年 11 月生于山东齐东县九户镇（现属邹平市）。

1949 年入华东大学文艺系，1951 年转入山东大学艺术系学习，1952 年毕业后任教于华东艺专（今南京艺术学院前身）。

自 1953 年至 1957 年先后跟著名美术家陈之佛教授、庞薰琹教授研修图案和工艺美术史论。

自 1958 年起任教于南京艺专（华东艺专因迁校南京，改名为南京艺

专，次年更名为南京艺术学院）。

1994 年 1 月调往东南大学，同年 6 月创建我国第一个艺术学系，该系随后获批艺术学的硕士学位授予权、博士学位授予权和博士后流动站。

现为东南大学艺术学院教授、博士生导师、博士后流动站导师。

（三）荣誉奖项

1985 年，获江苏省哲学社会科学优秀成果三等奖；同年被评为“江苏省优秀教育工作者”称号；

1986 年，获江苏省第二次哲学社会科学优秀成果二等奖；

1988 年，获江苏省哲学社会科学优秀成果二等奖；

1989 年，被江苏省教育委员会评为“优秀研究生教师”称号；

1993 年，主编的《中国图案大系》获“全国图书大奖”第九届中国图书奖；

1994 年，主编的《工业设计全书》获江苏省首届金陵科技著作出版基金优秀图书二等奖；

1999 年，主编的《美术鉴赏》教材获江苏省哲学社会科学优秀成果三等奖；

2001 年，获全国优秀博士学位论文导师奖；

2002 年，主编的《美术鉴赏》被评为普通高等教育“九五”国家级重点教材，同年荣获教育部国家级优秀教学成果二等奖；

2005 年，获中国工艺美术学会颁发的“中国工艺美术终身成就奖”；

2008 年，获中国美术家协会颁发的“卓有成效的美术史论家奖”。

（四）社会兼职

曾任国务院学位委员会艺术学科评议组第二、第三、第四届成员和召集人，中华美学学会第四、第五届副会长，江苏美学会第三、第四、第五届会长，江苏政协第六、第七届委员，联合国教科文组织中国民间艺术家评委，全国博士后委员会专家组成员，中国工艺美术学会艺术指导、民间工艺委员会副主任，江苏美学会名誉会长，苏州大学艺术学院名誉院长，山东工艺美术学院名誉院长，江苏省馆藏文物定级专家库成员。自 1992 年起，享受国务院政府特殊津贴。

二、张道一先生艺术创作、著作年表

·1949年（17岁）

10月，参加排练和演出歌剧《白毛女》，主要负责创作背景、制作道具，并做群众演员。

·1950年（18岁）

8月，参加华东大学艺术工作团访问青岛，演出歌剧《王秀鸾》，负责美术宣传和前台工作。

9月，为齐鲁大学学生会演出《钢铁是怎样炼成的》设计印刷海报。

·1951年（19岁）

4月，集体创作连环画《郝建秀》，由山东人民出版社出版。

8月，发表《捐献飞机大炮》宣传画一幅。

10月，发表门画《工农联盟，加强生产》，由山东人民出版社出版。

发表《坚决贯彻执行婚姻法》宣传画。

·1952年（20岁）

2月，创作年画《慰问伤病员》。

·1953年（21岁）

2月，惠山泥人展览会在崇安寺小学展出，写说明词，介绍文章发表于《新华日报》。

3月，在华东人民美术出版社第三编辑室，参编《工农兵画报》共6期。

为连环画制作封面，为宣传画写标题字。

·1954年（22岁）

4月，参加整理南京云锦，考证历史，记录艺人口诀，研究艺人图稿，作云锦复原图。1959年，以南京市云锦研究所名义编成《云锦图案》一书，由中国古典艺术出版社出版，其中有两幅亲手复原绘制的云锦图案。

·1956年（24岁）

4月，创作宣传画《和平》，由华东人民出版社出版。该画于1956年国庆期间在全国张贴。同年，日中友好协会根据宣传画中“和平鸽飞翔”的形象，制成“恢复日中国交运动”纪念章，在全日本发行。

8月，参加编辑《工艺美术通讯》，并主编《工艺美术参考资料》。

9月，作品集《剪纸》出版，陈之佛作序，由江苏人民出版社出版。

10月，合编《南京剪纸》，由上海人民美术出版社出版。

创作《福》字斗方年画，由上海新美术出版社出版。

《工艺美术参考资料》为活页文选，共出 10 种。

·1957 年（25 岁）

3 月，发表《谈工艺美术》，载《工艺美术通讯》1957 年第 5 期。

4 月，发表《历史沿革不容杜撰——关于某些民间手工艺的起源等问题》,《从两方砚台所想起的》，载《工艺美术通讯》1957 年第 6 期。

5 月，发表《关于当前手工艺的三个问题》,《重视改进书籍装帧工作》，载《工艺美术通讯》1957 年第 7 期。

6 月，发表《工艺美术事业的领导关系》,《手工艺的创作、复制及艺人安排问题》，载《工艺美术通讯》1957 年第 8 期。

·1958 年（26 岁）

6 月，开始研究石印，印石版作品数十幅。

8 月，参加江苏省勤工俭学展览会布置，设计印刷招贴。

·1959 年（27 岁）

4 月，为南京艺专音乐会设计印刷海报。

5 月，为出版社设计封面十多种。

7 月，在小火瓦巷参加布置“江苏省农业展览会”，负责总设计。

·1960 年（28 岁）

1 月，为日本前进座剧团设计海报、说明书等；

为南京京剧团出国演出，设计服装、海报、节目单等。

9 月，结合教学，画图案、装饰画多种。

·1961 年（29 岁）

从此时起的四年时间里，陆续编写教材：《装潢概论》《图案讲稿》《装潢论》《装饰论》《展览艺术设计》《书籍装帧文集》等。

为《新民晚报》写《寓意图案》数篇。

以笔名发表文章，或画些不署名的插图。

·1962 年（30 岁）

汇编陈之佛先生手稿《几何形图案构成法》。

·1963 年（31 岁）

作砖刻小品多幅；作“火花”（火柴盒贴纸）多种，由文化部送国外展览。

·1964 年（32 岁）

为《安徽文学》杂志做装帧设计。

·1966 年（34 岁）

3 月，《美术字参考资料》出版。

以十多年心血所著的一部 30 万字《中国寓意图案》被毁。

·1967 年（35 岁）

在“牛棚”期间写了一本《鲁迅论装帧》。

在病假期间写了《彩陶图案研究》和《庙底沟遗址及其彩陶》。

3 月，写了两本手稿《彩陶图案研究》《庙底沟遗址及其彩陶》。

·1968 年（36 岁）

写成《纺轮的启示》。

·1972 年（40 岁）

历时三个月，编写讲义，即后来出版的《花边图案设计》。

·1974 年（42 岁）

专著《古代首饰》出版，江苏省轻工业局等印。

4 月，写成《从〈红楼梦〉的描写看清代中期的工艺美术》《汉画所见历史故事》。

·1975 年（43 岁）

5 月，为宜兴开办陶瓷图案培训班。

11 月，参加传统手工艺漆器研究小组，赴北京、天津、西安、长沙、重庆等地考察漆器。

·1976 年（44 岁）

从 10 月起开设“器物造型”课，并设计陶瓷作品多件，试制兔毫釉的剪纸贴花成功。

·1977 年（45 岁）

4 月，合著《风景图案》，由南京艺术学院出版。

·1978 年（46 岁）

5 月，赴敦煌考察，上午做笔记临摹，下午整理画稿看资料，晚上读佛经或有关著作。在此期间，感受颇多，诸多观点曾与常书鸿、史苇湘、欧阳琳诸先生讨论过。

《封建意识在祝福图案上的反映》发表在《南艺学报》首刊，并为其设计封面。

6 月，《花边图案设计》，由轻工业出版社出版。

10 月，随笔《雨花赞》发表，载《雨花》1978 年第 10 期，并为《雨花》设计封面。

11 月，发表《鲁迅与书籍装帧》，载《南艺学报》1978 年第 2 期。

· 1979 年（47 岁）

1 月，为《雨花》做封面设计。

11 月，发表《敦煌莫高窟的装饰艺术》，载《南艺学报》1979 年第 2 期。

· 1980 年（48 岁）

3 月，编选《中国古代图案选》，由江苏人民出版社出版。

8 月，编著《中国民间剪纸——介绍与欣赏》，由金陵书画社出版。

· 1981 年（49 岁）

在扬州工艺美术系统讲学，讲题为《中国玉器的传统和发展》《工艺美术的设计问题》《工艺美术的生产与管理》；

发表《乡忆》，载《渤海》1981 年第 2 期；

为《祝你健康》杂志撰文数篇。

· 1982 年（50 岁）

3 月，编选《外国图案选》，由江苏人民出版社出版。

4 月，出席由文化部和轻工部联合召开的“全国高等院校工艺美术教学座谈会”，提交论文《美的物化和物的美化——工艺美术的性质、特点等问题》；

发表《陈之佛先生的图案遗产》，载《艺苑》1982 年第 1 期。

5 月，在天津美术学院讲学，讲题为《抽象与抽象主义》。

6 月，发表《图案与图案教学》，载《艺苑》1982 年第 3 期。

7 月，在连云港出席江苏工艺美术史论研究会，讲《关于工艺史的研究》和《工艺美术与两个文明建设》。

· 1983 年（51 岁）

3 月，为山东工艺美术学会做《民间美术》的讲演；

为装潢培训班讲《装潢概论》；

为苏州工艺美术学会讲《科学技术的发展与工艺美术》。

4 月，赴扬州，参加中国包装协会包装装潢委员会年会，做专题报告《论包装装潢的民族化和现代化》。

7 月，赴贵阳参加全国民间美术学术研讨会，提交论文《民间美术五题》（发表时改为“三题”）。

10 月，发表《民间美术三题》，载《文艺研究》1983 年第 5 期。

11 月，参加杭州“图案教学研究会”，讲演《工艺美术的社会地位和理论建设》。

12 月，担任中国工艺美术学会民间工艺委员会副主任，并在此会期间做题为《工艺美术发展的重要基础》的报告；

为云南工艺美术学会和轻工协会做《工艺美术的社会功能与发展基础》的报告。

·1984 年（52 岁）

为《中国建设》中文版撰写介绍民艺文章 5 篇。

4 月，发表《设计观念——工艺美术教学的一个关键问题》，载《艺苑》1984 年第 2 期。

5 月，在无锡，为工艺美术系统讲《工艺美术概论》。

10 月，主编的《中国民间工艺》杂志创刊；在中国织锦专业委员会讲《新形势与工艺美术》。

12 月，为广州工艺美术学会做学术报告，题为《工艺美术学科的建设》。

·1985 年（53 岁）

1 月，为江苏省农业科学研究所学报设计封面；

为《徐州汉画像石》作序；

专著《民间剪纸丛谈》，获江苏省哲学社会科学优秀成果三等奖。

4 月，发表《服装的学问》，载《艺苑》1985 年第 2 期；

江苏省“美的知识与鉴赏”讲座开讲，讲《工艺美术及其美学特征》。

10 月，为《剪纸报》写发刊词《燕尾巧裁春》。

·1986 年（54 岁）

4 月，发表《愿来者多思——写在庞薰琹先生逝世周年之际》，载《艺苑》1986 年第 2 期。

6 月，发表《几何形图案论——装饰艺术的抽象美》，《艺苑》自 1986 年第 3 期起连载。

9 月，主编的《陈之佛九十周年诞辰纪念集》出版。

10 月，论文集《工艺美术论集》，由陕西人民美术出版社出版，1988 年该书获江苏省第二次哲学社会科学优秀成果二等奖。

·1987 年（55 岁）

6 月，合著论文集《美在民间》，由北京工艺美术出版社出版。

8 月，合编《民间印花布》，由江苏美术出版社出版。

10 月，访问日本，在名古屋爱知艺术大学做学术演讲，讲题为《考工记三题》；

专著《中国印染史略》，由江苏美术出版社出版。

·1988 年（56 岁）

4 月，主编《工艺美术研究》第一集，由江苏美术出版社出版。

6 月，为张洪庆编《滨州民间剪纸》作序并设计装帧。

8 月，写《中国民艺学发想》，正式提出建立中国的民艺学，并向中国民艺学理论研讨会提交该文，收在《中国民艺学理论研讨会论文集》中，由北京工艺美术出版社出版。台湾汉声杂志社 1992 年出版的《中国民间美术》，以及后来的《张道一文集》中均收有此文。

12 月，写《论艺术的反拨精神》。

·1989 年（57 岁）

2 月，创作丝毯壁挂《伏羲女娲图》《古代争战图》。

3 月，出席高等学校第二次图案理论研讨会，做《重建图案学》的重点发言；

为青年教师开办《图案设计论》讲座。

4 月，论文集《造物的艺术论》，由福建美术出版社出版。

10 月，应浙江民间美术研究会之邀，做《民间美术的发展趋向》讲演；

应浙江美术学院之邀，做《造物艺术》讲演；

发表《美术教育的社会使用》，载《中国美术教育》1989 年第 5 期。

·1990 年（58 岁）

1 月，为“南京民间美术展览”写“前言”。

6 月，编著《民间木版画》，由江苏美术出版社出版。

9 月，为李砚祖《工艺美术概论》写序；

作《跛者不踊——谈美术史论研究中的倾向》。

11 月，赴河南安阳，出席全国民间工艺委员会第七届年会，做《民间美术的价值观》学术报告。

·1991 年（59 岁）

5 月，发表《蛇盘兔谈源》，载台湾《汉声》1991 年第 29 期。

7 月，发表《无锡纸马》，载台湾《汉声》1991 年第 31 期。

10 月，《论工艺美——张道一言论辑录》，由天津杨柳青画社出版；

发表《设计解诂》在山东工艺美术学院学报《设计艺术》首刊。

12 月，发表为日本柳宗悦著《工艺文化》中译本所作序（写于 1988 年）。

·1992 年（60 岁）

1 月，论文集《美术长短录》，由山东美术出版社出版。

3月，《中国茶文化》在台湾《汉声》杂志连载，从1992年3月第39期起；

主编的《中国民间美术》在台湾出版，为《汉声》1992年第40期专刊。

·1993年（61岁）

1月，专著《麒麟送子考析》，由台湾汉声杂志社出版。

2月，为《中国根艺》一书作题为《树根的艺术》的序。

3月，为国务院学位委员会所编《社会科学家自叙辞典》写自叙；

为《武中奇书〈孙子兵法〉》作序。

7月，主编《中国图案大系》12卷6册开始陆续由山东美术出版社出版。另12卷12册的繁体字本，由台湾美工图书社于1995年出版，并于1995年获"全国图书大奖"第九届中国图书奖，以及第五届华东地区书籍装帧艺术"整体设计"奖，山东省书籍装帧艺术奖（封面设计一等奖）。

10月，赴浙江海盐，出席全国民间工艺美术委员会第十届年会，做《民艺研究的新里程》报告。

11月，江苏省美学学会年会上提交论文《造物的综合之美》。

·1994年（62岁）

2月，应香港中华文化促进中心之邀，做《中国民间文化的回顾与前瞻》讲演；

应香港中文大学之邀，做《中国民间美术的美学特征》讲演。

3月，发表《中国肖像画漫谈》，载《中国民间肖像画》，由台湾汉声杂志社出版。

9月，发表《中国的绳与结》，载《手打中国结》，由台湾汉声杂志社出版。

12月，主编《工业设计全书》，由江苏科学技术出版社出版，该书于1995年获江苏省首届金陵科技著作出版基金优秀图书二等奖。

·1995年（63岁）

1月，编写《东南大学艺术教育大纲》。

3月，为安徽机电学院工艺系讲《工艺美术原理》和《学习方法》。

4月，主编《艺术学研究》第一集，代发刊词为《应该建立"艺术学"》，由江苏美术出版社出版；

为"亿利达青少年发明奖"设计标志和封面。

6月，为校庆做学术报告《什么是艺术》。

8月，完成国家项目：中国教育计算机网络"中国民间美术信息服务系统”软件制作。

9月，参加江苏省企业形象研究会成立大会，讲《CI战略与企业形象》。

10月，赴湘西凤凰，出席全国民间工艺美术委员会第十二届年会，做学术报告《民艺研究的若干关系》；

受国家教委委托，写“九五”人文社科研究“艺术学课题指南”；

在东南院演讲《艺术与人生》。

12月，为张宏梁《中国美趣学》作序。

·1996年（64岁）

3月，专著《美哉汉字》，由台湾汉声杂志社出版。

7月，参加“中韩文化学术讨论会”，提交论文《流水不腐》。

8月，校订和设计《陈之佛文集》，写序《尚美之路》。

9月，出席“纪念朱光潜、宗白华一百周年诞辰国际学术研讨会”，提交论文《中国美学的问路石——纪念宗白华先生一百周年诞辰》。

·1997年（65岁）

1月，领衔申报国家“九五”社科重点项目《中国普通高校艺术教育模式的推广及其对策研究》课题通过；

《中国织绣》，由上海人民美术出版社出版。

2月，为《东南大学社会科学论丛》设计封面。

3月，应日本民艺馆之邀，做《中国民间木版画——浅析其概念与分类》讲演；

为《季伏昆书法选集》作序，题为《根柢槃深　枝叶峻茂》。

7月，发表《流水不腐——国际文化交流与中韩艺术关系》，载韩国《中韩文化研究》第一辑，由韩国中文出版社出版；

发表《关于中国艺术学的建立问题》，载《文艺研究》1997年第4期。

9月，撰写《蓝花的变奏——民间蓝印花布之美及其它》一文。

12月，发表《我的艺术道路》，载《江苏学人随笔》，由南京大学出版社出版；

主编《夹缬》，由台湾汉声杂志社出版。

·1998年（66岁）

1月，主编《中国女红——母亲的艺术》，由台湾汉声杂志社出版；

发表《中国民间木版画——浅析其概念与分类》，载台湾《艺术家》杂志。

2月，发表《我说“大美术”》，载《美术研究》1998年第1期，又载日本民艺馆《中国民间版画论文集》；

为国务院学位委员会学科目录写《艺术学学科说明》。

3月，为高燮初编《吴地民间建筑艺术》和《吴地民间偶像艺术》题签，并为《偶像艺术》作序。

4月，发表《艺术与人生》，载国家教委高教司编《升华与超越》，由高等教育出版社出版；

《中国的蓝印花布》(日文)，载《中国蓝印花布》，由日本日中友好会馆出版；

主编《艺术学研究》丛书，并作序；

参加“百年中国美学学术讨论会”，提交论文《中国美学站起来》。

5月，赴台湾出席“传统艺术研讨会”，做专题讲演《中华传统艺术论》，并在女红展览会讲演《中国女红》。

6月，发表《中华传统艺术论》，载《传统艺术研讨会论文集》，由台湾传统艺术中心筹备处出版；

为东南大学艺术学系“九八届毕业设计展”写前言。

8月，主编《美术鉴赏》，由高等教育出版社出版，该书获1998年教育部普通高等教育国家级重点教材奖。

9月，发表《在东南大学授予丁绍光客座教授仪式上的致辞》，载《丁绍光作品集》，由福建教育出版社出版；

为姜耕玉《艺术与美》作序。

10月，发表为潘鲁生《民艺学论纲》所作序（写于1996年春）。

11月，发表《龙山文化黑陶的再起——刘浩的现代黑陶》，载《美术观察》1998年第11期。

·1999年（67岁）

1月，主编《精神的美食——艺术与人生》，由北京教育出版社出版；

主编《老戏曲年画》，由上海画报出版社出版。

2月，发表《中国美学站起来》，载《东南大学学报（社会科学版）》1999年第1期。

3月，发表《20世纪新兴美术的旗手——纪念庞薰琹先生》，载《文汇报》“笔会”，又载常熟市文化局编《常熟文化研究》1998卷；

写《丁绍光艺术论》。

5月，第五届全国美学会，提交论文《我所理解的艺术美学》；

发表《我所认识的艺术美学》，载《装饰》1999年第6期。

6月，为杨永善论文集《说陶论艺》作序。

8月，为吴为山《视觉艺术心理》写序。

10月，艺术学高级研讨班开学，并讲《我国的艺术教育和对艺术学框架的构想》；

《张道一文集》，由安徽教育出版社出版；

主编《美术鉴赏》教材，获江苏省哲学社会科学优秀成果三等奖。

·2000年（68岁）

1月，发表《建立〈民艺学〉的必要性》，载《装饰》2000年第1期。

2月，发表《我所认识的艺术美学》，载《东南大学学报（社会科学版）》2000年第1期；

苏州大学百年校庆，发表《祝辞》，载《苏州丝绸工学院学报》2000年第2期。

4月，为张燕《南京民国建筑艺术》写序。

5月，参加苏州大学百年校庆典礼，为艺术学院讲《对未来设计艺术的展望》。

10月，赴景德镇出席国际民窑学术研讨会，讲题为《兔毫盏联想》。

11月，参加上海大学美术学院"21世纪美术教育国际论坛"，讲题为《新世纪的美术教育》。

·2001年（69岁）

1月，主编《中国民间美术辞典》，由江苏美术出版社出版；

整理《张道一美术序跋集》，自印本。

2月，为张小鹭《现代美术教育学》写序。

3月，为《百家艺术论丛》写总序，并设计封面。

4月，为温州师范学院做学术报告，题为《谈艺术美学》；

发表《张果老倒骑驴》，载《装饰》2001年第4期。

5月，为文学院学术讲座做《艺术漫谈》讲演；

主编《中华图案五千年》，由台湾美工科技有限公司出版。

6月，出席清华大学"艺术与科学"研讨会，做《科学与艺术的统一》发言；

举办讲座《设计艺术的角度转换》；

应山东大学校长之邀，赴济南研究艺术教育问题，做《艺术与艺术学》讲座；

主编《外国图案大系》（五卷本），由江苏美术出版社出版；

为《管祥麟天涯探宝》写序；

为刘宇一画集写序，题为《盛世丹青》。

7 月，撰写《不要亏待图案》一文。

8 月，整理陈之佛先生遗稿以《几何形图案构成法》为名印出。

9 月，撰写《中国审美的意蕴》一文。

10 月，撰写《艺术设计理论系列教材》总序。

11 月，专著《心灵之扉——张道一论艺术》，由山东美术出版社出版；撰写《七十述怀》一文。

12 月，写《混元三教九流图赞》题记。

· 2002 年（70 岁）

1 月，发表《盛世丹青——刘宇一和他的绘画创作》，载《东南大学学报（哲学社会科学版）》2002 年第 1 期；

撰写《我与家树的交往》一文；

撰写《金坛剪纸集》序；

撰写《让更多的人了解民艺——〈民间艺人艺事〉丛书总序》一文。

3 月，发表《艺术欣赏的审美层次》，载《南阳师范学院学报》2002 年第 3 期；

发表《砖石精神——南朝陵墓石雕和陶塑艺术》，载《东南大学学报（哲学社会科学版）》2002 年第 3 期。

4 月，发表《琴弦虽断声犹存》，载《装饰》2002 年第 4 期；

撰写《多样统一的艺术理论开拓——〈艺术辩证法〉序》。

5 月，撰写《走近“人化的自然”——〈艺术设计论著选读〉导读》一文。

10 月，撰写《民艺与旅游文化》一文。

11 月，撰写《水深而流长——“人类口头和非物质遗产”的抢救与保护》一文；

撰写《创造者之路——〈庞薰琹研究〉代序》一文。

· 2003 年（71 岁）

1 月，发表《年画论列》，载《东南大学学报（哲学社会科学版）》2003 年第 1 期；

发表《设计艺术随想——设计艺术思考之十五》，载《设计艺术》2003 年第 1 期。

2 月，发表《设计观念——工艺美术教学的一个关键问题》，载《设计艺术》2003 年第 2 期。

3 月，发表《一个理论问题——设计艺术思考之十七》，载《设计艺术》2003 年第 3 期；

撰写《造型艺术的原始思维——论艺术创造思维的三种形式》一文。

4 月，发表《设计道德——设计艺术思考之十八》，载《设计艺术》2003 年第 4 期；

发表《国风有形》，载《美术之友》2003 年第 4 期。

6 月，撰写《近百年的中国美术教育》一文。

9 月，论文集《论设计》印出（自印本）。

11 月，专著《燕尾裁春——民间剪纸与艺人》，由湖北美术出版社出版。

· 2004 年（72 岁）

1 月，发表《规矩联想——设计艺术思考之十九》，载《设计艺术》2004 年第 1 期；

发表《论手之功》，载《中华手工》2004 年第 1 期。

2 月，发表《设计在谋》，载《设计艺术》2004 年第 2 期；

发表《艺术学研究的经纬关系》，载《贵州大学学报（艺术版）》2004 年第 2 期。

3 月，发表《典丽云锦》，载《设计艺术》2004 年第 3 期；

发表《艺术与考古》，载《东南文化》2004 年第 3 期；

发表《人的自我创造与生活之美》，载《文艺研究》2004 年第 3 期。

4 月，发表《我的设计理念》，载《设计艺术》2004 年第 4 期；

发表《雕塑的气节》，载《雕塑》2004 年第 4 期。

9 月，撰写《敦煌赘语（序一）》一文。

10 月，《考工记注译》，由陕西人民美术出版社出版。

· 2005 年（73 岁）

1 月，发表《传统染织纹样与现代设计教育》，载《设计艺术》2005 年第 1 期；

发表《从传统工艺到现代设计——〈中国设计史〉序》，载《装饰》2005 年第 1 期。

2 月，发表《大巧若拙》，载《设计艺术》2005 年第 2 期。

7 月，发表《艺术学研究之经》，载《山东社会科学》2005 年第 7 期。

8 月，撰写《敦煌的色彩》一文。

9 月，发表《跛者不踊——谈美术史论研究中的倾向》，载《中国书画》2005 年第 9 期。

· 2006 年（74 岁）

1 月，主编《中国古代建筑》丛书，由江苏美术出版社出版。

2月，发表《张道一深情忆恩师——访谈录：陈之佛先生的设计艺术思想》，载《南京艺术学院学报（美术与设计版）》2006年第2期；

发表《陈之佛先生的图案遗产》，载《南京艺术学院学报（美术与设计版）》2006年第2期；

发表《DESIGN：返回起点再出发——〈设计艺术学十论〉序》，载《设计艺术》2006年第2期。

3月，发表《评吴光荣、许艳春紫砂作品》，载《艺术界》2006年第3期。

2006年4月—2007年3月，《女红文化》在《浙江工艺美术》连载。

4月，发表《自知者明》，载《南京艺术学院学报（美术与设计版）》2006年第4期；

发表《民间美术的二分法》，载《天津大学学报（社会科学版）》2006年第4期；

撰写《深沉雄大的砖石精神——汉画像石和画像砖的艺术成就》一文。

6月，撰写《界首刻花陶》一文。

8月，撰写《鬓发如云——〈发髻上的中国〉序》一文。

9月，撰写《女红之路》一文。

10月，专著《汉画故事》，由重庆大学出版社出版。

·2007年（75岁）

2月，撰写论文《百工·天工·考工》。

3月，撰写论文《桃花坞中的刻枣梨——苏州古代的木版画》；

撰写论文《造物艺术的角度转换——谈图案学·工艺美术·设计艺术》。

4月，专著《设计在谋》，由重庆大学出版社出版；

发表《母亲的艺术》，载《中华手工》2007年第4期。

5月，发表《周总理关心云锦》，载南京古都学会秘书处编《南京古都学会通讯》2007年第9期。

7月，撰写论文《艺术学理不可少——写在〈艺术学记〉之前》。

8月，撰写论文《艺术学不是"拼盘"》；

发表《路氏之路——路朔良的紫砂陶艺》，载《中国紫砂十大名家集·路朔良卷》，由中国文联出版社出版；

主编《古代建筑雕刻纹饰》丛书，由江苏美术出版社出版。

·2008 年（76 岁）

1 月，参加苏州大学主办的“非物质文化遗产东吴论坛”，提交论文《论民俗与民艺》，在《浙江工艺美术》上连载《女红文化》（第 1—4 期）。

3 月，发表《论民艺与民俗》，载《民俗艺术研究》，由中国美术学院出版社出版；

发表《工笔花鸟陈家样》，载《大师家传　国粹西渐——陈之佛、李有光、陈修范、李璋工笔花鸟画》，由南京博物院编印。

5 月，《张道一论民艺》，由山东美术出版社出版；

发表《想象与现实——〈现代设计解读〉序》，载《现代设计解读》，由中国轻工业出版社出版。

6 月，《麒麟送子》，由山东美术出版社出版；

《麒麟送子考索》，由山东美术出版社出版；

发表《我的设计理念》，载《中外设计艺术论著精读》，由上海人民美术出版社出版。

7 月，《道一论艺——艺术与艺术学文集》，由苏州大学出版社出版。

8 月，发表《透过生活的艺术哲理——〈中国设计理论辑要〉序》，载《中国设计理论辑要》，由江苏美术出版社出版，又载《南京艺术学院学报（美术与设计版）》2008 年第 4 期。

10 月，中国美术家协会授予“卓有成就的美术史论家”奖；

发表《深沉雄大的艺术——汉代石刻画像概说》，载《卓有成就的美术史论家论文集》，由山东美术出版社出版。

12 月，主编《艺术学记》，由苏州大学出版社出版。

·2009 年（77 岁）

1 月，《画像石鉴赏》，由重庆大学出版社出版；

发表《手与艺》，载《南京艺术学院学报（美术与设计版）》2009 年第 1 期；

发表《我所希望的〈艺术学界〉》，载《艺术学界》2009 年第 1 期；

在《浙江工艺美术》上连载《女红文化》（第 1—4 期）。

4 月，《老鼠嫁女——鼠民俗及其相关艺术》，由山东美术出版社出版；

发表《艺术学的研究与方法》，载《美术观察》2009 年第 4 期。

6 月，发表《可爱的啄木鸟》，载《美术观察》2009 年第 6 期。

7 月，《图说中国建筑艺术》《图说中国雕塑艺术》《图说中国戏剧艺术》，由江苏人民出版社出版。

8月，《张道一选集》，由东南大学出版社出版；

《图说中国工艺美术艺术》《图说中国书法篆刻艺术》《图说中国乐舞艺术》《图说中国绘画艺术》，由江苏人民出版社出版；

发表《从“本元文化”论看“非物质文化遗产”》，载《设计艺术》2009年第4期。

10月，发表《剪子巷忆旧》，载《设计艺术》2009年第5期。

12月，发表《剪子巷的枕花和鞋花》，载《设计艺术》2009年第6期。

·2010年（78岁）

1月，《中国木版画通鉴》，由江苏美术出版社出版；

发表《设计艺术的历史使命》，载《南京艺术学院学报（美术与设计版）》2010年第1期。

2月，发表《大哉大足——评龙红著〈风俗的画卷——大足石刻艺术〉》，载《赣南师范学院学报》2010年第2期。

4月，发表《艺术与科学》，载《艺术百家》2010年第4期。

5月，发表《说理的西方美术历史——评李倍雷〈西方美术史〉》，载《大连大学学报》2010年第4期。

10月，发表《“文学艺术”联称的三种解读》，载《文艺争鸣》2010年第22期。

11月，《蓝花花——民间布面点画赏析》，由山东教育出版社出版；

出席“全国艺术学研究生教育暨庆贺张道一教授八十华诞学术研讨会”，南京中山大厦。

·2011年（79岁）

1月，发表《蓝花花——〈民间布画点画赏析〉前言》，载《设计艺术研究》2011年第1期。

4月，发表《宋体字的设计定位——〈宋体字研究〉序》，载《南京艺术学院学报（美术与设计版）》2011年第4期。

10月，发表《珍惜岁月，刻苦躬行》，载《中华手工》2011年第10期。

11月，出席“2011全国艺术学科建设论坛暨张道一先生从教六十年及艺术学思想研讨会”，山东工艺美术学院；

《书门笺——张道一美术序跋集》，由重庆大学出版社出版；

《吉祥文化论》，由重庆大学出版社出版。

12月，发表《道即路，行路者无路也要走——在山东工艺美术学院“2011全国艺术学科建设论坛暨张道一先生从教六十年及艺术学思想研讨会”上的讲话》，载《设计艺术》2011 年第 6 期。

·2012 年（80 岁）

3 月，《剪子巷花样——山东民间刺绣剪纸》，由山东教育出版社出版。

8 月，《美哉汉字》，由上海锦绣文章出版社出版。

12 月，合著《符号江苏》丛书（共 6 册：《昆曲》《明孝陵》《南京云锦》《宜兴紫砂》《苏绣》及《徐州画像石》），由译林出版社出版。

·2013 年（81 岁）

6 月，发表《叔子的艺术》，载《文艺生活（艺术中国）》2013 年第 6 期。

11 月，《桃坞绣稿——民间刺绣与版刻》，由山东教育出版社出版。

·2014 年（82 岁）

4 月，《南京云锦》，由江苏人民出版社出版。

8 月，《徐州画像石》，由江苏人民出版社出版。

·2015 年（83 岁）

1 月，《有比较才能鉴别》，载《贵州大学学报（艺术版）》2015 年第 1 期。

3 月，《孝道图——二十四孝图等考析》，由山东教育出版社出版。

10 月，发表《艺苑路漫　上下求索——我的艺术学问学之路》，载《民族艺术》2015 年第 5 期。

·2016 年（84 岁）

1 月，发表《艺术原理述要（甲编）》，载《艺术百家》2016 年第 1 期。

3 月，发表《艺术原理述要（乙编）》，载《艺术百家》2016 年第 2 期。

4 月，合著《徐州画像石》，由江苏人民出版社出版。

5 月，发表《艺术原理述要（丙编）》，载《艺术百家》2016 年第 3 期；《中国拓印画通览》，由东南大学出版社出版。

8 月，《乡土玩具——人之初的艺术》，由山东教育出版社出版。

12 月，发表《〈中国艺术史纲〉序》，载《艺术学界》2016 年第 2 期。

·2017 年（85 岁）

3 月，发表《〈艺术学随笔〉缘起》，载《南京艺术学院学报（美术与设计版）》2017 年第 2 期。

·2018 年（86 岁）

3 月，《纸马——心灵的慰藉》，由山东教育出版社出版。

参考文献

一、张道一先生著作及论文（按出版、发表时间新老排序）

著作

张道一：《孝道图——二十四孝图等考析》，山东教育出版社2015年版。

张道一等：《南京云锦》，江苏人民出版社2014年版。

张道一等：《徐州画像石》，江苏人民出版社2014年版。

张道一：《桃坞绣稿——民间刺绣与版刻》，山东教育出版社2013年版。

张道一：《美哉汉字》，上海锦绣文章出版社2012年版。

张道一：《剪子巷花样——山东民间刺绣剪纸》，山东教育出版社2012年版。

张道一：《吉祥文化论》，重庆大学出版社2011年版。

张道一：《书门笺——张道一美术序跋集》，重庆大学出版社2011年版。

张道一：《蓝花花——民间布面点画赏析》，山东教育出版社2010年版。

张道一：《中国木版画通鉴》，江苏美术出版社2010年版。

张道一：《张道一选集》，东南大学出版社2009年版。

张道一：《老鼠嫁女——鼠民俗及其相关艺术》，山东美术出版社2009年版。

张道一：《画像石鉴赏》，重庆大学出版社2009年版。

张道一主编：《艺术学记》，苏州大学出版社2008年版。

张道一：《道一论艺——艺术与艺术学文集》，苏州大学出版社2008年版。

张道一：《麒麟送子考索》，山东美术出版社2008年版。

张道一：《设计在谋》，重庆大学出版社2007年版。

张道一：《汉画故事》，重庆大学出版社2006年版。

张道一注译:《考工记注译》，陕西人民美术出版社 2004 年版。

张道一:《论设计》，未出版文集，东南大学艺术学系，2003 年。

张道一:《燕尾裁春——民间剪纸与艺人》，湖北美术出版社 2003 年版。

张道一:《心灵之扉——张道一论艺术》，山东美术出版社 2001 年版。

张道一主编:《中国民间美术辞典》，江苏美术出版社 2001 年版。

张道一:《张道一美术序跋集》，未出版文集，东南大学艺术学系，2001 年。

张道一:《张道一文集》，安徽教育出版社 1999 年版。

张道一主编:《老戏曲年画》，上海画报出版社 1999 年版。

张道一:《精神的美食——艺术与人生》，北京教育出版社 1999 年版。

张道一主编:《美术鉴赏》，高等教育出版社 1998 年版。

张道一:《织绣》，上海人民美术出版社 1997 年版。

张道一主编:《艺术学研究》，江苏美术出版社 1995 年版。

张道一主编:《中国图案大系》，山东美术出版社 1994 年版。

张道一:《美术长短录》，山东美术出版社 1992 年版。

张道一:《造物的艺术论》，福建美术出版社 1989 年版。

张道一主编:《工艺美术研究》，江苏美术出版社 1988 年版。

张道一等:《美在民间》，北京工艺美术出版社 1987 年版。

张道一:《中国印染史略》，江苏美术出版社 1987 年版。

张道一:《工艺美术论集》，陕西人民美术出版社 1986 年版。

张道一:《几何形图案论》，未出版教材，南京艺术学院美术系，1983 年。

张道一编:《外国图案选》，江苏人民出版社 1982 年版。

张道一编选，保彬等摹绘:《中国古代图案选》，江苏人民出版社 1980 年版。

张道一编:《中国民间剪纸——介绍与欣赏》，金陵书画社 1980 年版。

张道一等编:《古代首饰》，江苏省工艺美术培训班资料，江苏省轻工业局、南京艺术学院、扬州市二轻局 1974 年版。

论文

张道一:《艺术原理述要（丙编）》,《艺术百家》2016 年第 3 期。

张道一:《艺术原理述要（乙编）》,《艺术百家》2016 年第 2 期。

张道一:《艺术原理述要（甲编）》,《艺术百家》2016 年第 1 期。

张道一:《有比较才能鉴别》,《贵州大学学报（艺术版）》2015年第1期。

张道一:《艺苑路漫　上下求索——我的艺术学问学之路》,《民族艺术》2015年第5期。

张道一:《蓝花花——〈民间布画点画赏析〉前言》,《设计艺术研究》2011年第1期。

张道一:《宋体字的设计定位——〈宋体字研究〉序》,《南京艺术学院学报（美术与设计版）》2011年第4期。

张道一:《道即路，行路者无路也要走——在山东工艺美术学院“2011全国艺术学科建设论坛暨张道一先生从教六十年及艺术学思想研讨会”上的讲话》,《设计艺术》2011年第6期。

张道一:《珍惜岁月，刻苦躬行》,《中华手工》2011年第10期。

张道一:《设计艺术的历史使命》,《南京艺术学院学报（美术与设计版）》2010年第1期。

张道一:《大哉大足——评龙红著〈风俗的画卷——大足石刻艺术〉》,《赣南师范学院学报》2010年第2期。

张道一:《艺术与科学》,《艺术百家》2010年第4期。

张道一:《“文学艺术”联称的三种解读》,《文艺争鸣》2010年第22期。

张道一:《手与艺》,《南京艺术学院学报（美术与设计版）》2009年第1期。

张道一:《艺术学的研究与方法》,《美术观察》2009年第4期。

张道一:《从“本元文化”论看“非物质文化遗产”》,《设计艺术》2009年第4期。

张道一:《论民俗与民艺》，未出版论文，东南大学艺术学系，2008年1月。

张道一:《艺术学不是“拼盘”》,《艺术学研究》2007年第1卷。

张道一:《母亲的艺术》,《中华手工》2007年第4期。

张道一:《桃花坞中的刻枣梨——苏州古代的木版画》，未出版论文，东南大学艺术学系，2007年3月。

张道一:《百工·天工·考工》，未出版论文，东南大学艺术学系，2007年2月。

张道一:《民间美术的二分法》,《天津大学学报（社会科学版）》2006年第4期。

张道一：《自知者明》，《南京艺术学院学报（美术与设计版）》2006年第4期。

张道一：《评吴光荣、许艳春紫砂作品》，《艺术界》2006年第3期。

张道一：《DESIGN：返回起点再出发——〈设计艺术学十论〉序》，《设计艺术》2006年第2期。

张道一：《陈之佛先生的图案遗产》，《南京艺术学院学报（美术与设计版）》2006年第2期。

张道一：《张道一深情忆恩师——访谈录：陈之佛先生的设计艺术思想》，《南京艺术学院学报（美术与设计版）》2006年第2期。

张道一：《跛者不踊——谈美术史论研究中的倾向》，《中国书画》2005年第9期。

张道一：《艺术学研究之经》，《山东社会科学》2005年第7期。

张道一：《大巧若拙》，《设计艺术》2005年第2期。

张道一：《从传统工艺到现代设计——〈中国设计史〉序》，《装饰》2005年第1期。

张道一：《传统染织纹样与现代设计教育》，《设计艺术》2005年第1期。

张道一：《雕塑的气节》，《雕塑》2004年第4期。

张道一：《我的设计理念》，《设计艺术》2004年第4期。

张道一：《人的自我创造与生活之美》，《文艺研究》2004年第3期。

张道一：《艺术与考古》，《东南文化》2004年第3期。

张道一：《典丽云锦》，《设计艺术》2004年第3期。

张道一：《艺术学研究的经纬关系》，《贵州大学学报（艺术版）》2004年第2期。

张道一：《设计在谋》，《设计艺术》2004年第2期。

张道一：《论手之功》，《中华手工》2004年第1期。

张道一：《规矩联想——设计艺术思考之十九》，《设计艺术》2004年第1期。

张道一：《国风有形》，《美术之友》2003年第4期。

张道一：《设计道德——设计艺术思考之十八》，《设计艺术》2003年第4期。

张道一：《一个理论问题——设计艺术思考之十七》，《设计艺术》2003年第3期。

张道一：《设计观念——工艺美术教学的一个关键问题》，《设计艺术》

2003 年第 2 期。

张道一:《设计艺术随想——设计艺术思考之十五》,《设计艺术》2003 年第 1 期。

张道一:《年画论列》,《东南大学学报(哲学社会科学版)》2003 年第 1 期。

张道一:《琴弦虽断声犹存》,《装饰》2002 年第 4 期。

张道一:《砖石精神——南朝陵墓石雕和陶塑艺术》,《东南大学学报(哲学社会科学版)》2002 年第 3 期。

张道一:《艺术欣赏的审美层次》,《南阳师范学院学报》2002 年第 3 期。

张道一:《盛世丹青——刘宇一和他的绘画创作》,《东南大学学报(哲学社会科学版)》2002 年第 1 期。

张道一:《张果老倒骑驴》,《装饰》2001 年第 4 期。

张道一:《建立〈民艺学〉的必要性》,《装饰》2000 年第 1 期。

张道一:《我所认识的艺术美学》,《装饰》1999 年第 6 期。

张道一:《中国美学站起来》,《东南大学学报(社会科学版)》1999 年第 1 期。

张道一:《龙山文化黑陶的再起——刘浩的现代黑陶》,《美术观察》1998 年第 11 期。

张道一:《中华传统艺术论》,《装饰》1998 年第 5 期。

张道一:《认识设计艺术的本质》,《装饰》1998 年第 1 期。

张道一:《我说"大美术"》,《美术研究》1998 年第 1 期。

张道一:《关于中国艺术学的建立问题》,《文艺研究》1997 年第 4 期。

张道一:《图案答记三题》,《装饰》1997 年第 3 期。

张道一:《流水不腐——国际文化交流与中韩艺术关系》,《装饰》1996 年第 6 期。

张道一:《普通高校的艺术教育》,《中国美术教育》1995 年第 2 期。

张道一:《无锡纸马》,台湾《汉声》1991 年第 31 期。

张道一:《蛇盘兔谈源》,台湾《汉声》1991 年第 29 期。

张道一:《几何形图案论——装饰艺术的抽象美》,《艺苑》1986 年第 3 期。

张道一:《愿来者多思——写在庞薰琹先生逝世周年之际》,《艺苑》1986 年第 2 期。

张道一:《服装的学问》,《艺苑》1985 年第 2 期。

张道一:《设计观念——工艺美术教学的一个关键问题》,《艺苑》1984 年第 2 期。

张道一:《民间美术三题》,《文艺研究》1983 年第 5 期。

张道一:《图案与图案教学》,《艺苑》1982 年第 3 期。

张道一:《陈之佛先生的图案遗产》,《艺苑》1982 年第 1 期。

张道一:《敦煌莫高窟的装饰艺术》,《南艺学报》1979 年第 2 期。

张道一:《鲁迅与书籍装帧》,《南艺学报》1978 年第 2 期。

张道一:《封建意识在祝福图案上的反映》,《南艺学报》1978 年第 1 期。

张道一:《手工艺的创作、复制及艺人安排问题》,《工艺美术通讯》1957 年第 8 期。

张道一:《关于当前手工艺的三个问题》,《工艺美术通讯》1957 年第 7 期。

张道一:《历史沿革不容杜撰——关于某些民间手工艺的起源等问题》,《工艺美术通讯》1957 年第 6 期。

张道一:《谈工艺美术》,《工艺美术通讯》1957 年第 5 期。

二、研究张道一先生的文集及论文(按出版、发表、刊印时间新老排序)

文集

东南大学艺术学院、艺术百家杂志社:《2010 全国艺术学研究生教育暨庆贺张道一教授八十华诞学术研讨会论文集》, 2010 年。

李砚祖主编:《中国艺术学研究——张道一教授七十华诞暨从教五十年文集》, 湖南美术出版社 2002 年版。

孙建君、潘鲁生主编:《张道一研究》, 山东美术出版社 2000 年版。

丁涛等编:《论工艺美——张道一言论辑录》, 天津杨柳青画社 1991 年版。

论文

甘锋:《“道, 一以贯之”——张道一先生艺术学思想述评》,《民族艺术》2015 年第 5 期。

王拓:《张道一“鲁迅与美术”研究钩沉》,《南京艺术学院学报(美术与设计版）》2014 年第 1 期。

梁玖：《张道一先生的艺术学教学思想刍议》，《东南大学学报（哲学社会科学版）》2012 年第 2 期。

唐家路：《解读张道一先生的“学研十法”》，《设计艺术》2011 年第 2 期。

丁涛：《高瞻远瞩　执著坚守——张道一先生艺术理论研究观照》，《南京艺术学院学报（美术与设计版）》2011 年第 5 期。

陈池瑜：《张道一先生艺术学研究方法论之特征——以〈汉画故事〉〈画像石鉴赏〉为例》，《设计艺术》2011 年第 5 期。

郭廉夫：《张道一先生的人生境界》，《设计艺术》2011 年第 5 期。

杭间：《理解张道一先生》，《设计艺术》2011 年第 6 期。

潘鲁生：《张道一先生艺术学科建设思想研究》，《设计艺术》2011 年第 5 期。

李立新：《一千二百年来中国木版画的全面梳理——张道一先生新著〈中国木版画通鉴〉读后》，《装饰》2010 年第 5 期。

李立新：《张道一：艺术学之子》，《文艺争鸣》2010 年第 22 期。

李砚祖：《从民艺学到艺术学——张道一先生学术思想散论》，《文艺争鸣》2010 年第 22 期。

杭间：《设计评点：张道一与柳冠中》，《美术观察》2007 年第 5 期。

周志：《张道一教授访谈录》，《装饰》2005 年第 6 期。

王玲娟等：《〈考工记〉：一部很难读便决心把它读通的书——关于张道一教授新著〈考工记注译〉》，《设计艺术》2005 年第 4 期。

刘岩：《听大师讲析　评张道一先生〈考工记注译〉》，《美术之友》2005 年第 4 期。

喻仲文：《张道一艺术教育思想研究》，《设计艺术》2005 年第 2 期。

李立新：《通往艺术学的桥梁——读〈张道一文集〉》，《苏州丝绸工学院学报》2001 年第 2 期。

唐家路：《从民间美术研究到构建民艺学科——张道一先生的民艺观（下）》，《美术观察》2001 年第 2 期。

唐家路：《从民间美术研究到构建民艺学科——张道一先生的民艺观》，《美术观察》2001 年第 1 期。

陈池瑜：《张道一先生艺术学思想研究》，《湖北美术学院学报》2001 年第 1 期。

许平：《高屋建瓴　躬耕不辍——我国艺术学学科奠基人张道一教

授》,《美术观察》1997 年第 4 期。

丁涛:《"在地狱的入口处"——记张道一老师的治学精神》,《艺苑》1986 年第 1 期。

许平等:《矶田尚男——张道一关于传统和设计的谈话》,《艺苑》1985 年第 2 期。

三、其他著作(按出版时间新老排序)

国外

[美]罗伯特·E. 勒纳等:《西方文明史》, 王觉非等译, 中国青年出版社 2003 年版。

[丹]阿德里安·海斯等:《西方工业设计 300 年》, 李宏等译, 吉林美术出版社 2003 年版。

[英]梅尔·拜厄斯等:《百年工业设计集萃:20 世纪经典创新设计作品》, 詹炳宏等译, 中国纺织出版社 2001 年版。

[德]利普斯:《事物的起源》, 汪宁生译, 敦煌文艺出版社 2000 年版。

[日]柳宗悦:《工艺文化》, 徐艺乙译, 中国轻工业出版社 1991 年版。

[日]竹内敏雄主编:《美学百科辞典》, 刘晓路等译, 湖南人民出版社 1988 年版。

[德]康德:《道德形而上学原理》, 苗力田译, 上海人民出版社 1986 年版。

[美]约翰·奈斯比特:《大趋势——改变我们生活的十个新趋向》, 孙道章等译, 刘蘅芳等校, 新华出版社 1984 年版。

[俄]普列汉诺夫:《普列汉诺夫美学论文集》, 曹葆华译, 人民出版社 1983 年版。

[英]W. I. B. 贝弗里奇:《科学研究的艺术》, 陈捷译, 科学出版社 1979 年版。

《马克思 1844 年经济学哲学手稿》, 刘丕坤译, 人民出版社 1979 年版。

《马克思恩格斯选集》, 人民出版社 1972 年版。

[法]丹纳:《艺术哲学》, 傅雷译, 人民文学出版社 1963 年版。

古籍

《韩非子》，岳麓书社 2015 年版。

（唐）魏徵编撰：《群书治要》，天津人民出版社 2015 年版。

（汉）高诱注，（清）毕沅校，徐小蛮标点：《吕氏春秋》，上海古籍出版社 2014 年版。

（魏）王弼、（晋）韩康伯注：《周易注疏》，中央编译出版社 2013 年版。

（元）王实甫：《西厢记》，上海书店出版社 2009 年版。

万丽华等译注：《孟子》，中华书局 2006 年版。

（清）沈寿口述，张謇整理，王逸君译注：《雪宧绣谱图说》，山东画报出版社 2004 年版。

吕友仁译注：《周礼译注》，中州古籍出版社 2004 年版。

（清）蒲松龄：《聊斋志异》，浙江文艺出版社 2004 年版。

戴吾三编著：《考工记图说》，山东画报出版社 2003 年版。

（清）张之洞著，李凤仙评注：《劝学篇》，华夏出版社 2002 年版。

马昌仪：《古本山海经图说》，山东画报出版社 2001 年版。

（唐）张彦远撰，周晓薇校点：《历代名画记》，辽宁教育出版社 2001 年版。

（明）宋应星：《天工开物》，蓝天出版社 1999 年版。

（汉）郑玄、（清）刘宝楠注：《论语正义》，上海书店 1986 年版。

梁运华校点：《管子》，辽宁教育出版社 1997 年版。

雷仲康译注：《庄子》，辽宁民族出版社 1996 年版。

《朱熹集》，四川教育出版社 1996 年版。

（南朝·宋）范晔：《后汉书》，岳麓书社 1994 年版。

（明）李时珍著，陈贵廷等点校：《本草纲目》，中医古籍出版社 1994 年版。

（汉）许慎：《说文解字》，天津市古籍书店 1991 年版。

（汉）孔安国传，（唐）孔颖达等正义：《尚书正义》，上海古籍出版社 1990 年版。

（魏）王弼等注，（唐）孔颖达等正义：《周易正义》，上海古籍出版社 1990 年版。

（汉）郑玄注，（唐）孔颖达等正义：《礼记正义》，上海古籍出版社 1990 年版。

（魏）王弼注：《老子》，上海古籍出版社 1989 年版。

《续文献通考》(二)，浙江古籍出版社 1988 年版。

《国语》，上海书店 1987 年版。
（西汉）刘向集录：《战国策》，上海古籍出版社 1985 年版。
（南朝·梁）刘勰：《文心雕龙》，上海古籍出版社 1984 年版。
（清）黄本骥编纂：《湖南方物志》，岳麓书社 1985 年版。
（明）高濂：《遵生八笺之五：燕闲清赏笺》，巴蜀书社 1985 年版。
（清）段玉裁注：《说文解字注》，上海古籍出版社 1981 年版。
（清）叶梦珠撰，来新夏点校：《阅世编》，上海古籍出版社 1981 年版。
卢元骏注释：《说苑今注今译》，台湾商务印书馆 1977 年版。
（唐）李延寿撰：《北史》，中华书局 1974 年版。
（宋）黄庭坚著，龙榆生校点：《豫章黄先生词》，中华书局 1957 年版。
（汉）班固撰，（唐）颜师古注：《汉书艺文志》，商务印书馆 1955 年版。

现代

闻一多：《最后一次演讲》，中国工人出版社 2016 年版。
邹其昌主编：《设计学研究·2014》，人民出版社 2015 年版。
袁熙旸：《中国现代设计教育发展历程研究》，东南大学出版社 2014 年版。
王海明：《新伦理学》，商务印书馆 2008 年版。
诸葛铠：《裂变中的传承》，重庆大学出版社 2007 年版。
诸葛铠等：《文明的轮回：中国服饰文化的历程》，中国纺织出版社 2007 年版。
谢军：《责任论》，上海人民出版社 2007 年版。
诸葛铠：《设计艺术学十讲》，山东画报出版社 2006 年版。
华梅：《世界近现代设计史》，天津人民出版社 2006 年版。
唐家路：《民间艺术的文化生态论》，清华大学出版社 2006 年版。
董占军：《艺术文献学论纲》，清华大学出版社 2006 年版。
《鲁迅全集》，人民文学出版社 2005 年版。
宗白华：《西洋哲学史》，江苏教育出版社 2005 年版。
郭沫若：《青铜时代》，中国人民大学出版社 2005 年版。
王树村：《中国门神画》，天津人民出版社 2005 年版。
月生编，王仲涛译：《中国祥瑞象征图说》，人民美术出版社 2004 年版。
王振复主编：《中国美学重要文本提要》，四川人民出版社 2003 年版。
唐家路：《中国民艺馆》，广西美术出版社 2003 年版。
陈传席等：《陈之佛》，河北教育出版社 2002 年版。

李砚祖:《工艺美术概论》,山东教育出版社 2002 年版。

李泽厚:《美学旧作集》,天津社会科学院出版社 2002 年版。

潘鲁生等:《民艺学概论》,山东教育出版社 2002 年版。

黄能馥等:《中国丝绸科技艺术七千年——历代织绣珍品研究》,中国纺织出版社 2002 年版。

王受之:《世界现代设计史》,中国青年出版社 2002 年版。

张继中、中原文化研究中心编著:《朱仙镇木版年画:珍藏本》,大象出版社 2002 年版。

李有光等著,陈修范绘:《陈之佛工笔花鸟画技法解析》,江苏美术出版社 2001 年版。

章启辉:《旷世大儒——王夫之》,河北人民出版社 2001 年版。

李泽厚:《美学四讲》,天津社会科学院出版社 2001 年版。

周楠本编注:《鲁迅集·小说散文卷》,花城出版社 2001 年版。

李砚祖:《造物之美——产品设计的艺术与文化》,中国人民大学出版社 2000 年版。

上海图书馆近代文献部、《清末年画汇萃》编委会编:《清末年画汇萃:上海图书馆馆藏精选》,人民美术出版社 2000 年版。

焦润明:《中国近代文化史》,辽宁大学出版社 1999 年版。

吴仁敬等:《中国陶瓷史》,北京图书馆出版社 1998 年版。

潘鲁生:《民艺学论纲》,北京工艺美术出版社 1998 年版。

田自秉等编著:《中国工艺美术图典》,湖南美术出版社 1998 年版。

马采:《艺术学与艺术史文集》,中山大学出版社 1997 年版。

陈池瑜主编:《美术学研究》第一集,长江文艺出版社 1997 年版。

李有光等编:《陈之佛文集》,江苏美术出版社 1996 年版。

袁韵宜:《庞薰琹传》,北京工艺美术出版社 1995 年版。

钱学森:《科学的艺术与艺术的科学》,人民文学出版社 1994 年版。

冯天瑜:《中华元典精神》,上海人民出版社 1994 年版。

《中华人民共和国法规汇编》,中国法制出版社 1994 年版。

诸葛铠:《图案设计原理》,江苏美术出版社 1991 年版。

刘锡诚等主编:《中国象征辞典》,天津教育出版社 1991 年版。

孙机:《汉代物质文化资料图说》,文物出版社 1991 年版。

冯天瑜等:《中华文化史》,上海人民出版社 1990 年版。

钟敬文:《话说民间文化》,人民日报出版社 1990 年版。

丰陈宝等编:《丰子恺文集》艺术卷四,浙江文艺出版社、浙江教育出版社 1990 年版。

潘树广主编：《艺术文献检索与利用》，浙江美术学院出版社 1989 年版。

《辞源》，商务印书馆 1988 年版。

《李泽厚哲学美学文选》，湖南人民出版社 1985 年版。

冉光荣等：《羌族史》，四川民族出版社 1985 年版。

丰华瞻等编：《丰子恺论艺术》，复旦大学出版社 1985 年版。

《蔡元培全集》第二卷，中华书局 1984 年版。

《蔡元培美学文选》，北京大学出版社 1983 年版。

北京大学哲学系美学教研室编：《西方美学家论美和美感》，商务印书馆 1980 年版。

鲁迅：《坟》，人民文学出版社 1980 年版。

《王夫之著作选注》，湖北人民出版社 1975 年版。

《瞿秋白文集》(四)，人民文学出版社 1954 年版。

俞剑华编：《最新图案法》，商务印书馆 1926 年版。

论文

张犇：《论"以人为本"设计观的本义及超越》，《中国文艺评论》2016 年第 9 期。

吴婕：《艺术设计教育中的"良心教育"研究》，《太原师范学院学报(社会科学版)》2015 年第 6 期。

高爱香等：《文献·科学·美学——试论〈考工记〉研究的三种途径》，《陕西师范大学学报(哲学社会科学版)》2014 年第 1 期。

徐习文等：《论艺术伦理学批评的审美维度》，《伦理学研究》2014 年第 4 期。

戴晓莉：《Artecnica：良心设计倡导者》，《中华手工》2010 年第 11 期。

杭间：《设计评点：张道一与柳冠中》，《美术观察》2007 年第 5 期。

张犇：《四川茂汶理羌族设计的文化生态研究》，博士学位论文，苏州大学，2007 年。

陈勤建：《民间文化遗产保护和开发的若干问题》，《江西社会科学》2005 年第 2 期。

邬烈炎：《艺术设计学科的专业基础课程研究》，博士学位论文，南京艺术学院，2001 年。

《发起与征集》，《教育与职业》1921 年第 10 期。

网络文献

《三联作者·李泽厚》，2016 年 4 月，生活·读书·新知三联书店（http://www.sdxjpc.com/zz/）。

A Look into Modern Issey Miyake，2014 年 9 月 22 日，The Rosenrot（http://the-rosenrot.com）。

House Vision，Kenya Hara，2013 年 5 月 12 日，DesignApplause（http://designapplause.com/editors-pick/house-vision-kenya-hara/36053/）。

贞与:《〈清道人画像〉背后的张大千创作秘密》，2014 年 6 月 10 日，贞与的博客（http://blog.sina.com.cn/s/blog_77132ebc0101avmq.html）。

《图说上海南京路之二》，2012 年 12 月 4 日，上海档案信息网（http://www.archives.sh.cn/shjy/tssh/201212/t20121204_37427.html）。

后　记

本书是在12年前我的博士学位论文《艺术精神的反拨与升华——张道一学术思想研究》的基础上不断修缮而成，并获2016年国家社科基金后期资助项目资助。虽不敢说十年磨一剑，但前前后后也确算准备有时，徐徐“磨”之。然而即便如此，写来仍觉匆匆。最感困难者，是如何准确解析张道一先生的精理妙义并使之转化为对理论研究或学科发展有所帮助的学理论说。张先生学识渊博，为人正直。他的文章也如其人，质朴无华，每每读起，犹饮醇酒。而才疏如我者，却妄自对先生的学术思想臆为解读，难免如酒中掺水。如若书中有将先生的精要生硬剥离抑或误读错解之处，那只好对先生躬身示歉，同时也请各方专家学者不吝斧正，以便使后续研究能不断完善与精进。好在本书从选题、撰写到最终完稿，张先生都给予了极大的支持和热心的帮助，无论是赠书授文，还是说理闲谈，我都从先生那感到师者的关切和仁爱之心。从2005年至今，对先生正式采访20余次，非正式拜访、求教以及聆听他的讲座和训课甚多，他那高屋建瓴的思想和博大的胸怀令我敬仰之至，终生研效。

我非天资聪颖，甚至可谓生性鲁钝，然此书能最终付梓，最要感谢的是恩师诸葛铠先生及其夫人倪惜春女士。光阴荏苒，恩师溘然驾鹤也近10年，但诸葛恩师的音容笑貌仍历历在目。犹记得15年前，蒙恩师厚爱，拜入门下聆听教诲。一直以来永难忘怀的是他那渊宏之学识、敏锐之见识、严谨之学风、儒雅之气度、睿智之言谈。不妨说，我在学业和立身行事上的点滴进步皆难离恩师的言传身教。无论是在硕士、博士毕业论文还是本书的写作过程中，诸葛先生都给予了我无限的关心、鼓励和鞭策。记得当年，恩师不辞辛劳，亲自赴南京引我造见张道一先生，并在我写作期间悉心指导，嘘寒问暖。师母对我也是爱护备至，关怀有加。总之，师恩浩荡，没齿难忘！在此，赋拙诗一首，以表谢意及感恩之情：

春晖荡煜明，寸草谢西宾。幸甚逢姜桂，森植杞梓膺。

渊宏传至道，正信示严平。皦皦儒师义，拳拳学子心！

当然，在此还要感谢我敬爱的父母。数年的求学生活，他们含辛茹苦，为我提供了巨大的精神和物质支持。若无他们毫无保留的付出，无尽的鼓励和慰藉，以及那宽广的爱，我决计无法完成学业。与此同时，我还要感谢我的夫人邵陆芸女士，她与我同出一校，专业相同，志趣相投，不仅能与我交换理论观点，共解学术难题，且能在生活上给予我无限的体贴与关照。尤其在我失意彷徨之际，她的鼓励与鞭策，使我能坚守自己的学术理想。而我的泰山和泰水大人与我亲生父母无异，始终无微不至地关怀着我和我的小家庭，让我的生活充满着温情和希望。至于犬子，虽有时顽皮，但在我写作的关键时刻还是能做到明敏懂事，故在此一并感谢。

我还要特别感谢李立新先生，他不仅是我的同门师兄，更是我的老师。作为张道一先生的高足，其学术研究与之一脉相承，并在此基础上形成了自己的特色。尤其是他在艺术学及艺术人类学中的思考更是拓宽了我的学术视野。在本研究开展期间，他曾多次提供自己的见解和关键性的帮助，对我从侧面了解张先生的学术思想助益良多。在本书付梓之际，他还于百忙之中为之作序，故而甚是感激。

此外，我还要感谢同门师兄张犇先生，他曾数次就本书的结构、措辞及行文等方面与我秉烛夜谈，抵足而眠，提出了很多中肯的意见和建议；我还应感谢张道一先生的夫人刘铨女士，在研究张先生学术思想期间，她曾亲自为我查找张先生的著述；感谢张道一先生的女儿张抒女士及女婿倪建林先生，他们为我能顺利获取相关信息提供了诸多方便；我还要感谢文化艺术出版社的赵月女士，她对此书的编辑与出版付出了诸多心血。

我将永志不忘，以善相报！

韩 超

2020 年 4 月 25 日于湖州西山漾畔